変わる 福祉社会の論点

第3版

増田幸弘　　　岸　忠　編著

新田秀樹　　　高橋大輔　付　月
小西啓文　　啓一郎　田中秀一郎
本澤巳代子　脇野幸太郎

信 山 社

第3版　はしがき

　本書の初版は 2018 年 6 月に刊行された。福祉社会の形成と運営に関する最新のテーマを取り上げ，主に制度・政策の視点から「考える」ための「手掛かり」を示すことを目的として編まれた本書は，幸いなことに好評を得て，2019年 9 月には第 2 版を刊行することができた。第 2 版の改訂では，各論稿の内容に最新の情報を反映させる作業を中心に行い，全体の構成は初版のままとした。

　第 2 版を刊行してから 2 年の歳月が経った。この間，日本中の，そして世界中の人々の生活は大きく変わった。第 2 版を刊行して数か月後，新型コロナウイルス感染症（COVID-19）の世界的な流行が始まったためである。この COVID-19 の流行により，図らずもわが国の社会システムに内在する様々な問題が表面化した。より良い福祉社会をつくるためには，表面化した問題をひとつひとつ正確な事実関係に基づき同定し，その問題が生じた背景と原因を明らかにすることが求められよう。

　そこで第 3 版では章の構成を変え，第 I 章「感染症で世界が変わる」においてわが国の社会で生じた諸問題を取り上げ，執筆者がそれぞれの視点から問題を分析し，考察する論稿を掲載することとした。第 3 版の改訂ではまた，前回の改訂と同様，全体を通してできるだけ新しい情報を内容に反映させるよう努めた。更に，第 V 章については，医療と福祉の問題をあわせて取り上げる章とした。

　社会の中の相互不信と分断を乗り越え，信頼と連帯に基づく福祉社会を形成するためには何が必要なのか。本書がその考えを深めるひとつの手掛かりになれば幸いである。

　2021 年 9 月

編　者

はしがき（初版）

　この本は，福祉社会の形成と運営にかかわる最新のテーマを，それぞれの執筆者が，それぞれの領域・目線から取り上げ，主に制度・政策の視点から「考える」ための「手掛かり」を示すことを目的としている。いわばホットな「論点」にひそむ，問題の背景や，関連する制度・政策のあり方などを考えながら学ぶことができるガイドブックであり，社会問題に関する教養書としても，読みごたえのある教材といえよう。

　さらにこの本は，法を学ぶ／学んだ方だけを対象とするものではなく，法律が分からなくても，また，福祉・医療・労働の制度を知らなくても，興味を持って楽しみながら読み進んでいただけることを期待し，工夫をこらして編集されている。

　この本の利用方法については，詳しくは次頁の「ORIENTATION」を参照していただきたい。授業，実務研修，学習会での教科書・参考書としての利用に加え，考え方の筋道を問われる各種試験のための自習書としても利用できる内容となっているものと思う。

　読者の皆さんに，執筆者一同からのメッセージが伝われば幸いである。

　2018 年 6 月

編　者

◇この本のねらい

　この本は，現代社会において，今まさに日常生活の中で問題となっている論点＝「いまトピ」について取り上げ，その問題の現状と背景，その根幹に潜む原因と解決策の手がかりを提示することを目的としている。いわば『トピック社会保障法』の番外編ともいえよう。

　「いまトピ」の多くは，新聞やテレビ，インターネットなどの報道によって，知ってはいるけれども，深く検討されるまでには至っていない。そこでこの本では，改めてその論点について，現在はどのような状況なのか，なぜそれが問題となっているのか，どうしてその問題が起こるのか，どのように解決したらよいのか，という点についてスポットを当てている。あつあつでほくほくの論点であるが故に，まさに研究途上ともいえるものも多く，そういう意味では執筆者にとっても非常に挑戦的な内容となっている。

　この本では，知っている人は知っている，知らない人は知らないというコアな「いまトピ」を深く掘り下げることに注力し，教科書的な語句説明や，体系的だった知識については必要最小限にとどめた。そして，現状をより具体的に知るため，図表を活用し，ビジュアル的にもわかりやすくするように工夫した。解決策については，はたしてその解決策でよいのかどうか，その他の解決策があるのかどうか，読者の皆さんにもいっしょに考えていただきたい。その意味で，社会保障法をはじめ，現代社会や福祉，地域政策について考えるゼミやアクティブラーニングの教材として，活用していただければと思う。

◇読者への道しるべ

　この本で取り上げた論点＝「いまトピ」は，みぢかな具体的な事例から，テーマを6章に分けている（I～VI）。それぞれのテーマの中で，何がどのように変わることによって「いまトピ」が生じているのか，そして，何がどのように変わったのかを皆さんに理解してもらうために，各章の冒頭では，それぞれ「○○がどう変わったのか，変わるのか」について概説している。

　Iでは新型コロナウイルス感染症（COVID-19）の感染拡大によって一変し

た日常生活上の問題を,「感染症で世界が変わる」として取り上げている。本版で新たに打ち立てた項目である。

　COVID-19の感染拡大（以下「コロナ禍」）は,私たちのあたり前を当たり前でなくした。自由に旅し,食事をし,人と会うことさえ,ままならなくなった。どういった理由でこのような行動制限を行うのか／行えるのか,は重要なテーマである。また,行動様式を変更せざるを得ない（強制的に変更させられる）場面も多々あった。働くこと,学ぶことはその代表的な事例である。このような変更が私たちにどのような影響を与えたのか。いったん立ち止まって振り返り,新たな行動様式を模索する時期に来ている。その模索の一助として,本章を役立ててほしい。そして,コロナ禍にあって,最も感謝すべきは医療に従事されている方々であろう。全く収束を見せない状況のなかで,医療体制はどのように維持されてきたのか。また未来へ向けて,どのような体制であるべきかを,改めて考えて欲しい。

　Ⅱでは「家族」に関する「いまトピ」について取り上げている。男性と女性が婚姻届を提出して家族となり,子どもをもうけ,1つの戸籍に記載される,といった従来的な家族に当てはまらない人たちも増えてきている。性的マイノリティの人たちや生殖補助医療で生まれた子どもなどである。近年,いわゆる国際結婚も増えているが,親の国籍取得の状況,子の出生地等によっては,子どもが無国籍になるといった事例もある。

　また,家庭は愛情あふれる温かな育ちの場所である,といった考え方もまた一面的な見方である。家庭が目に見えない虐待や暴力の場にもなり得ることは,近年の児童虐待をめぐる報道などで明らかであるし,一方で,家庭でなくても,愛情あふれる温かな育ちの場はある。離婚後の面会交流で,親子関係が良好になる事例も見られる（もちろん,その逆もしかり）。子育ての場は,必ずしも家庭内だけではない。ここでは特に,自分自身が固定化された家族観にもとづいて物事を考えていないか,今一度,振り返ってみて欲しい。

　Ⅲでは「働き方」の変化によって生じている「いまトピ」について取り上げている。人口減少社会において労働力として求められている,女性,外国人,障害者,AI×ロボットに関わる問題について取り上げた。一方で,従来の働き手においても,正規・非正規の格差や働き過ぎによる過労死・過労自殺といった深刻な問題も生じている。本章では,新たに労働力として参入する側も,

参入される側も，双方に対して目配りをした。みなさんが学生であれば，将来の働き方を考えて欲しいし，社会人であれば，改めて自分自身の働き方を見つめ直して欲しい。

Ⅳでは，今まで日本において当たり前だと思われてきた，一億総中流が崩れてきたことによる「いまトピ」について取り上げた。一億総中流の崩壊で，子ども，若者の貧困のほか，下流老人と言われる単身高齢者の貧困という，大きな問題が生じている。また，本来は貧困のセーフティネットであるべき生活保護制度も，相次いで法改正がなされ，本当の意味でのセーフティネットであるのか疑わしい状況になっている。そして何より，一億総中流の象徴であった，マイホームもまた，幻想となりつつある。本来生活は，衣食住が確保されてこそのものである。「住」に関する旧来の政策の展開が，貧困対策となりうるのか，立ち止まって考えてみて欲しい。

Ⅴでは，「医療」と「福祉」の現場によって生じている「いまトピ」について取り上げている。近年，健康増進や病気・介護予防の政策が展開され，健康であることが価値あることだと思われている。もちろん一面ではそのとおりであるが，健康第一主義が貫徹されると，どのような社会となるだろうか。ぜひ，学び，想像していただきたい。

また，現代医学では治療しえない病気もまだまだ存在する。そうした治療しえない病気を抱えながら仕事をする人を応援する仕組みや，痛みを和らげて治療する仕組みを構築しつつある。病気だから，難病だからと社会生活をあきらめる時代は終わりつつある。一方，高齢者や障害者の中には積極的に治療をして病気と闘うよりも，看護や介護などのケアによって生活していく方がふさわしい場面も多々ある。いかにその人らしく生き，死ぬことができるのか，必ず死を迎える人間にとって，重要なテーマであろう。

しかし，こうしたケアを担うのは，依然として家族である。事業所，地域，NPOなどのバックアップが必要とされながら，事業所も地域もNPOもマンパワーや財源の不足で，なかなかバックアップできる状況にはなっていない。

そして，最後のⅥでは，「地域」の変化によって生じている「いまトピ」について取り上げている。Ⅰ～Ⅴまでで皆さんは，社会の仕組みや家族についての考え方，職場・組織のあり方を考えてきたと思う。社会を構成する単位として，家族や職場・組織があったが，もう1つそれらを支えるものとして「地

域」を忘れてはならない。今や地域は，行政であれ，自治会・町内会やマンションの組合であれ，生活問題を解決する主体となりつつある。また，居場所づくりや防災対策を通じて，認知症の人や子ども，外国籍の人，精神障害者や元受刑者などの，いわゆる社会的に弱い立場にある人や困難のある人たちなど，あらゆる人を包摂する場所となりつつある。

　読者の皆さんは，今一度，自らがお住まいの地域の特性や活動について，調べ，知るとよいかもしれない。自身の地域がこのようなことをやっていたのだ，こんなことが足りないと知ることで，改めて地域を見直すきっかけとなるのではないかと思う。そして，この本が皆さんの新たな知見となり，地域について考え，行動するスタートラインとなれば幸いである。

目　次

目　　次

変わる 福祉社会の論点

〔第3版〕

Ⅰ　感染症で世界が変わる

感染症で世界がどう変わったのか，変わるのか

▎感染症拡大の現状 ▎

　2019 年末から中国・武漢市で流行していたウイルス性肺炎は，2020 年初頭には「新型コロナウイルス感染症（COVID-19)」として世界中に蔓延し，パンデミックを引き起こすことになった[(1)]。WHO（世界保健機関）の集計によれば，全世界の累計感染者数は約 2 億人，累計死亡者は約 430 万人，日本国内では累計感染者数約 102 万人，死亡者累計数は 15,273 人となっている（2021 年 8 月 9 日現在）。世界的に感染が蔓延するなか開催された東京オリンピック 2020 は一昨日閉幕したが，COVID-19 はまだ収束する気配すらなく，感染拡大が続いている。

　COVID-19 の感染拡大（以下「コロナ禍」）は，私たちの日常の風景をも一変させた。身近なところでは，幼稚園・保育所等の閉鎖，大学でのオンライン授業，テレワーク（在宅勤務）などである。今まであたり前であったことが，全くあたり前でなくなってしまったのである。

▎自由の制限と人権保障 ▎

　今まであたり前であったことができなくなることことは，法律的に言えば，今まで自由に行うことができる権利を持っていたものが，その権利を行使できなくなることを意味する。例えば，自由に国内外に旅行や留学ができていたのは，移動の自由が保障されていたからであり，自由にお店が営業できていたの

---

(1)　新聞記事のデータベースを検索してみると，朝日新聞東京夕刊が最も早く「武漢肺炎新型コロナウイルス検出」（2020 年 1 月 9 日）として報じていた。こののち，厚生労働省による 2020 年 1 月 16 日付報道発表「新型コロナウイルスに関連した肺炎の患者の発生について（1 例目）」（https://www.mhlw.go.jp/stf/newpage_08906.html）がなされ，瞬く間に日本国内にも感染者が広がった。

3

は，営業の自由が保障されていたからである（日本国憲法22条1項）。

　感染症の拡大を防ぐ対策は，社会保障政策のなかの公衆衛生（public health）に属する。国は，公衆衛生の向上，増進に努める義務を負っているが（日本国憲法25条2項），公衆衛生上の諸政策下において，自由や人権をどのように保障するのかについて，日本では明確な原則を有していない。このような中で実施された，日本国内における様々な規制やワクチン接種の奨励は，どのような根拠に基づいているのだろうか（→Ⅰ-1）。

　世界に目を転じてみると，WHO憲章21条にもとづく国際保健規則（International Health Regulations:IHR）があり，そこでは「加盟国は，国連憲章及びWHO憲章に従い，人間の尊厳，人権及び基本的自由の完全な実現に向けて，疾病の国際的拡大から世界中の全ての人々を保護するために普遍的に適用する【傍点筆者】という目標に従って本規則を実施しなければならず（3条），本規則に従ってとられる保健措置は，透明かつ無差別に適用されなければならない……（42条）」と定められている。また，シラクサ原則（市民的及び政治的権利に関する国際規約の制限及び逸脱条項に関するシラクサ原則）では，「公衆衛生は，国家が人々の健康への深刻な脅威に対する措置をとることを許容するために，特定の権利を制限する根拠となるとした上で，当該措置は傷病の予防又は治療を目的としたものでなければならず，WHOの国際保健規則に十分に配慮しなければならない」とする。これらを踏まえWHOは「COVID-19への対応の要としての人権への取り組み2020年4月21日版（Addressing Human Rights as Key to the COVID-19 Response 21 April 2020）」を発出し，「個人の健康，権利，自由を促進させるために，そのような制限措置が，感染症疾患の拡大を抑制するために必要であることを国が示すことが人権上必要である。制限を課すための最初の理論的根拠が既に適合していない場合，遅滞なく制限を解除すべき」としている[2]。

■ 日常の"強制的な"変化とその影響 ■ ─────────────

　さまざまな制約があっても，私たちは日々，生活していかなければならない。

---

(2)　WHO神戸センター「新型コロナウイルス感染症（COVID-19）関係者向け特設ページ」（https://extranet.who.int/kobe_centre/ja/news/COVID19_specialpage_technical）非公式日本語訳（2020年5月11日）参照。

生活するために多くの人は働くが，コロナ禍で変化を余儀なくされたのは，まさに「働くこと」である。かねてよりテレワークの推進が政策課題となってきたが，コロナ禍において一気にテレワークが広がり，Zoom などのアプリケーションによるリモート会議はあたり前となった。こうしたテレワークは，子育てとの両立や通勤による混雑の緩和などに寄与すると考えられてきたが，実際にはコロナ禍で新たな問題も浮き彫りになっている（→Ⅰ-2）。

　働き方が顔と顔を合わせて提供する役務・サービスである場合，COVID-19 の性質上，制約は大きい。なかでも，マスクを外さざるを得ない飲食業や大勢の人が集まるイベント業などの打撃は大きかった。また，こうした飲食業やイベント業については，自営で行う人もおり，雇われるか／雇われないかが，国からの救済策に乗れるか／乗れないか，の大きな分かれ道となった（→Ⅰ-3）。これらの業種は，大学生のアルバイトに頼っていたこともあり，大学生がアルバイト先を確保できず，経済的困窮となる事例も聞かれた（→Ⅰ-4）。こうした業種，職種の格差もまた，コロナ禍で浮き彫りとなった問題である。

■生活を支える人たちとコロナ禍■

　加えて，いわゆるエッセンシャル・ワーカー（essential worker）という言葉も，コロナ禍でよく用いられるようになった。エッセンシャル・ワーカーとは，医療・福祉，公務（消防・警察も含む），金融，小売，運輸・物流に携わる人たちのことで，私たちの生活に欠かせない役務・サービスを提供する人たちを指す。

　エッセンシャル・ワーカーに対しては，率先して PCR 検査を実施したり，ワクチンの接種を優先的に行ったりしてきた。私たちの生活を支え，かつ休むことができない人たちだからこそ，COVID-19 の感染リスクが大きいからである。

　COVID-19 への感染が疑われ，指定医療機関で PCR 検査を実施し「陽性」となると，指定医療機関から保健所へ報告され，以後，保健所が入院先の確保（重症・中等症の場合）や自宅および宿泊療養施設の経過観察（軽症の場合）を行う。しかし，この入院先が確保できない事例が出てきており，2021 年 8 月 2 日に政府は，入院は重症者，重症リスクの高い者に限るとの見解を示すほどであった（後に撤回）。本来であれば「反証が提示されない限り，より多くの人

の命を救うことは正しい行為である」とする命題は，倫理的にも大いに支持されるところがあるが[3]，日本の医療で一体何が起こっているのだろうか（→Ⅰ－5）。

▌変化は，恒久的か／一時的か ▌

　コロナ禍による"強制的な変化"が，コロナ禍の収束後，定着するのかそれとも消えてしまうのか，実は筆者も予想ができていない。そのくらい変化が劇的であり，予測不能なものであったからである。

　ただコロナ禍で浮かび上がった多くの課題は，もともと認識されていたけれど，私たちが目をつぶって見ないふりをしてきたものであったという見方もある。こうした課題にひとつひとつ向き合うことが，新しい時代への扉をひとつひとつ開くことにつながるのかもしれない。未来から今を振り返って，このコロナ禍が新しい時代へ踏み出すための大きな契機だったと言える時が来ることになるのだろう。

▌参考文献 ▌

　文中に挙げたもののほか

愛知県ウェブサイト「愛知県新型コロナウイルス感染症対策サイト」（https://www.pref.aichi.jp/site/covid19-aichi/）

厚生労働省ウェブサイト「国内の発生状況など」（https://www.mhlw.go.jp/stf/covid-19/kokunainohasseijoukyou.html）

東京新聞「『入院制限』方針の答弁，説明資料……菅政権，反発受け火消しに躍起　入院できない可能性は残る」（2021年8月6日付）。

棟居徳子 2020「公衆衛生上の緊急事態における人権保障——新型コロナウイルス対策において求められること——」週刊社会保障3066号（2020年4月6日）44-49頁。

DHSウェブサイト "Guidance Essential workers prioritised for COVID-19 testing"（https://www.gov.uk/guidance/essential-workers-prioritised-for-covid-19-testing）

WHOウェブサイト "WHO Coronavirus（COVID-19）Dashboard"（https://covid19.who.int）

（三輪まどか）

---

(3)　広瀬巌『パンデミックの倫理学』（勁草書房，2021年）115-118頁。

1　公衆衛生と法からみえる 新型コロナウイルス感染症対策

●パンデミックと公衆衛生●

　新型コロナウイルス感染症（以下，「新型コロナ」）の世界的大流行（パンデミック）は，私たちの社会のグローバルな相互依存性を浮き彫りにし，世界的に保健医療システムが脆弱であることを明らかにした。あまりにも複雑な事態が現在進行形で生じている中，世界各国は自国の感染拡大を制御する術を模索し続けている。

　新型コロナ対策の切り札として大きな期待を集めるワクチン接種の浸透や治療薬の開発には一定の時間がかかるため，感染流行直後から今日に至るまで，新型コロナ対策の中心にあるのは，医薬品以外による公衆衛生対策である。この対策では，国内外の移動の制限や国境管理による水際対策，学校閉鎖や都市封鎖（ロックダウン）等を含む社会的距離の確保，手洗い・手指衛生やマスク着用等の個人レベルでの予防対策等が含まれる。

　ワクチン接種が世界的に始まった現時点においても，こうした公衆衛生対策は引き続き推奨されているが，他方で，これまで日常であった人と人との接触を通じた社会・経済活動が断続的に，かつ局所的に遮断される状況にあり，それが長期化している。

●公衆衛生と個人●

　公衆衛生（public health）については様々な定義がなされているが，"公衆"という語が示すように，健康な人を含めた社会集団を対象として，健康増進，疾病予防，環境衛生の改善等を目指すことに主眼が置かれている[1]。それ故，ある社会を構成する「個人」と「公衆衛生」との間に緊張関係を生み出すことがある。公衆衛生活動の1つである感染症対策も例外ではなく，新型コロナウイルスの世界的な感染拡大の中で，すでに私たちは様々な緊張関係を目にして

---

(1)　公衆衛生の理解について，『衛生行政大要　改訂第24版』（日本公衆衛生協会，2016年）15頁以下等を参照。

いる。これらの緊張関係は，社会の保健衛生を守るための公衆衛生上の要請として，いつ，いかなる目的で個人の自由・権利を制限することが許されるのか，その場合，個人の自由・権利はどの程度制限されうるのかという，古典的でありながらも，最も難しくきわめて現代的な現実問題を提起する[2]。

　2020年初頭以降，国や自治体は感染症拡大に伴い，マスク着用や手洗い励行といった個人レベルの予防対策のみならず，学校休業や公的施設の休館等のほか，各種商業施設への休業要請や営業時間の短縮要請，地域住民への不要不急の外出自粛要請，地域をまたぐ移動の自粛要請等を行ってきた。これらの対策の多くは，感染拡大防止の観点から実施されたものであったが，私たちの社会・経済活動を一定程度制約するものであったため，国民の自由や権利との抵触について議論が噴出した。また，ワクチン接種が開始されると，ワクチン接種をめぐって自由や権利が語られるようになった。

　新型コロナ対策をめぐっては，感情論や玉石混淆の情報も相まって百家争鳴であるからこそ，いま起きている現象を冷静に読み解く視点を持つことが重要である。本章では，日本の法制度を軸にして，これまでの新型コロナ対策をめぐり私たちが目にした緊張関係のほんの一部について，その問題の基礎となる部分をつかむことにしたい。

●外出自粛要請と営業自粛要請●

　新型コロナの拡大の中，新型コロナ対策として世界で広範に行われたのが，外出制限や都市封鎖といった感染の封じ込めであった。その態様は国により異なるが，例えば，フランスやイタリアでは，違反者に罰則を科すような強制力を伴う外出禁止や営業停止の措置が採られた。こうした大規模な行動制限は，外出や移動の自由といった一般の行動に関する自由にとどまらず，集会を開く結社の自由や表現の自由，営業の自由といった広範な自由を強く制約し，そのこと自体が問題となった。

---

(2)　佐藤元「公衆衛生政策と人権」医療と社会15巻2号（2005年）64頁，児玉聡「公衆衛生倫理学とは何か」赤林朗・児玉聡編『入門・医療倫理Ⅲ　公衆衛生倫理』（勁草書房，2015年）17頁を参照。法学の世界では，こうした問題は感染症対策における「個人の人権」と「公共の福祉」をめぐる問題として取り上げてきた。新型コロナ対策についてもすでに数多くの論考があるので，ここではその問題自体に深入りしない。

　これに対し，日本では，強制力に基づく大規模な行動制限措置を採ることは
してこなかった。流行の兆しがはっきりとしてきた 2020 年 2 月の段階で出さ
れた政府による全国の学校の臨時休校要請や大規模イベント開催の自粛要請は，
あくまでも「お願い」であり法的根拠や法的拘束力はなかった。こうした要請
の正当性は各方面で疑問視されていたが，現実には，自治体が全国ほぼ横並び
で一斉休校の要請に応じることになる。

　その後，新型コロナが新型インフルエンザ等対策特別措置法（以下，「特措
法」）の対象[3]となってからは，住民や事業者等に対する要請に法的根拠が与
えられた（図表 1）。住民に対しては，特措法の「緊急事態宣言」（特措法 32
条）の発出により，「まん延の防止に関する措置」（特措法 45 条以下）を活用し，

図表 1　特措法における緊急事態宣言，まん延防止等重点措置

緊急事態宣言 全国的かつ急速なまん延を 抑えるための対応		まん延防止等重点措置 特定地域からのまん延を 抑えるための対応
ステージⅣ （爆発的な感染拡大及び深刻な 医療提供体制の機能不全を避け るための対応が必要な状態）	発出の 目安	ステージⅢ （感染者の急増及び医療提供体制に おける大きな支障の発生を避ける ための対応が必要な段階）
原則，都道府県単位	対象地域	原則，区画や市町村単位
事業者に時短要請～休業要請 （命令，過料（30 万円）） 飲食店におけるアクリル板の設 置又は対人距離の確保，マスク 着用，手指消毒，換気の徹底 住民に外出自粛要請 イベント開催制限・停止 など	講じうる 措置	事業者に時短要請（命令，過料（20 万円）） 飲食店におけるアクリル板の設置 又は対人距離の確保，マスク着用， 手指消毒，換気の徹底 住民に知事の定める区域・業態にみ だりに出入りしないことの要請 など

出典：内閣官房「新型コロナウイルス感染症対策」（https://corona.go.jp/emergency/（最
　　終閲覧日：2021 年 7 月 31 日））の図をもとに筆者作成

---

(3)　当初，新型コロナは措置法の対象ではなかったが，2020 年 3 月，新型コロナがまん
　　延したことを受け，特措法を一部改正し，時限的に同法附則に新型コロナに関する特例
　　規定を加え（附則 1 条の 2），新型コロナに特措法を適用することを可能にした。その後，
　　2021 年 2 月の特措法改正により，特措法本文で新型コロナが「新型インフルエンザ等」
　　に含むと明記し，特措法の適用が恒久化されている。

特定都道府県知事による不要不急の外出自粛等の要請等が可能となる。また，「まん延防止等重点措置」（特措法31条の4）の適用を受けて，要請に係る営業時間以外の時間に対象業態にみだりに出入しない等の要請を都道府県知事が行うことができる（特措法31条の6第2項）[4]。ただし，これらの住民に対する要請には，いずれも法的強制力や罰則は伴わない[5]。

　また，事業者に対しては，特措法の「緊急事態宣言」の発出により，催物の開催制限や施設の使用制限等を特定都道府県知事が要請することができ（特措法45条2項），また，「まん延防止等重点措置」の適用を受けて，営業時間の短縮要請を都道府県知事が行うことが可能である（特措法31条の6第1項）。これら事業者に対する要請は，住民への要請とは異なり，正当な理由なく要請に応じない場合には，（特定）都道府県知事は「命令」を出すことができ，その旨を「公表」することができる（特措法31条の6，同45条）。この命令に従わなかった場合には，過料が科されることになる（特措法79条）。

　このように，日本の感染症対策では，過去に生じた感染症患者等に対する差別の広がりへの反省により，行動制限措置等の私権の制限はかなり抑制的に取扱われている。人権への制約に十分留意しながら，国民の生命・健康保護と国民生活・国民経済に及ぼす影響の最小化を両立させるという特措法の目的からすると，こうした要請は比較的穏やかな手法であり，日本の新型コロナ対策の1つの特徴といえる。ただし，感染拡大防止をめぐる現下の対応が，「要請」という，様々な場面において議論を招く曖昧な手法に頼っており，その効果に限界が見え始めている現状があることもまた事実である。

●営業自粛要請とその補償●

　とはいうものの，特措法の「要請」をめぐっては，生活維持のために瀬戸際の選択を迫られている事業者の視点からすると心穏やかではないところもある。

---

(4)　なお，こうした宣言ないし措置が発出されなくとも，都道府県知事は新型インフルエンザ等対策を的確かつ迅速に実施するため必要があると認めるときは，公私の団体または個人に対して，新型インフルエンザ等対策の実施に関して必要な協力の要請を行うことができる（特措法24条9項）。

(5)　特措法の国会審議において，「要請というのは，一定の行為について相手方に好意的な処理を期待するものでありまして，……以下略」（第180回国会参議院内閣委員会第7号（平成24年4月17日）15頁）と説明されている。

住民に対する外出自粛要請は，要請にとどまりペナルティをもって強制をしているわけではない。要請に応じるか否かは住民の判断に委ねられており，その効果も不透明である。このため，感染拡大を防止するために人流を抑制しようとすれば，外出自粛要請だけではなく，人流の行先を絞り込むといった手法も採られるようになる。その結果，特定の業態に対して，休業要請や営業時間の短縮要請，酒類提供自粛要請等といった幅広い要請がなされており，命令に従わない場合には行政罰が科されることもあるのが現在である。そこでは，明確なエビデンスが示されぬまま，休業要請等を求められる事業者の私権制限が問題とされる。一般に私権制限については，一定の条件が満たされれば一定の制限は可能とされてきた。上記のような要請について，その目的が妥当であり，事業者の営業の自由の制約を正当化しうる手段であるかが，常に問われるべきである。

　こうした要請については，自粛要請期間中の事業者に対する補償が常に問題とされてきた。憲法上の損失補償の要否の基準である特別の犠牲の存在を肯定できるかは議論のあるところである[6]。この点，2021年2月の特措法の改正により，国と自治体は，新型インフルエンザ等および新型インフルエンザ等のまん延の防止に関する措置によって経営に影響を受けた事業者に対して，財政上の支援を効果的に講ずるものとしている（特措法63条の2）。損失補償といった側面にとらわれず，必要な事業者に対して効果的な財政上の支援を，現実的なものとして柔軟かつ迅速に行うことが期待される。

　また，これまでも国は事業者に対して様々な経済的な措置を講じてきたが，

---

(6)　特措法では，損失補償（62条），損害補償（63条）を定めているが，法45条に基づく要請等による施設管理者等に対する公的な補償は規定していない。2021年の特措法改正前の解説では，その理由として，「権利の制約の内容は限定的」であり，法45条に基づく要請は「事業活動に内在する社会的制約であると考えられ，公的な補償は規定されていない」と説明されている（新型インフルエンザ等対策研究会『逐条解説　新型インフルエンザ等対策特別措置法』（中央法規，2013年）161-162頁）。また，特措法は，インフルエンザを想定していたため，自粛や施設の使用制限も2週間程度と考えられており，休業要請の伴う補償についてあまり問題視されていなかったとの説明もみられる（齋藤智也「新型インフルエンザ等対策特別措置法の意義と今後の課題」公衆衛生85巻4号（2021年）252頁参照）。現行特措法63条の2は，憲法上の損失補償という観点とは別に，政策的に事業者に対する財政的支援の必要性を定めているものといえる（原田大樹「コロナ・人権・民主主義」法時93巻4号（2021年）2頁参照）。

事業継続のための持続化給付金が実質的には個人事業者やフリーランスの人の生活を支えていた側面も見逃してはならない。新型コロナは，社会保障がこれまで十分に捉えきれなかった，事業継続と生活が直結している人々の生活保障のニーズをこれまで以上に可視化している。

●新型コロナ対策とワクチン接種●

　新型コロナ対策の収束の切り札として，ワクチン接種に対して大きな期待が世界的に寄せられている。日本も例外ではなく，政府が医薬品メーカーとワクチン供給の合意をし，流通や接種体制の整備を進め，ワクチン接種が始まった。新型コロナに係る予防接種は，「新型コロナウイルス感染症による死亡者や重症者の発生をできる限り減らし，結果として新型コロナウイルス感染症のまん延の防止を図ること」を目的として実施されている[7]。新型コロナに係る予防接種は，予防接種法附則7条に定める特例に基づき，臨時的に行う予防接種（6条1項）とみなされ[8]，接種費用は国が負担する。健康被害が予防接種によるものであると厚生労働大臣が認定したときは，健康被害救済制度から給付が行われる。この予防接種は接種勧奨の対象となり（8条），対象者には予防接種を受ける努力義務が規定されている（9条）が，実際に接種をするかしないかは国民自らの意思に委ねられていることに留意を要する[9]。

　海外では，一定の社会・経済活動にあたり，ワクチンの接種証明や検査の陰

---

(7)　厚生労働省「新型コロナウイルス感染症に係る予防接種の実施に関する職域接種向け手引き（第2.1版）」（令和3年7月28日）6頁。

(8)　実際のワクチン接種は，特措法で定められている特定接種（特措法28条），住民接種（特措法46条）のほか，職域単位でのワクチン接種（職域接種）も行われている。職域接種につき，「新型コロナウイルス感染症に係るワクチンの迅速な接種のための体制確保に係る医療法上の臨時的な取扱いについて（その4）」（令和3年6月14日事務連絡）を参照。

(9)　この点，厚生労働省はHPにおいて「……国民の皆様にも接種にご協力をいただきたいという趣旨で，「接種を受けるよう努めなければならない」という，予防接種法第9条の規定が適用されています。この規定のことは，いわゆる「努力義務」と呼ばれていますが，義務とは異なります。接種は強制ではなく，最終的には，あくまでも，ご本人が納得した上で接種をご判断いただくことになります。」と説明している（https://www.cov19-vaccine.mhlw.go.jp/qa/0067.html（最終閲覧日：2021年7月27日））。この点，2020年12月の予防接種法の改正における衆参各議院の附帯決議では，ワクチンの接種は「国民の意思に委ねられる」ことを周知するよう政府に求めている。

性証明の提示を義務付ける国もみられるが，ワクチンの接種の有無により社会・経済活動が制限されることには，各国内で様々な意見がある。公衆衛生の観点からは，コミュニティ全体の感染症防御機能を高めるために一人ひとりが抗体を持つことが重要であり，新型コロナ対策でもワクチン接種に期待が寄せられている。また，ワクチンを接種した人から社会・経済活動の再開を促進すべきであるという見解もみられる。しかしながら他方で，ワクチン接種が最終的には個人の利益となるものでありながらも，接種それ自体がある特定の個人に対して重篤な副反応や健康被害をもたらす可能性があることもまた事実である。また，そもそも健康上の理由等でワクチン接種ができない人や，新型コロナワクチンをめぐっては長期的な影響等，医学的に明らかになっていない点があり，接種に一抹の不安を感じている人も少なからずいる。

　このようにワクチン接種に対する姿勢が様々である中，その接種証明をどのように活用できるかはその活用の賛否を含め論点は多い。例えば，社会・経済活動の各所においてワクチン接種証明が必要になると，その態様次第では，事実上のワクチン接種の強制につながりかねず，その取扱い方によっては，接種を受けた人とそうでない人との間で自由の範囲が異なることにもなりかねない。少なくとも，日本の現行法は，ワクチンの安全性と有効性，接種した場合のリスクとベネフィットを考慮した上で接種をする／しないを個人が判断することにしており，社会・経済活動の自由と接種の有無は切り離されている。新型コロナの収束を急ぐがゆえに，ワクチン接種の有無で社会が分断され，差別やいじめ，職場，学校等における不利益取扱い等につながることは望ましくない。コミュニティ全体の感染症防御機能を高めることに注力しつつ，ワクチン接種の有無のみにとらわれず，いかにして社会・経済活動を回復していくのかが問われるべきであろう。公衆衛生と個人をめぐる難問がここにも立ちはだかるのである。

●個人と社会を行き来する●

　新型コロナの世界的な感染拡大に直面する国家は健康・経済・自由の３つをすべて達成しようと，不可能なミッション，トリレンマに遭遇しているとされる[10]。そこでは，理論的な最適解は見いだしがたく，様々な政治的な要素を含

(10)　ロベール・ボワイエ『パンデミックは資本主義をどう変えるか』(藤原書店，2021

んだ，より現実的な最善解を探すことが求められているといえよう。

　歴史学者ユヴァル・ノア・ハラリは，今回の新型コロナによる世界的危機で，私たちは「全体主義的監視」と「国民の権利拡大（エンパワーメント）」のどちらを選ぶか，重要な選択に直面していると説く[11]。日本では，前述の通り，感染症対策について，国の介入が比較的緩やかな状況下にあるため，健康確保や経済活動の維持という私たちが現在枯渇しているものを手早く得るために，無自覚的に，自由への介入の権限拡大を私たちはあっさりと容認してしまうかもしれない。新型コロナ対策において，実効性ある迅速な対応は必要であるが，一人ひとりの生き方を基盤にした個人の行動とそれを受容する社会の維持がその前提となろう。個人と社会を行き来する視点を持ち合わせることに，新型コロナの危機を乗り越える光明を見いだすことができるのかもしれない。

■参考文献■

　　文中に掲げたもののほか，
　　金井利之『コロナ対策禍の国と自治体』（筑摩書房，2021年）
　　小林慶一郎・森川正之編著『コロナ危機の経済学　提言と分析』（日本経済新聞出版，2020年）
　　ニコラス・クリスタキス『疫病と人類知』（講談社，2021年）
　　美馬達哉『感染症社会』（人文書院，2020年）
　　広瀬巌『パンデミックの倫理学』（勁草書房，2021年）
　　リチャード・ホートン『なぜ新型コロナを止められなかったのか』（青土社，2021年）
　　読売新聞東京本社調査研究本部編『報道記録　新型コロナウイルス感染症』（読売新聞社，2021年）

［付記］本章は，JSPS科研費20K01337，21H00665，20KK0022の研究助成を受けた研究成果の一部である。

　　　　　　　　　　　　　　　　　　　（原田啓一郎）〔2021年7月脱稿〕

年）118頁および280頁参照。
(11)　「コロナ後の世界へ警告　歴史学者ハラリ氏寄稿　全体主義的監視か　市民の権利か危機下で進む監視社会」日本経済新聞2020年3月31日朝刊15面，ユヴァル・ノア・ハラリ『緊急提言 パンデミック：寄稿とインタビュー』（河出書房新社，2020年）34頁。

2　働く人の働き続けるための変化
──テレワークの拡大と働き方・生活の変化

●テレワークの推進に向けたこれまでの取組み●

　厚生労働省のガイドラインによると[1]，テレワークとは，労働者が情報通信技術を利用して行う事業場外勤務のことをいう。オフィスでの勤務に比べて，働く時間や場所を柔軟に活用することができ，通勤時間の短縮，業務効率化に伴う時間外労働の削減，育児や介護と仕事の両立の一助となる等，労働者にとって仕事と生活の調和を図ることが可能となるといったメリットがある，とされる。また，使用者にとっても，業務効率化による生産性の向上，育児や介護等を理由とした労働者の離職の防止，遠隔地の優秀な人材の確保，オフィスコストの削減等のメリットがある，とされる。このように，労働者にも使用者にもメリットのあるテレワークを推進する必要があるとし，2016年7月，「第1回テレワーク関連府省連絡会議」が開催され，各府省の取り組みを共有し，連携施策の検討や推進が行われている。

　しかし，2019年の総務省の調査によると[2]，テレワークを導入している企業は増加傾向にはあるものの，20.2％に過ぎず，2017年の国土交通省の調査によると[3]，雇用型テレワーカーの割合も9％にとどまっていた。テレワークを導入しておらず，導入予定もない企業が導入しない理由としては，図表1にあるように「テレワークに適した仕事がないから」が最も高く74.7％であり，他の理由と比べると突出して高い割合を示していることがわかる。

---

(1)　厚生労働省「テレワークの適切な導入及び実施の推進のためのガイドライン」。
(2)　総務省「令和元年　通信利用動向調査報告書（企業編）」。
(3)　国土交通省都市局都市政策課都市環境政策室「平成29年度　テレワーク人口実態調査──調査結果の概要──」（2018年3月）。

図表1　テレワークを導入しない理由

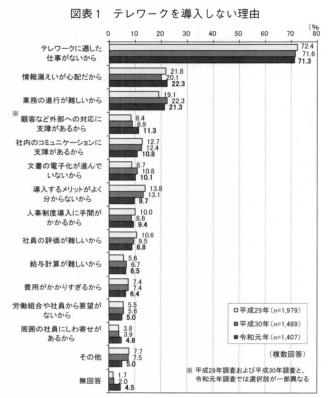

出典：総務省「令和元年　通信利用動向調査報告書（企業編）」

●新型コロナウイルス感染症拡大防止策としてのテレワークの拡大●

　このような中，新型コロナウイルスの感染が拡大し，感染予防措置は，就労者の仕事や生活にも影響を及ぼした。2020年4月，5月を対象とした労働政策研究・研修機構[4]の調査によると，政府や自治体の要請に基づき，または自主的に，勤めている企業で行われている就労面での取組については，29.9％が「在宅勤務・テレワークの実施」を挙げており最も多く，次いで，「出張の中止，制限」が24.4％，「WEB会議，TV会議の活用」が21.6％，「出勤日数の削

---

(4)　独立行政法人労働政策研究・研修機構「新型コロナウイルス感染拡大の仕事や生活への影響に関する調査」（2020年6月）。

減」が21.4%となった。ただし，従業員規模の小さい企業ほど，「対応は行っていない」とする割合が高くなる傾向にあった。しかし，2021年1月に出された調査において(5)，「在宅勤務・テレワーク」の一週間あたりの実施日数の変化をみると，新型コロナウイルス感染症問題が発生する前は，「行っていない」と回答した割合が73.1%だったが，全都道府県に「緊急事態宣言」（2020年4月17日から5月26日）が発出された以降，5月の第2週（2020年5月7日〜13日）には，「行っていない」と回答した割合は，6.2%にまで減り，5日以上行っているという回答が37%と，「在宅勤務・テレワーク」が急激に拡大したことが分かる。しかし，緊急事態宣言解除後，「在宅勤務・テレワーク」の利用の拡大は継続しておらず，2020年8月〜11月の変化に着目すると，「行っ

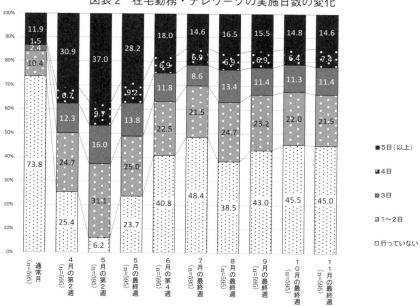

図表2　在宅勤務・テレワークの実施日数の変化

出典：独立行政法人労働政策研究・研修機構「新型コロナウイルス感染拡大の仕事や生活への影響に関する調査」（2021年1月）

---

(5)　独立行政法人労働政策研究・研修機構「新型コロナウイルス感染拡大の仕事や生活への影響に関する調査」（2021年1月）。

ていない」と回答した割合が40％前後という状態が定常化していることがわかる。在宅勤務・テレワークによる「仕事の生産性・効率性」は，66.2％が低下したと答えており，「仕事を通じた充実感・満足感」についても，61.2％が低下したと答えている。一方で，「ワークライフバランスの実現度」については，41.2％が上昇したと答えている。今後，在宅勤務・テレワークによる業務の効率性や労働者の充実感を高める工夫をしなければ，感染症拡大防止としての意義を失った後も，継続して拡大していくとは難しいであろう。

●緊急事態宣言下における生活の変化●

　ところで，在宅勤務・テレワークには，一定の限界もみられるものの，以前に比べると拡大している中，ワークライフバランスの実現度が高まったとする者も少なくない。ニッセイ基礎研究所の調査でも[6]，緊急事態宣言発令中，「家族と過ごす時間」が増えたとする者が39.7％と最も多く，緊急事態宣言解除後も，17.5％は増えたと答えている。また，内閣府の調査によると[7]，家事・育児への向き合い方などの意識について，男性の55.9％，女性の65.7％が「変化した」と回答している。特に，テレワークの利用などによって，夫の働き方が変化した家庭では，家事・育児における夫の役割が増加する傾向がみられ，夫の役割が増加した家庭では，男女ともに生活満足度の低下幅が小さい傾向にあった。家事・育児における男性の役割が増加したという調査結果は，三菱UFJリサーチ＆コンサルティングの調査でも，同様の結果が出ている[8]。特に，図表3にみられるように，働き方の変化があった男性は，新型コロナウイルス感染拡大後，増加していることが分かる。特に，「0〜2割」と，これまでほとんど家事・育児を担っていなかった男性の割合は，20％以上も減っている。

　一方で，同調査では，緊急事態宣言下において，家事・育児にかかわる外部サービスの利用が制限されたことで，家事・育児の負担自体が増えているとの指摘もされている。図表4にみられるように，子育てに関する負担の増加にか

(6)　ニッセイ基礎研究所「2020年度特別調査　第1回新型コロナによる暮らしの変化に関する調査」（2020年7月）。
(7)　内閣府「新型コロナウイルス感染症の影響下における生活意識・行動の変化に関する調査」（2020年6月）。
(8)　三菱UFJリサーチ＆コンサルティング「緊急事態宣言下における夫婦の家事・育児分担」（2020年5月）。

図表3　働き方の変化別・自身が負担している家事・育児の割合

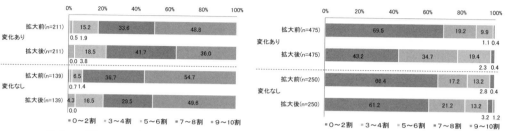

出典：三菱 UFJ リサーチ＆コンサルティング「緊急事態宣言下における夫婦の家事・育児分担」(2020 年 5 月)

図表4　感染防止のための自粛等により，子育てに関して困っていること

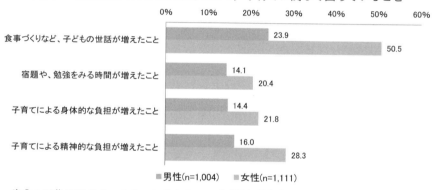

出典：三菱 UFJ リサーチ＆コンサルティング「緊急事態宣言下における夫婦の家事・育児分担」(2020 年 5 月)

かわる選択肢のすべておいて，自粛等により負担が増えたと答えた女性の割合は男性を上回っている。就学前の子どものいる保護者を対象とした調査によると[9]，新型コロナウイルス感染症の流行以前と比べて，1 日当たりの育児時間が 5 時間以上増えたとする保護者 45.8% を占めていた。

---

(9)　東京大学大学院教育学研究附属発達保育実践政策学センター「新型コロナウイルス感染症流行に伴う乳幼児の成育環境の変化に関する緊急調査　報告書 Vol.1（基本統計量編）(2020 年 6 月) 21 頁。

I 感染症で世界が変わる

　育児負担が増えた背景には，学校の休校や保育施設等の閉鎖等が影響しているのではないか，と考えられる。前述した保護者を対象とした調査では，全体の69.4％が子どもに対する接し方や育児方法に変化があったとしており，その理由として，「外出自粛要請」を挙げる者が86.1％と最も多く，次いで，学校や幼稚園，保育所等の閉鎖，登園，登校の自粛が78.9％であった。

　このように新型コロナウイルス感染拡大は，その予防措置のため，在宅勤務やテレワークの拡大という働き方に一定の変化がもたらし，それが家庭生活の役割分担にも影響を及ぼしているが，その一方で，日常的に家事や育児を助けていた外部サービスへのアクセスを阻害する側面もあり，家庭のおける負担は増えている。今後，ワークライフバランスの実現を図るためには，働き方の柔軟化とともに，よりバランスのとれた男女の役割分担を進め，ニーズに応じて，さまざまな外部サービスが利用しやすい環境を整えることが重要となろう。

（橋爪幸代）

3 「労働者」だけが働いているわけじゃない
──でも働けなくなって保障されるのは「労働者」？

●コロナ禍があぶりだした「働く世界」における格差問題●

　コロナ禍は我々の世界を一変させた。大学で教える身としても，これまでほとんど使うこともなかったZoomを使っての講義が普通になり，それまで懸案とされてきたIT化が一気に進んだ。

　一般企業でも，コンピューターを用いた在宅勤務（テレワーク）が推奨され，通勤の苦労から解放されるという恩恵に預かった者も少なからずいることだろう。それにともないたとえ会社から遠くとも書斎のある家をもちたいというニーズも高まり，タワマンを買う代わりに郊外に一戸建てをという需要も喚起されたのではないだろうか。とりわけ大企業の正社員はこのコロナ禍でも雇用を維持される人も多く，安価で地方に住むという選択をした，生活にゆとりをもてる人もいたのかもしれない。「新しい生活様式」に積極的に取り組むことができる層といえよう。

　他方でこのような変化は，従属労働と自営業のあいだの垣根を低くしたという評価も可能だろう。たとえば，在宅でオンラインの仕事をするという一点だけみれば，雇用労働者のテレワークと後述する自営業のクラウドワークとで外見上目立った違いはなさそうである。しかし，ひとびとの生活を支える社会保障はというと，これら両者で状況が異なることに注意が必要である。

　まず，今回のコロナ禍で注目を浴びた制度として「雇用調整助成金」がある[1]。これは以前からある制度ではあるが，「新型コロナウイルス感染症の影響」により，事業活動の縮小を余儀なくされた場合には，従前のものよりも拡充され，また手続の簡素化も図られた形で，休業手当などの一部が助成される。ただし，雇用調整助成金は企業・雇用主にしか申請権限がなかったことから，新型コロナウイルスのさらなる感染拡大を受け，勤務先から休業手当を受け取れない中小企業の労働者向けの給付金（「新型コロナウイルス感染症対応休業支援

---

(1)　詳しくは淺野高宏・倉茂尚寛・庄子浩平著『新型コロナウイルス対策！職場の労働問題Q&A』（旬報社，2020年）52頁。

金・給付金」）も創設された。これは休業日数に応じ休業前の賃金の80%を受け取るもので，週20時間未満の短時間労働者にも同じ条件で支給される。これは労働者による直接申請はもとより，企業がまとめて申し込むこともできることとされた（厚生労働省ホームページ参照）。

　つぎに，雇用労働者でなくとも受けられるものとして，「持続化給付金」も話題になった。これは感染症拡大により，特に大きな影響を受けている事業者に対して，事業の継続を支え，再起の糧となる，事業全般に広く使える，給付金を支給する制度であり，農業，漁業，製造業，飲食業，小売業，作家・俳優業など幅広い業種向けで，法人・個人が対象となる（経済産業省ホームページ参照）。

　もっとも，この持続化給付金については，むしろその不正受給によりクローズアップされた感も否めない。たとえば，「持続化給付金詐欺　追起訴内容認める　静岡地裁浜松支部」というネット記事によれば，国の新型コロナウイルスの持続化給付金をだまし取ったとして，詐欺や詐欺ほう助などの罪に問われた自称建設作業員の第2回公判が2021年6月16日に静岡地裁浜松支部で開かれ，追起訴分の罪状認否が行われたところ，被告は起訴内容を認めた，という（あなたの静岡新聞2021年6月17日）。

　それだけでなく，非正規や個人事業主などが生活に困窮した際のセーフティーネットを強化することを目的とする「緊急小口資金・総合支援資金制度」についても，この緊急小口資金をだまし取った疑いで男が逮捕されたというネットのニュースもある（時事ドットコムニュース2021年6月16日）。

　さらには，やはり新設の「家賃支援給付金」をめぐって，なんと（!?）所管する経産省の官僚が不正受給したという報道がなされてもいる（時事ドットコムニュース2021年6月25日）。

　これらの不正受給の案件が示しているのは，従来の雇用労働者でない者に対するセーフティーネットが不十分ななかで，急ごしらえで作った制度の限界でないだろうか。しかしこのコロナ禍での巣ごもり需要等により，ウーバーイーツに代表されるような雇用関係にない働き方はますます増加している。そこで本節では，このような雇用関係にない働く者への社会保障について，とりわけその「働けない」際の生活保障に注目しながら検討してみたい。

●自営業者への従来的な保護●

　ここで，自営業者への（従来的な）保護を，労働者のそれと対比しながら確認しておこう。

　「労働者」が怪我や病気をした場合，業務上の病気や怪我ならば労災保険から補償がされ，業務災害以外ならば健康保険から給付がされる。たとえば「うつ病」で休職の場合，労災認定されれば労災保険から休業補償給付が支給され（ただし，そのハードルは一般に高い），労災保険から給付されない場合には健康保険から傷病手当金（ただし，仕事を休んだ4日目から）が支給される。この事理はコロナでも同じで，コロナによる休職は仕事が原因の場合は労災保険から，業務災害以外ならば健康保険の傷病手当金が支給される。

　この点，自営業者が加入する国保には業務上外の区別がない。なので，仕事で負った怪我であっても，国保から給付を受けるにとどまる。一般に，国保の保険料は労使折半の健保よりも高く（労災保険は原則として全額使用者負担），負担が重いことがかねて指摘されている。ただし，自営業者のうち，一人親方や中小企業事業主（最近は柔道整復師，芸能関係作業従事者，アニメーション制作従事者も加わった）には労災特別加入制度がある。

　また，国保法上は傷病手当金は任意給付である。ただし，今回の感染症による影響を受けて，新型コロナウイルス感染症で働けなくなった場合には，国民健康保険でも傷病手当金が支給されることとされた。

　つぎに，「失業」をとりあげることにする。失業に備え雇用保険制度があるが，雇用保険の被保険者は「適用事業において雇用される労働者」で適用除外にあたらない者である。雇用保険の被保険者は，就労の実態及び年齢等を考慮して，①一般被保険者，②短期雇用特例被保険者，③日雇労働被保険者，および④高年齢者継続被保険者に分けられる。そして雇保4条2・3項によれば「離職」とは，被保険者について，事業主との関係が終了すること，「失業」とは「被保険者が離職し，労働の意思及び能力を有するにもかかわらず，職業に就くことができない状態にあること」と規定されている。自営業者は雇保の「被保険者」になれないし，仕事がなくなったとしても同条の意味での「離職」や「失業」にあてはまることもない。自営業者には雇用労働者向けの「雇用調整助成金」は支給されないわけであり，「持続化給付金」はその分重要な仕組みであったといえよう。

●「新しい自営業」としてのクラウドワーク・フリーランス●

　以上のような仕組みは昨今の新しい働き方においても機能するだろうか。ここで極端な例かもしれないが，最近はやり？のクラウドワークについて紹介してみよう。

　さて，先述したようにコロナ禍の巣ごもり需要で，ウーバーイーツを利用する人も増えたのではないだろうか。仕組みはこうである。配達員は，スマホのアプリをオンラインにして仕事の依頼を受け，私たち消費者はウーバーイーツのアプリを使いある飲食店の商品を注文すると，運営会社は飲食店に商品を発注するとともに，店舗の近くにいる配達員に配達リクエストを行ない，配達員が自転車などで店舗まで商品を取りに行って商品を消費者へ届ける。その際，働き手（配達員）と発注元とを仲介する運営会社はインターネット上の「プラットフォーム」を通じてマッチングをする[2]。

　この問題に詳しい労働法学者の毛塚勝利教授[3]によれば，クラウドワーク（Crowdwork=CW）とは，クラウドソーシング（Crowdsourcing=CS）といわれるように，外部労働力を利用するアウトソーシングの一形態であるが，群衆による仕事という意味でいえば不特定多数による就労である。CWの特徴のひとつは，労働成果物やサービスを求める発注者の相手方がインターネット空間上の不特定多数であることであり，労働力の利用者と提供者とをとりもつプラットフォーム（PF）の存在により，国境をも越えた不特定多数の外部労働力を利用することを可能にしている。

　このPFを利用して外部労働力を利用する形態には，労働力を必要とする発注者（クラウドソーサー）と労働力の担い手（ワーカー）の仲介サービスを行うPFを通して調達する場合（一般的PF）のほか，ソフト制作やデザイン等の事業運営を行っている企業が，事業運営に必要な労働力を，自らが運営するPFを通じて調達する類型（特化型PF）がある。

　このほか，PFを利用した他者労働者の利用には，遠隔地にある発注者と受注者間における労働力の利用ではなく，対面的な労務提供を前提とする労働力の利用もあり，Uberの配車サービスや先の「イーツ」がこの例とされる（図

（2）　河合塁・奥貫妃文編『リアル労働法』（法律文化社，2021年）134頁。
（3）　毛塚勝利「クラウドワークの労働法学上の検討課題」季刊労働法259号（2017年）53頁以下。

図表　UberEats の関係図

出典：浜村彰「日本の Uber Eats をめぐる労働法上の課題」浜村彰・石田眞・毛塚勝利編
『クラウドワークの進展と社会法の近未来』（労働開発研究会，2021 年）43 頁

表）(4)。

　このような新しいクラウドワークに限らずとも，農林水産業といった旧来の
自営業者とも異なるフリーランスなどの「新しい自営業」とでもいうべき働き
方は，旧来のものと比べヨリ雇用労働に類似しながらも，雇用労働のような社
会保障制度が用意されていない。

　たとえば第 204 回国会において参議院の国民生活・経済に関する調査会（令
和 3 年 2 月 24 日）で参考人となったフリーランス協会の平田麻莉氏は，新型コ
ロナウイルス感染症によるフリーランス，個人事業主への影響について，デー
タも踏まえて話しているのが参考になる。

　すなわち，このコロナ禍でテレワークが進展し，副業希望者も増え，また，
70 歳就労機会確保の努力義務化の施行など会社員とフリーランスの境界線が
ますます曖昧化するなかで，フリーランスについては「持続化給付金」はある
が失業や仕事を失ってしまったことに対するセーフティーネットが十分でなく，
労災保険もなければ傷病手当金も出ないと指摘している。

　そのうえで「理想という意味では，労災保険もそうですし，雇用保険もそう
ですし，ほかの健康保険，年金もそうですけれども，会社員だから，フリーラ

(4)　ウーバーイーツユニオンについて，河合・奥貫編・前掲 135 頁および和田肇編『コ
ロナ禍に立ち向かう働き方と法』（日本評論社，2021 年）154 頁以下。

25

ンスだからということではなく，働いている全ての人にひとしく保険料を納めてもらって，一方，企業の側というのも，今までは企業と個人というのが一対一で関係性があったので企業の側から保険料の半分を徴収するということで来ていましたけれども，今企業も業務委託での人材活用というのが非常に増えておりますし，副業解禁とかで必ずしも企業と個人の関係が一対一でなくなってきている部分もありますので，その雇用か業務委託かによらず，どのくらいの人員がそこで働いているのかですとか，若しくは，その売上規模などによってその保険料の企業負担分に今なっている部分を徴収するというような，今の徴収の仕方とは別の仕方で企業からも負担していただくというふうに変えていかないと，業務委託に切り替えた企業が社保を負担しなくてよくてラッキーという話になってしまいますので，ある意味，根本からちょっと検討していくことが必要なんじゃないかなと思っております。」と総括している。

●それでは，われわれはどうするべきか？●

　先の毛塚教授によれば[5]，ICTの生み出す新型の個人就業者の場合，多くが低所得であり，医療や年金の負担についてあらたな法政策が必要と指摘している。幸い，わが国は国民皆保険・皆年金を謳っており，自営業者であっても社会保障制度のセーフティーネットが用意はされているわけであるが，これまでみてきたように，「新しい自営業者」の到来に十分対応できているとは言えない。この間，筆者は３つのストーリーを提示している[6]。

　１つ目は，「ベーシック・インカム」の導入の是非である。「ベーシック・インカム」[7]という手法は，既存の社会保障制度を再編（ないし全廃）し，国民で予算を頭割りするものであり，この方法ならば国民の負担を増やさなくとも，「新しい自営業者」の増加に対応可能であろうが，もともと社会保険を中心に

(5)　毛塚勝利「新たな団結形態を希求する個人就業の変貌と労働問題」労働情報950・1号（2017年）26頁。
(6)　詳細は，小西啓文「就業環境の変化と社会保障法の課題〜最近のドイツの議論から」週刊社会保障 No.2941（2017年）および同「社会保障法領域における非正規労働者と『新しい自営業』の増加の課題」（連合総研報告書『非正規労働の現状と労働組合の対応に関する国際比較調査報告書』）を参照。
(7)　秋元美世「ベーシック・インカム構想の法的検討」日本社会保障法学会編『新・講座社会保障法第３巻ナショナルミニマムの再構築』（法律文化社，2012年）133頁以下。

社会保障の制度構築をしてきたわが国で国民のコンセンサスを得るには，時期尚早といわざるをえないのではないだろうか。

　つぎに，2つ目として，わが国では年金財源が占める社会保障の比重は50％近くと突出しているが，「新しい自営業者」は長期にわたる保険料拠出が困難で年金権を獲得できにくい存在であることから，一般に短期的な保険料の拠出で済む医療や介護のサービス給付の比重を重くする，というのは1つの選択肢になると考える。その比較福祉国家論で著名なエスピン＝アンデルセンは「21世紀の福祉国家」像として[8]，これまでの社会保障は各国ともに「年金」に依存する傾向がみられたが，働ける高齢者が一定の年齢になると仕事を辞め，年金で生活をするようになるというのを改め，高齢者も働ける限り働くことが正しい選択肢なのではないか，と主張した。そうすれば，余剰の年金は，高齢者の介護や子どもの育児のためのヘルパーやシッターのための財源に回し，もって，ヘルパーやシッターという雇用を増大させる効果も図れることになる。働く高齢者の多い日本でも市民権を得やすい提案と思われるが，ヘルパーやシッター（女性が多い仕事のイメージはなお強いだろう）の低賃金問題の解消が先決という強い意見もあるのではないだろうか。

　そこで3つ目として，日本では旧民主党の年金改革案で，マイナンバー（社会保障番号）制度の普及を前提として，自営業者にも報酬比例年金を用意するというものがあったが，今日それが実現していないながらも，「新しい自営業者」をできる限り被用者保険へ編入する，という提言がリアリティーのあるものとして残るかもしれない。仮に「クラウドワーカー」にも「使用されている」実態があるならば，被用者保険に編入すること，そしてその際，「クラウドワーカー」については──これは毛塚教授も指摘していることである──プラットフォームを使用者と擬制し，保険料を企業や利用者から徴収するというのが，1つの（そしてもっとも有力な）提言になるだろう。

　もっとも，これを実現するうえでは，もしかすると，日本では「適用除外」の基準を「法律」で決められたがネックになるかもしれない。すなわち，「1分・1秒」でも「使用される」者として働いた者であれば，被用者保険に強制加入するというのが「当たり前」のはずであるが，「社会保障・税の一体改

(8)　エスピン＝アンデルセン〔渡辺雅男・渡辺景子訳〕『福祉国家の可能性』（桜井書店，2001年）48頁以下。

革」で「週20時間」未満なら「適用除外」という「法的なルール」を設定してしまった。かつてパートタイマーの被用者保険への加入資格につき通常の就労者の所定労働時間及び所定労働日数の3／4以上を「常用的使用関係」と「内かん」で定めていたルールを法律で決めるようになったことは評価できるが，「常用的使用関係」という「質」を週20時間という「量」でもって定めたことについての，再度の「質的」な（そして「法的な」）再検討（「1分・1秒」というのは，結局，被用者全員のことを意味している）が必要にならないか。

　それでは，「仕事を失うこと」に対してはどのように対処すべきか。もちろん，「持続化給付金」のような「税」を用いた仕組みは有効だろうが，そのような税方式以外に，社会保険方式を用いた解決策はないだろうか。例えば，先述した雇用保険にある日雇労働者向けの制度は，「雇用」を前提とするが，不安定な働き方であるという点では「新しい自営業」と同様であり，「連帯」的な解決策として参考になるかもしれない。

　コロナ禍はいずれ収束するはずのものであり，昨今の「新しい生活様式への対応」という要請も一過性のものかもしれない。しかし，これまで標準的と考えられてきた「雇用労働」という考え方は，コロナ禍を1つの契機とした「新しい自営業者」の増加によって「浸食」されはじめてしまっており，この傾向自体はコロナ禍が収まろうともICT化の進捗によりますます強まるのではないだろうか。みなさんはどう考えるだろうか。

■**参考文献**■

浜村彰・石田眞・毛塚勝利編『クラウドワークの進展と社会法の近未来』（労働開発研究会，2021年）

あなたの静岡新聞「持続化給付金詐欺　追起訴内容認める　静岡地裁浜松支部」（2021年6月17日）https://www.at-s.com/news/article/shizuoka/916279.html

時事ドットコムニュース「コロナ特例貸付金を詐取　容疑で暴力団組員逮捕——警視庁」（2021年6月16日）https://www.jiji.com/jc/article?k=2021061600402&g=soc

時事ドットコムニュース「経産省キャリア2人逮捕　コロナ家賃支援金詐取疑い　警視庁」（2021年6月25日）https://www.jiji.com/jc/article?k=2021062501029&g=eco

（小西啓文）

4　コロナ渦中の大学生活・大学教育
——学びの保障と大学の意義

●コロナ渦と教育の間で●

　新型コロナウイルス感染症は，社会を，世界を，大きく「変革」してしまった。その影響を数え上げれば際限がない。しかし，大学をはじめとする教育現場が被った影響は，その中でも最たるものの一つではなかろうか。本書の読者である学生のみなさんの中にも，その有形無形の影響を肌身に感じておられる方も多いことと思う。

　繰り返される緊急事態宣言やまん延防止等重点措置への対応に私たちが右往左往してきたのと同様，教育現場もまた，国や自治体から間断なく発出される（時として相互に矛盾した）通知などへの対応に翻弄されてきた。かと思えば，これまで経験したことのない事態に対して，どこからの指示や指針も示されないまま，各教育機関が独自の，苦悩に満ちた判断を迫られることも一再ではなかった。それは，教育機関が「学生や教職員の安全の確保」と「本来の教育目的の実現」との間で揺れ続けたプロセスであった。

　本項では，主に大学を舞台として，コロナ禍が教育現場にもたらした影響や，それによって浮き彫りになった課題の検討を通じて，「コロナ後」をも見据えた学校教育（特に大学等における高等教育）の方向性や，そこで学ぶ大学生の生活，学びの保障といった問題について考えてみたい。

　現在（本校執筆中の 2021 年 7 月現在），デルタ株と呼ばれる新たな変異種の出現の影響もあって，新型コロナウイルス感染者数は全国的に再び大幅な増加傾向を示している。このような状況下で，「コロナ後」の社会を見通すことはいまだ困難であるかもしれない。しかし，このような困難な状況の中でこそ，浮き彫りになった課題について，先を見据えながら議論をすることにも，一定の意義はあるのではなかろうか。

●コロナ渦が大学生活にもたらした影響●

①　経済面

　大学におけるコロナ渦の影響を考えるとき，まず指摘されなければならないのが学生の経済面への影響であろう。

　このうちまずあげられるのが，アルバイトを中心とした学生自身の収入の減少や途絶である。

　文部科学省が 2021 年 3 月に，当時緊急事態宣言が発出されていた都府県に所在する大学の学生を対象に実施した「新型コロナウイルス感染症の影響による学生等の学生生活に関する調査」によると，2021 年 1〜2 月（緊急事態宣言発令中）のアルバイト収入が 2021 年 10〜12 月（未発令時）よりも大幅に減少した学生は約 2 割となっている（図表1）。また，収入が減少した学生のうち，約 7 割がアルバイト先の営業時間短縮等の影響を受けている（図表2）。

　アルバイト収入が大幅に減少した学生が約 2 割[1]，という結果からは，その影響はさほど大きなものではなかった，との評価も可能かもしれない。しかし，食費や通信費（携帯電話や Wi-Fi などの通信に要する費用），交通費，図書費など，

図表 1　令和 3 年 1〜2 月のアルバイト状況　※ 択一選択

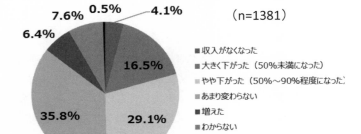

出典：文部科学省「新型コロナウイルス感染症の影響による学生等の学生生活に関する調査」2021 年 5 月

---

(1)　ちなみに，筆者の所属する大学でも独自に同様の調査を実施したが，アルバイト収入に関しては文科省の調査とほぼ同様の結果であった（筆者の所属校の所在する県は緊急事態宣言等の対象とはならなかったが，県独自の営業時間短縮や酒類提供自粛の要請がなされていた）。

図表 2　アルバイト収入が減少した理由　※択一選択

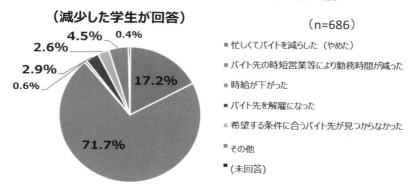

出典：文部科学省「新型コロナウイルス感染症の影響による学生等の学生生活に関する調査」2021 年 5 月

　学生生活に不可欠な経費をアルバイト代でまかなっている学生がこの中に含まれているとすれば，それは単なる比率の多少の問題ではすまなくなる。

　話は少し変わるが，生活保護受給世帯において，大学生は保護の対象とならず，いわゆる「世帯分離」の扱いを受ける。両親等の家族と同一世帯に居住している場合，高校生までは保護の対象となるが，大学等に進学した場合，その子だけが保護の対象外となる（その世帯に引き続き同居することは認められる）。その場合，学費等の進学費用はもちろん，上記のような日常生活上の経費も，すべて奨学金，アルバイト収入などでまかなわなければならない[2]。このような場合，アルバイト収入の減少や途絶は，その学生の生活に大きな影響を及ぼすことになる。母親と大学生の 2 人暮らし世帯で，母親が生活保護を受給，大学生が世帯分離されているケースにおいて，大学生のアルバイト収入がコロナ渦の影響により途絶し，通学のための交通費を捻出できなくなってしまった事例なども報告されている。

　近年，大学等の高等教育については，国の新たな修学支援制度が設けられ[3]，

---

(2)　このほか，医療保険についても，被保護者である家族は生活保護による医療扶助の対象となるが，世帯分離されている学生は，自分で国民健康保険等に加入しなければならない。

(3)　就学支援制度や奨学金の問題については，Ⅳ−1・145 頁も参照。

図表3　世帯分離

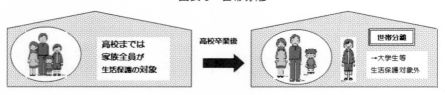

出典：神奈川県ホームページ

給付型の奨学金や授業料減免の拡充が図られている。しかし，これらは主に学費をまかなうためのもので，それ以外の経費は別途貸与型の奨学金やアルバイト収入でまかなわなければならない。

　あわせて問題となっているのが，学生の保護者の収入の減少や途絶である。コロナ渦により，パート等の非正規雇用において仕事（＝収入）が減少したり，仕事自体を失ったりするケースが相次いでいる。これらにより学費の負担が困難になれば，学業の継続を断念しなければならなくなるケースも想定される。

　このようなケースに対応するために，国が利用を推奨している支援策として，上記の修学支援制度や貸与型奨学金，国（日本政策金融公庫）の教育ローン，社会福祉協議会が実施する生活福祉資金貸付制度による緊急小口資金や教育支援資金の貸付，それに新型コロナウイルス対応休業支援金・給付金[4]などがあげられている。しかし，これらの多くは貸与や貸付によるもので，それらの返済は，学生自身の将来の負担となる。それは，将来の生活設計に多大な影響を及ぼすことになる。コロナ渦の状況下ではもちろん，その後においても，家庭の経済状況にかかわらず，学びの機会を保障するための支援策のさらなる充実や拡充が必要となろう。そしてそれは，アルバイトに過度に依存しなくても，安心して学びを継続できる水準や内容のものであることが求められる。

　②　コロナ渦での学び，教育の質の保障

　コロナ渦以降，全国の各大学では，「オンライン授業」「遠隔授業」等といわれる授業形態が一気に普及した。オンラインによるビデオ会議システムや，動画配信を利用した授業形態である。

（4）　事業主から休業（時短勤務，シフト削減含む）させられたが休業手当の支払いを受けることができなかった労働者（学生アルバイト含む）に支援金・給付金を支給するもの。

　このような授業形態の採用は，多くの大学にとって，いずれは通常の授業形態に復帰することを前提とした，いわば「緊急避難」的な対応であったはずである。

　しかし，コロナ渦が一向に収束の気配を見せず，オンライン授業の実施が長期化するにつれ，新たな課題が現出してきた。それは主に，オンライン授業による「教育の質」の担保との問題と，学生の生活上の課題とに分類される。

　まずオンライン授業についてであるが，これには「功罪相半ばする」との評価が一般的のようである。通学のための移動をしなくて済む，配信された動画を一定期間内に視聴するオンデマンド型の授業であれば授業時間や場所に縛られず自分のペースで学修できる，動画を繰り返し視聴して復習ができる，などの点がメリットとして指摘されている。

　他方，自宅で1人で学修することへの不安感，授業内容の理解度に対する不安感，そのための質問やコメントが思うようにできないこと，教員や他の学生とのコミュニケーション不足などがデメリットしてあげられている。

　オンライン授業の目的が，他者との接触機会を減らし，感染リスクを回避することにある以上，多少のデメリットもある意味やむを得ない。ただし，上述のように，それが一時的なものであれば，である。本来イレギュラーな形態であるはずのオンライン授業が半ば恒常化し，「いつまでこれが続くのか」「このような授業に本当に意味があるのか」といった不安や不信感の中で学生たちが授業を受け続けなければならないとすれば，それ自体が授業や教育の質の低下と評されてもやむを得ない。特に，大学に入学したとたん，通学の機会もほぼないままこのような授業を受講し続けなければならなかった1年生に不安や不信感が大きいのも，ある意味当然の結果といえる。

　他方，通常の対面授業を一定程度経験している2年生以上の学生の中には，オンライン授業を評価する意見も多いとされる。それは，上述のオンライン授業のメリットを体験した上でのものと考えられるが，その評価は，授業の内容や質よりも，学生にとっての「利便性」による部分も大きいように思われる。その一方で，特にオンデマンド型の授業には，学修効果の点で一定のメリットが見出されているのも事実である[5]。

（5）　筆者は所属校で「社会保障論」の講義を担当しているが，このような制度の正確な「理解」を目的とする講義系の授業科目においては，動画を繰り返し視聴できるオンデ

　しかし，やはり全体としては大学に通学し，教室で友人たちと肩を並べて対面での授業を受ける，この「本来の姿」への希望が大きいように思われる。コロナ渦がまん延し，各大学がロックダウンやオンライン授業の態勢に入って以降，全国各地の学生たちから，ネット上を中心に「学費返還」を求める声があがっていることは周知のとおりである⁽⁶⁾。このような声は，その要求自体もさることながら，「早く通常の状態に復してほしい」という大学や社会に対する希望や期待の側面が大きいように思われる。コロナ禍が長期化する中で，このような声をどのように受け止めていくかが，現下の最重要課題ではなかろうか。

●「コロナ後」を見据えて●

　大学と学生が一度オンライン授業を経験し，それに一定のメリットが確認された以上，「コロナ後」も，単に従来の授業形態に復するというだけでは済まされないだろう。各大学がそれぞれの環境や特長に応じて，オンライン授業と従来の対面授業それぞれのメリットをいかに活用して，その大学なりの新たな教育システムを構築していくか，大学教育における今後の「教育の質」保障のあり方はこの点にかかっている。今後の各大学の動向や成果が注目される。

　それと同時に各大学は，学生の生活上の不安にも十分に対処していく必要に迫られている。自宅でひとりパソコンやスマートフォンに向かって授業を受けなければならなかった学生の中には，友人関係を構築できない，学業に意義が見出せないなどの不安や孤独感の中で「学生生活」を送っている人も少なくないであろう。このような学生たち１人ひとりへのケアやフォローはもちろん，対面授業の全面的な再開を見据えて，授業などを通じて学びの意義や楽しさを伝えていく努力が求められる（これには多分に筆者の自戒と決意も込められている）。

　これまで，日本の大学は，かつて「レジャーランド」と評された教育の現状を変革すべく，国の主導のもとであらゆる「改革」を求められてきた。「学生の主体的な学び」を主眼としたいわゆるアクティブラーニングの積極的な導入，

マンド型の授業形態のメリットは大きいと感じている。
(6)　2021 年 6 月には，東京の大学生が，1 年以上対面授業が行われておらず，大学が契約上の義務を果たしていないとして，学費の半額分の返還を求める訴訟を提起している（2021 年 6 月 17 日付朝日新聞朝刊）。

大学教員の教育・研究両面での資質向上を図るための任期制をはじめとする新たな人事制度の導入，従来の均質的な助成金制度に代わり，「メリハリのある（改革を積極的に推進する大学や，高い研究実績をあげている大学などに手厚く）」資金配分を行うための競争的助成金制度（国立大学改革プラン，私立大学総合改革支援事業など）の導入，7年に1度の機関認証受審の実質的な義務付けなど，それこそ枚挙にいとまがない。

　これらの「改革」の中には，一定の成果のみられるものもあるが，中には各大学にかえって過度な負担となっているものや，形式的手続に終始してしまっていると思われるものもないとはいえない。

　コロナ渦は，学生・大学の双方に厳しい忍耐を強いる一方で，大学自体が自らの「改革」の意義や大学教育の意義・目的を再度根底からとらえなおすまたとない契機となったのではないかと思われる。その改革の方向性がどのようなものであるべきか。この命題に対する解は，これまでの経験を踏まえて，各大学が学生たちとともに見出していくことになるだろう。

■参考文献■

2020年4月〜2021年6月の新型コロナウイルス感染症対応に関する文部科学省の各種通知類

「朝日新聞」2021年6月17日付

江口悦弘「コロナ禍で変容を迫られる大学と教員　大学の授業はオンラインと対面のベストブレンドへ」（教育とICTオンライン）2020年11月（https://project.nikkeibp.co.jp/pc/atcl/19/06/21/00003/112000149/）

「新型コロナの影響を受けた学生等の経済支援」文部科学省ホームページ（https://www.mext.go.jp/a_menu/coronavirus/benefit/index.html）

（脇野幸太郎）

5　入院先が見つからない！
――新型コロナによる医療崩壊の危機

● **医療崩壊の危機とは** ●

　2020年1月に日本における新型コロナウイルス感染症（COVID-19，新型コロナ）の最初の患者発生が報告されて以来，東京都をはじめとする日本各地において新型インフルエンザ等対策特別措置法（特措法）に基づく緊急事態宣言の発出やまん延防止等重点措置の公示が繰り返され，マスコミ等では「医療崩壊の危機」が喧伝された。

　新型コロナは，医療提供体制，患者の受診行動，診療内容，医業経営など医療の様々な局面に大きな負のインパクトを与えており，何をもって医療崩壊の危機と呼ぶかは必ずしも定かではない。しかし，これまでの用語法では，病床の逼迫や医師・看護師等の医療スタッフの不足等のために「全ての新型コロナ患者に必要な医療を必要なだけ提供できなくなる恐れが高まること」又は「新型コロナ治療以外の一般医療（平時の医療）を必要なだけ提供できなくなる恐れが高まること」といった医療提供面の問題状況を指すことが多かったように思われる。

　例えば，大阪府では，2021年5月には，病床が逼迫したため，療養中の新型コロナ感染者のうち病院に入院して治療できた者の割合（入院率）は僅か10%に止まった。多くが自宅待機（自宅療養）やホテル等での宿泊療養を余儀なくされ，症状が悪化してもなかなか入院先が決まらないといった事態（図表1）も生じたと報じられ[1]，こうした状況が医療崩壊の危機と称された。

　ここでは「医療崩壊の危機」の意味を「病床・医療スタッフ等の医療資源の相対的不足による医療機関の医療提供能力の不全化の危険性が高まること」と理解しておきたい。

---

(1)　2021(令和3)年5月16日朝日新聞朝刊2頁。

図表1　大阪府の新型コロナ患者の療養・入院状況

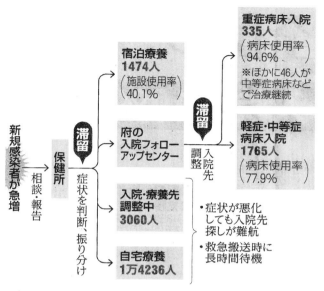

〔注〕人数や使用率は 2021 年 5 月 13 日発表時点
出典：2021（令和 3）年 5 月 16 日朝日新聞朝刊 2 頁

●危機の原因●

　このような医療崩壊の危機を招いた原因を一言で述べれば，危機の主因は「平時の医療に上乗せをして，（新たな未知の病原体である新型コロナへの対応といった）非常時の医療を行うだけの医療資源を恒常的に保有し続けるだけの余裕がない」という日本の医療の構造的特徴にあると言えよう。

　日本は，欧米諸国に比べると，単位人口当たりの病床数は多いものの，医師数は相対的に少ない（図表 2）。そして，そのような体制で平時の医療を概ね効率的に提供してきたが，「効率的な提供」とは換言すれば「余裕のない提供」ということであり，医療資源の余力は季節性インフルエンザの流行にぎりぎりで対応できる程度のレベルに止まると思われる[2]。長年にわたる医療費適正化

（2）　もっとも，病床種別としての感染症病床のみに着目すれば，その数は近年 1700〜1800 床台で安定的に推移してきており，その利用率も数パーセントに止まっていた。その意味では，平時の感染症対策としての医療提供体制としてはそれなりの余力はあった

図表 2　病床数・医師数の国際比較

	日　本	ドイツ	フランス	イギリス	アメリカ
人口 1000 人当たり病床数	12.8 床 (2019 年)	7.9 床 (2019 年)	5.8 床 (2019 年)	2.5 床 (2019 年)	2.8 床 (2018 年)
人口 1000 人当たり医師数	2.5 人 (2018 年)	4.4 人 (2019 年)	3.2 人 (2019 年)	2.9 人 (2019 年)	2.6 人 (2019 年)
病床 100 床当たり医師数	19.2 人 (2018 年)	55.5 人 (2019 年)	54.3 人 (2019 年)	120.1 人 (2019 年)	92.2 人 (2018 年)

出典：「OECD Health Statistics 2021」に基づき筆者作成

政策の下での診療報酬の抑制的傾向も，医療資源への資金投入を制限するという点で医療提供能力の余裕のなさに拍車をかけた。さらに，日本では，2003年に確認された SARS（重症急性呼吸器症候群）や 2012 年に確認された MERS（中東呼吸器症候群）の流行が大事に至らなかったことも，新型感染症への危機意識を薄れさせた一因と言われる。

　そうしたところへ，季節性インフルエンザウイルスよりも遥かに感染力が強く重症化しやすく致死率も高い上に，当初はワクチンも治療薬もなかった新型コロナウイルスが日本に上陸したのであるから，これが大流行し医療機関の医療提供能力を上回るキャパシティオーバーを招いたことは，必然であったとも言える。特に，手厚い医療やケアを必要とする重症患者の急増は，これに対応できる感染症の専門スタッフ[3]を手当てできず，ベッドが空いていても入院患者の受入れができないという事態を各地で生じさせた[4]。また，当初は比較的軽症の者も原則として入院させていたことも，病床の逼迫を促したと思われる。

　そして，このように新型コロナの治療に多くの医療資源を割かざるを得なかったことが，結果的に新型コロナ治療以外の一般医療に投入する医療資源の

　が，今回の新型コロナの流行は想定を遥かに超えたものであっため対応できなかったとも評価できる。

(3)　日本全国で，日本感染症学会が認定する感染症専門医は約 1600 人（2021 年 6 月現在），日本集中治療医学会が認定する認定集中治療専門医は約 2100 人（2021 年 4 月現在）に止まる。

(4)　重症患者を診ることができる専門スタッフの多寡が新型コロナによる死亡率に大きな影響を与える旨の指摘として浦島充佳『新型コロナ　データで迫るその姿』（化学同人，2021 年）85-88 頁。

縮減を強いて，一般医療の提供にも支障を生じさせるという悪循環をもたらすこととなったのである。

●医療崩壊を防ぐための対応●

　医療資源に余裕がないと言っても，資源の総量を短期間で増やすことは財源的にも人材的にも難しい。そうであれば，現在ある医療資源の重点的投入先を平時の医療から新型コロナ対応という非常時の医療へと可能な限り多くかつ速やかに振り替えることが，新型コロナへの対応策の要となる。

　厚生労働省は，新型コロナの第1波流行後の2020年6月に，各都道府県にそれ以降の新型コロナ流行に対応できるような病床・宿泊療養施設確保計画の策定を要請した事務連絡[5]を発出した。各都道府県はこれに基づいて確保計画を作成し，病床等の整備等に取り組んできている。

　その具体的内容は，各地域におけるこれまでの医療提供体制の整備状況や新型コロナの流行状況等に応じて異なるが，ポイントは，①都道府県が，新型コロナの流行段階（フェーズ）毎の必要病床数を設定した上で，医療機関と調整を行ってこれを即応病床と準備病床に分けて確保する[6]とともに，②都道府県が，病院を始めとする受入れ施設の役割分担を明確にした上で[7]，保健所や都道府県の入院調整センターが，患者・感染者の重症度等に応じて，例えば，㋐重症者は大学付属病院・県立中央病院等の高度医療機関，㋑中等症の患者は重点医療機関などのそれに準ずる設備やスタッフを揃えた医療機関，㋒新型コロナから回復した後に引き続き入院管理が必要な患者は，そうした者を受け入れる医療機関（後方支援医療機関），㋓軽症者や無症状者は㋐～㋒以外の医療機関や宿泊施設・自宅などというような振分けと施設間の移動（入院・転院・退院

---

(5)　「今後を見据えた新型コロナウイルス感染症の医療提供体制整備について」（令和2年6月19日都道府県衛生主管部局他宛厚生労働省新型コロナウイルス感染症対策推進本部事務連絡）。その後も，これを修正・補完する事務連絡が度々発出されている（注(8)，注(11)を参照）。

(6)　既存の感染症病床の活用だけでなく，一般医療を行っている病床からの転用も，確保のための方策として当然含まれる。

(7)　注(5)の厚生労働省の事務連絡では，医療機関又は病棟単位で新型コロナ患者を重点的に受け入れる「重点医療機関」，新型コロナ感染の疑いがある患者専用の個室を設定して患者を受け入れ，必要な医療を提供する「協力医療機関」等を想定していた。

図表3　神奈川県の病床・宿泊療養施設確保計画

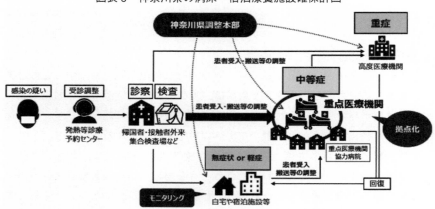

出典：神奈川県 HP より「新型コロナウイルス感染症対策の医療提供体制『神奈川モデル』」https://www.pref.kanagawa.jp/docs/ga4/covid19/ms/index.html

等）を円滑かつ迅速に行えるようなシステムの構築を目指す⁽⁸⁾というものである。一例を挙げれば，先進的とされる神奈川県のシステムは**図表3**のようになっている。

　こうした計画の策定・実施により，新型コロナの流行当初に比べれば，新型コロナに対応するための医療提供体制の整備はだいぶ進んできているが⁽⁹⁾，2021 年 7 月現在，医療崩壊の危機が遠のくまでには至っていない。また，計画実施の過程において，①実際には必要病床数を確保できない，②新型コロナの感染が急拡大する中で，医療スタッフの手当てがつかず計画どおりに患者を受け入れることができない病床が存在する，③医療機関の役割分担が不十分で，患者の適切な振分けができず，病床の効率的な運用ができない，④想定外の感染拡大や保健所等の調整能力の限界から入院調整をスムーズに行えない場合（目詰まりの発生）がある，⑤宿泊施設・自宅における療養の健康管理体制が不十分な地域がある，など明らかになってきた課題も多い。

---

(8)　「新型コロナウイルス感染症の医療提供体制の整備に向けた一層の取組の推進について」（令和 3 年 2 月 16 日都道府県衛生主管部局他宛厚生労働省新型コロナウイルス感染症対策推進本部事務連絡）も参照。

(9)　国（厚生労働省）は，補助金交付や診療報酬の特例的引上げ等によって体制整備の促進を図っている。

　そして，これらの課題の背後には，前述のとおり新型コロナの治療に投入できる医療資源の総量に限界があることに加え，ⓐ開業医から発展してきた小規模な民間病院が多い，ⓑ病院数の約8割を占める民間病院に対しては，医療法や特措法を始めとする公衆衛生法規等による法的規整が弱く，公的なコントロールが及びにくい，ⓒ保健所を中核とする公衆衛生行政組織は，長年にわたる統廃合や定員削減のために弱体化しつつある，といった日本の保健・医療制度が抱える構造的な問題も横たわっている。今回の新型コロナの流行による医療崩壊の危機は，こうした構造的問題に私たちの眼を改めて向けさせる契機ともなった。

●次のパンデミックに備えて●

　病床・宿泊療養施設確保計画には様々な課題があるものの，今回の新型コロナの大流行を乗り越える[10]ための当面の対応としては，日夜新型コロナへの対応に追われている医療の現場の実態を踏まえてこの計画をより適切なものに修正しつつ，計画の着実な実施を図っていくほかないであろう。2021年3月に発出された厚生労働省の事務連絡[11]では，前述した計画の課題への対応として，①医療機関との書面合意等による必要病床の実効的な確保，②入院基準の明確化や回復患者の転院先の確保などの地域内の医療機関間の役割分担の徹底，③感染者急増時の緊急的な対応方針の地域での協議・策定，④宿泊施設・自宅における療養の健康管理体制の強化や宿泊療養施設の稼働率の向上，⑤「チェックポイント」シートに基づく目詰まりのチェックや感染状況のモニタリングによる患者の移動の流れの目詰まりの速やかな改善，などの医療提供体制強化の提案を行っているので，その早急な実現を図るべきである。

　また，今回の新型コロナの大流行が収束し，ワクチンの普及等により新型コロナの脅威が季節性インフルエンザ並みに低下したとしても，次の未知の新たな感染症によるパンデミックの脅威はいずれ必ず訪れる。その時に平時の医療

---

(10)　感染力の強い変異株の発生など予断は許されないが，ワクチンは感染抑制・重症化抑制に一定の効果が認められるようであるので，近い将来，今回の新型コロナの流行が収束することは期待できるであろう。

(11)　「今後の感染拡大に備えた新型コロナウイルス感染症の医療提供体制整備について」（令和3年3月24日都道府県衛生主管部局他宛厚生労働省新型コロナウイルス感染症対策推進本部事務連絡）。

から非常時の医療へと速やかに切り替えることができるよう，中期的な対応としては，予め医療計画等を見直して現在の「5疾病・5事業プラス在宅医療」の医療連携体制に感染症対応も加えて，その脅威に対応できるような医療機関の機能分化と連携の仕組みを今から構築し始める必要があろう。

（新田秀樹）〔2021年7月20日脱稿〕

Ⅱ　家族が変わる

家族がどう変わったのか，変わるのか

▌家族が変わる▌

　核家族化の進行，単身世帯の増加，共働き世帯の増加等の家族のあり方の変化は，地域社会の変化（本書Ⅵ）や働き方の変化（本書Ⅲ）という，福祉社会のあり方と密接な関係にある[(1)]。

　変わりつつある家族のあり方のうち，Ⅱ−1では社会保障制度における「配偶者」の概念をめぐって生じる問題を取り上げている。また，Ⅱ−2以下では親子関係をめぐって生じる法的な問題を取り上げている。そこで，ここでは配偶者と親子にかかわる法律関係を，本章に必要な限りで簡単に説明しよう。

▌結婚する──婚姻の成立▌

　結婚のことを法律では婚姻という。婚姻が成立するためには，実質的な要件（婚姻意思が合致すること，婚姻障害事由が存在しないこと）と，形式的な要件（婚姻の届出が受理されること）を満たす必要がある[(2)]。

　婚姻の実質的な要件の1つ目の，婚姻意思の合致については，憲法24条1項（「婚姻は，両性の合意にのみ基づいて成立」する）と，民法742条1項（「人違いその他の事由によって当事者間に婚姻をする意思がないとき」に婚姻を無効とする）が，その根拠とされている。

　婚姻の実質的要件の2つ目の，婚姻障害事由には，次のものがある。①婚姻適齢に達していること（民法731条），②重婚や近親婚ではないこと（民法732

---

(1)　わが国の憲法と法律には「家族」の概念についての共通の定義は存在しない。憲法24条2項には家族という文言が用いられているものの，その定義はなされていない。また，民法では家族という概念そのものが用いられていない（増田幸弘「家族支援」本澤巳代子＝新田秀樹『トピック社会保障法2021〔第15版〕』不磨書房，2021年）176頁。
(2)　本澤巳代子＝大杉麻実＝高橋大輔＝付月『よくわかる家族法』（ミネルヴァ書房，2014年）12頁〔本澤執筆〕。

条・734条・735条・736条)，③再婚禁止期間(待婚期間)を過ぎていること(民法733条)，④未成年者は父母の同意を得ていること(民法737条)。

このような実質的要件を満たした婚姻の届出が受理されると，夫婦間に財産関係にかかわる効果(夫婦別産制，婚姻費用の分担，日常家事債務の連帯責任，夫婦財産契約)が生じるのに加え，共同生活にかかわる効果(夫婦同氏の原則，同居・協力・扶助義務，貞操義務)が生じることとなる。

▌内縁(事実婚)の関係▌

ところで，何らかの理由から両当事者の関係が「実質的には婚姻でありながら，法律上の形式，即ち届出を欠くため，法律的には婚姻とみられていない結合」(3)となることもある。このような関係を内縁という。内縁は婚姻に準ずるものとして保護され，姻族関係の発生，夫婦同氏原則，未成年者の成年擬制，嫡出推定，配偶者相続権などを除き，民法で規定されている婚姻の効果が内縁にも認められている。

ここまで，民法における婚姻や内縁について述べてきた。それでは，社会保障制度においては，婚姻の届出を欠くカップルの一方当事者は，他方当事者の「配偶者」と認められるのであろうか(なお，民法には「配偶者」を定義する条文が存在しない)。Ⅱ-1では，民法上，同性婚の規定が存在しない同性カップルに対する社会保障制度の適用について論じている。

▌離婚する──婚姻の解消▌

婚姻の解消には，離婚と死別がある。離婚の方法には，協議離婚，調停離婚，審判離婚，裁判離婚，訴訟上の和解による離婚，請求の認諾による離婚がある。このうち最も利用されているのが協議離婚(民法763条。当事者の離婚の合意に基づき離婚届を提出することで離婚が成立する)であり，わが国の離婚の約9割を占めている。

離婚の効果として，婚姻関係に伴う再婚の自由，姻族関係の終了，復氏(婚姻前の姓に戻ること。ただし届出により姓を戻さないこともできる)，財産分与がある。夫婦の間に子がある場合には，協議により父母のいずれかが親権者とな

---

(3)　中川善之助『日本親族法』(日本評論社，1942年)275頁。

る（協議がととのわないときには裁判所の審判による）。子の監護者を親権者とは別に定めることもできる。子の氏は夫婦の離婚後も変わらない。

　離婚によって親子関係が消滅する訳ではない。親権者や監護者であるか否かを問わず，親は離婚後も子（未成熟子）を扶養する義務がある。また，別居した親子が面会その他の交流をすること（面会交流という）は，子の権利として認められている。Ⅱ－3では，離婚後の親子関係のうち，面会交流のあり方について論じている。

■親子関係の成立と届出■

　法律上の親子関係には，実親子関係（一定の事実関係を前提として，その存在が当然に認められる親子関係）と養親子関係（養子縁組という人為的な行為を媒介として成立する親子関係）とがある[4]。また，これらの法律上の親子関係に加えて，委託により子の養育を行う「親子関係」に，里親と里子の関係がある。

　実親子関係のうち，母子関係の発生に関する民法の規定は存在しない。最高裁判決は，分娩の事実によって当然に母子関係が発生するものとしている（最高裁昭和37年4月27日判決）。これに対して，父子関係の発生について，民法は，婚姻関係にある父母から生まれた子である「嫡出子（ちゃくしゅつし）」と，婚姻外の関係にある父母から生まれた子である「嫡出でない子」または「非嫡出子」について規定を設けている。

　すなわち民法は，妻が婚姻中に懐胎した子は，夫の子であると推定する規定を設けている（民法772条1項）。婚姻の成立の日から200日を経過した後，または，離婚などによって婚姻を解消した日から300日以内に生まれた子についても，婚姻中に懐胎したものと推定する規定を設けている（同条2項）。これらの推定を「嫡出推定」という。また，婚姻関係にない父母の間より生まれた子に父子関係が成立するためには，原則として「認知」が必要となる。

　親子関係の成立についてのこれらの規定は，生殖補助医療の発達を想定してつくられたものではない。Ⅱ－2では，生殖補助医療に関する法的な問題について論じている。

　ところで，子が生まれたときには原則として14日以内に出生届を提出する

---

(4)　窪田充見『家族法〔第4版〕』（有斐閣，2019年）158頁。

必要がある。この出生届が受理され，子が日本国籍であると確認されると戸籍に登録される。国籍法が定める日本国籍取得の要件を満たさない場合，日本で出生した子であっても日本国籍は付与されない。その子が外国国籍を取得できないと，無国籍児となる。Ⅱ－4では，子が無国籍児となる状況と，無国籍児が直面する問題を明らかにするとともに，無国籍を防止し日本生まれの子の国籍取得権を保障するための方策について論じている。

▋親による子への体罰▋

かつて，家族は夫婦・親子の情愛に満たされた場であり，基本的に国家の権限の及ばない私的領域であるとみなす傾向が強かった。しかし，このような家族像は現在では必ずしも当然の前提とはなっていない[5]。家族の成員（子・配偶者・高齢者等）に対する虐待問題の顕在化という事実が認められるためである。Ⅱ－5は，この児童虐待の問題に焦点を当てる。

2019年6月19日の参議院本会議で，「児童福祉法及び児童虐待防止法等改正法」が可決・成立し，児童虐待防止法（14条1項）と児童福祉法（33条の2第2項，47条3項）に体罰の禁止等に関する文言が盛り込まれた。これを踏まえⅡ－5では，体罰禁止に関する国内外の動向，体罰禁止の意義，体罰禁止の支援体制について論じている。

この章の各論稿は，変わりつつある家族のあり方を，それぞれの執筆者の視点から検討している。読者の皆さんがこれからの家族と社会のあり方を考えるときの手掛かりとなれば幸いである。

（増田幸弘）

---

(5)　これまで社会保障制度が前提としてきた家族像につき，増田・前掲注(1)173頁参照。

1　配偶者って何だろう
──同性カップルと社会保障

●オスカー・ワイルドの投獄●

　日本女子大学校国文科を中退した作家に，小説「第七官界彷徨」の作者として知られる尾崎翠（1896–1971年）がいる。尾崎の短編小説「こおろぎ嬢」（1932年）の中に，ウイリアム・シャープ（1855-1905）の作品に心惹かれる主人公が，図書館で手にした文学史の本の序文が書かれている[1]。

　　（略）この出版書肆の主人は，一種気高い思想を持っていて，健康でない文学，神経病に罹っている文学等の文献は，一行たりとも出版しないことを吾人に告げた。（略）おすか・わいるど氏は背徳行為の故をもって。ういりあむ・しゃあぷ氏は折にふれ女に化けこみ，世の人々を惑わしたかどにより。

　尾崎が書いたこの架空の「序文」の中で，背徳行為を行ったと引き合いに出されている「おすか・わいるど氏」とは，童話『幸福な王子』や小説『ドリアン・グレイの肖像』の作者として知られるオスカー・ワイルド（1854年–1900年）のことである。

　ワイルドは妻帯者であったが，男性の恋人もいた。イングランドで創作活動を行っていたワイルドは，男性が他の男性と著しい猥褻行為を行うことを犯罪とする1885年刑法改正法（Criminal Law Amendment Act 1855）11条（ラブシェール修正条項）違反で有罪判決を受け，1895年から2年間懲役に服した。ワイルドはその後，「このスキャンダルによって彼は名声も家族も財産も失い，出獄後はフランスとイタリアを転々とした後」[2]，46歳の若さで亡くなっている。

---

(1)　尾崎翠「こおろぎ嬢」中野翠編『尾崎翠集成（上）』（筑摩書房，2002年）167-167頁。ウイリアム・シャープ（William Sharp）は男性の作家・批評家であり，ウイリアム・シャープという男性名で作品を発表するとともに，フィオナ・マクラウド（Fiona Macleod）という女性名でも創作を行っていた。実生活でも，フィオナ・マクラウドを自分の従妹と位置づけ，マクラウドに代わり出版社と交渉し，彼女の本を方々に紹介した（有元志保『男と女を生きた作家──ウイリアム・シャープとフィオナ・マクラウドの作品と生涯』（国書刊行会，2012年）107頁。

(2)　栩木伸明『アイルランド紀行』（中央公論社，2012年）41頁。

Ⅱ　家族が変わる

　イングランドで男性同士の性行為が非犯罪化されたのは，ワイルドの投獄から70年以上を経た1967年のことであった。その後，同性カップルに対して婚姻に準じる地位を認める2004年シビル・パートナーシップ法（Civil Partnership Act 2004）の成立を経て，連合王国の上下両院で同性婚法が可決・成立したのは，ワイルドの投獄から1世紀以上を経た2013年のことであった（Marriage (Same-sex Couples) Act 2013）。

　ちなみに，ワイルドが生まれ育ったアイルランドで同性愛行為が非犯罪化されたのは1990年代に入ってからであった（1993年の刑法改正による）。そのアイルランドでは，2010年のシビル・パートナーシップ制度の創設（Civil Partnership and Certain Rights and Obligations of Cohabitations Act 2010）を経て，2015年の婚姻法改正（Marriage Act 2015）により同性婚が法認されるに至っている。

●自由権規約委員会の懸念●

　わが国では，ワイルドが投獄される10年以上前に，同性愛行為は非犯罪化されていた。すなわち，明治初期の鶏姦条例（1872年）および改定律令（1873年）において男性同士の性行為が犯罪とされていたところ，旧刑法（1880年公布，1882年施行）にはそのような規定が盛り込まれなかった。これにより，わが国では既に同性愛行為は非犯罪化されて現在に至っている。

　その一方で，わが国では現在，同性婚が法認されていないことから，同性カップルは婚姻にもとづく保護を受けることができない状況にある（同性カップルに婚姻に準じる法的地位を認める制度も創設されていない）。

　また，社会保障の領域においても，同性カップルは異性のカップルとは異なる取り扱いを受けている。このことについて，国連の自由権規約委員会は，2008年10月に公表した「規約第40条に基づき締約国より提出された報告書に関する自由権委員会の最終見解（Consideration of reports submitted by States parties under article 40 of the Covenant）」において次のように述べている（下記と同じ趣旨のことは，同委員会の「日本の第6回定期報告に関する最終見解」〔2014年8月20日〕でも述べられている）。

　　委員会は，レズビアン，ゲイ，バイセクシュアル，トランスジェンダー

（性転換）の雇用，住宅供給，社会保障，健康，教育，その他法に定められた分野（例えば，公営住宅法第23条1項が婚姻または婚姻関係にない異性のカップルのみを対象としているため，婚姻していない同性カップルが公営住宅を借りられない例や，配偶者暴力防止法が同性のパートナーによる暴力からの保護を排除している例にあるように）における差別に対する懸念を有する。（第2条1及び第26条）。

　締約国は，規約第26条に関する委員会の解釈に則り，差別を禁止する事由に性的指向が含まれるように法律を改正することを検討し，未婚の異性の同棲カップルと同性の同棲カップルが平等に扱われることを確保すべきである[3]。

　2015年以降，わが国では，パートナーシップ証明書を交付する自治体が見られるようになってきた。なお図表1はOECD加盟国における，同性愛に対する受容（acceptance of homosexuality）と，同性愛の性的指向に関する法的

図表1　OECD加盟国における同性愛に対する受容と法的承認の状況

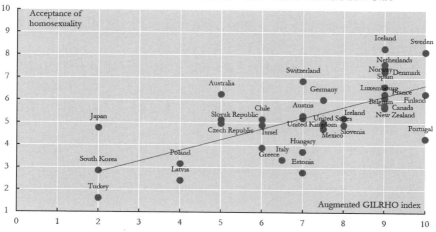

Source: Table 3.1, AsiaBarometer, European Values Survey, Latinobarometro and World Values Survey.

出典：Marie-Anne Valfort, "LGBTI OECD Countries: A Review", Working Paper No.198, OECD, 2017, p.55

---

(3)　パラグラフ29。訳は外務省仮訳による（外務省ホームページ　http://www.mofa.go.jp/mofaj/gaiko/kiyaku/pdfs/jiyu_kenkai.pdf）。

II　家族が変わる

承認（GILRHO：Global Index on Legal Recognition of Homosexual Orientation）の状況を示す図である。

● "To define is to limit." (4) ●

　それでは，社会保障の領域においてどのような不利益が生じているのであろうか。

　図表2は，社会保障の領域で同性カップルに生じている具体的な不利益である。親子関係にかかわる⑤を除き，大半が社会保険にかかわる問題であることが分かる。それでは，なぜ社会保険の領域で，このような状況が生じているのであろうか。次に，この点について考えてみよう。

　社会保険の領域で，同性カップルにこのような不利益が生じている理由は，社会保険法制における「配偶者」の定義にある。すなわち，社会保険はいずれも「〔婚姻の〕届出をしていないが，事実上婚姻関係と同様の事情にある／あった者を含む」という形で配偶者を定義している（国年5条7項，厚年3条2項，健保3条7項，国保6条2項，介保131条，労災11条1項，雇保10条の3第1項，船員2条9項，国共済2条4項，地共済2条4項，農林漁業共済23条の3第1項）。この定義の解釈により，わが国の社会保険では「同性カップルの一方は他方の配偶者ではない」との取扱いがなされてきた。

　それでは，このような配偶者の定義を前提としつつ，同性カップルの当事者を社会保険における配偶者と解することは可能であろうか。この問題を考える場合には，最高裁判決との整合性を考慮する必要がある。その手掛かりとなるのが，2007年3月8日の最高裁判決である。

　この判決の中で最高裁は，厚生年金法における配偶者について「民法上の配偶者の概念と同一のものとしなければならないものではな」いとするとともに，「互いに協力して社会通念上夫婦としての共同生活を現実に営んで」いた者をいうとしている。

　このように，同判決では，社会通念上夫婦としての共同生活を営むという，行為の態様に焦点を当てた表現が用いられている（社会通念上の夫婦として共同生活を営むという，行為の主体に焦点を当てた表現は用いられていない）。このこと

(4)　「定義することは限定することです。」（オスカー・ワイルド〔福田恒存訳〕『ドリアン・グレイの肖像』〔新潮社，1962年〕369頁）。

50

から，相互に協力して婚姻と同様の生活関係を営む同性カップルの一方当事者
は，社会保険（ここでは厚生年金）において他方当事者の配偶者と解すること
も可能であろう。

　ただし，同判決はまた，「民法の定める婚姻法秩序に反するような内縁関係
にある者まで，一般的に遺族厚生年金の支給を受けることができる配偶者に当
たると解することはできない」と述べている。

　そのため，同性カップルの一方当事者が他方当事者の配偶者であると解する
ためには，同性婚が民法の定める婚姻法秩序に反しないとする必要がある。こ
の点に関しては，憲法24条1項（婚姻は，両性の合意のみに基づいて成立し，夫
婦が同等の権利を有することを基本として，相互の協力により，維持されなくては
ならない）が同性婚を排除しているか否かの解釈にかかわる。そのため，なお
議論が分かれるところであろう。皆さんはどのように考えるであろうか。

図表2　社会保障の領域で同性カップルに生じる不利益

①公的医療保険	・健康保険等の被扶養者となることができない
②公的年金	・国民年金の第3号被保険者となることができない ・遺族基礎年金，遺族厚生年金の受給権者となることができない ・老齢厚生年金，障害厚生年金の加給の対象とならない。 ・厚生年金の受給権者である当事者の一方が死亡した場合，他方は未支給の保険給付を受給できない。 ・離婚時における年金分割の対象とならない。
③労災保険・石綿救済法等	・遺族給付の受給権者となることができない。
④雇用保険	・育児休業給付金や介護休業給付金を受給できない。
⑤児童福祉関係	・特別養子縁組の養親となることができない。 ・子の共同親権，カップル解消後の監護や面会交流の権利が認められていない。

　出典：筆者作成

● これからの課題 ●

　ここで取り上げた同性カップルに対する社会保障制度の適用は，変わりつつある家族のあり方を象徴する問題のひとつであった。筆者は，先に引用した国連の自由権規約委員会の見解と同様，同性カップルに生じている不利益は解消される必要があると考えている。多様な生き方を認める社会であることが望ましいとの立場に立つためである。

　それとともに，社会保険法制における同性カップルの位置づけをより明確にするために，今後，法改正を行うことが望ましいと考えている。そのための法改正の選択肢としては，①民法を改正して同性婚を法認する，②社会保険の個人単位化を図る，③社会保険法制における配偶者の定義に関する規定を改正する，というものがあり得るであろう。

　このいずれの選択肢が良いのか。それを検討する際には，「社会保険において被保険者と一定の関係にある者が『配偶者』として特別な保護を受ける根拠」や，「『国家による家族の保護』を社会保障法の理念のひとつとすることの可能性」についての考察を深めることが求められよう。

■ 参考文献 ■

　文中に掲げたもののほか，

　清水雄大「日本における同性婚の法解釈〈上〉」法とセクシュアリティ 2 号（2007年）

　野田恵子「イギリスにおける『同性愛』の脱犯罪化とその歴史的背景」ジェンダー史学 2 巻（2006 年）

　濱畑芳和「LGBT の抱える生活問題と社会保障に関する諸論点」龍谷法学 49 巻 4 号（2017 年）

　増田幸弘「社会保険とジェンダー——同性カップルに対する社会保険の適用」社会保障法研究 7 号（2017 年）

　宮崎かすみ『オスカー・ワイルド——「犯罪者」にして芸術家』（中央公論新社，2013 年）

（増田幸弘）

2　生まれ方の多様化
——生殖補助医療と親子法

●●不妊治療への保険適用 ●

　2020年9月に発足した菅義偉内閣は，政策として，「不妊治療への保険適用」を掲げている[1]。具体的には，2022年4月からスタートし，男性不妊も対象にすることが目指されている。不妊治療へ保険が適用されるまでの間として，「不妊に悩む方への特定治療支援事業」について，それまであった所得制限は撤廃され，助成額も増額されるなど，拡充されている[2]。不妊治療への保険適用については，治療を受けている当事者からは「保険適用で専門医院への敷居が低くなれば，適切な治療を早く受けられる人が増える」と期待が寄せられる一方で，「公的保険で一般的な治療として広がると，安易な気持ちで受ける人が増えるかもしれない。経済的負担が問題なら，いまある不妊治療の助成金制度を手厚くすればいいのではないか」という声も出されている[3]。このように不妊治療への保険適用が進められている中で，日本生殖医学会は不妊治療の標準的な治療法を示した指針の原案[4]を作成し，2021年6月23日に公表した。このようなガイドラインの作成が進められているのは，不妊治療が標準化されておらず必ずしも有効性・安全性が明らかでないものが存在するため，生殖医療の保険適用の検討に際しては，医学的エビデンスと国内の実態を基にした国内の診療・治療ガイドラインの作成が求められたためとされる[5]。指針は，保険の適用範囲を決める判断材料の一つになる見通しであるとされる[6]。このよ

---

(1)　首相官邸「菅内閣政策集　少子化対策と社会保障の将来」（https://www.kantei.go.jp/jp/headline/tokushu/shakaihoshou.html）。

(2)　厚生労働省「不妊に悩む夫婦への支援について　不妊に悩む方への特定治療支援事業」（https://www.mhlw.go.jp/stf/seisakunitsuite/bunya/0000047270.html）。

(3)　朝日新聞2021年4月7日朝刊18頁〔水戸部六美〕。

(4)　一般社団法人日本生殖医学会編「生殖医療ガイドライン原案」（https://s3-ap-northeast-1.amazonaws.com/s3.jsrm.or.jp/GL20210623Ver5.0.pdf）。

(5)　大須賀穣，久慈直昭「生殖医療ガイドライン原案と方針の公開について」（http://www.jsrm.or.jp/announce/227.pdf）1頁。

(6)　朝日新聞2021年6月24日朝刊3頁〔神宮司実玲，滝沢卓〕。

うにそもそも不妊治療の範囲は必ずしも明確に決まっているわけではない。今後保険適用の議論が進められていく中で，どこまでをその対象とするのかは重要な問題となるであろう。

●民法特例法●

　不妊治療として「人工授精」など生殖補助医療が選択肢の1つとして重要になってくる。このような生殖補助医療は，これまで親子法が前提としてきた子どもの生まれ方に新しい生まれ方を加えるものである。そのため，生殖補助医療の発展に伴い，親子法も新たな局面を迎えている。

　このような中で，2020年に「生殖補助医療の提供等及びこれにより出生した子の親子関係に関する民法の特例に関する法律（以下，単に「民法特例法」という）」が成立した。

　民法特例法において「生殖補助医療」とは，人工授精，体外受精，体外受精胚移植を用いた医療をいうものとされる（民法特例法2条1項）。そして，「人工授精」とは，男性から提供され，処置された精子を，女性の生殖器に注入することをいい，「体外受精」とは，女性の卵巣から採取され，処置された未受精卵を，男性から提供され，処置された精子により受精させることをいい，「体外受精胚移植」とは，体外受精により生じた胚を女性の子宮に移植することをいうものとされる（同条2項）。

　民法特例法によれば，生殖補助医療は，不妊治療として，その提供を受ける者の心身の状況等に応じて，適切に行われるようにするとともに，これにより懐胎および出産をすることとなる女性の健康の保護が図られなければならないとされる（民法特例法3条1項）。また，生殖補助医療の実施に当たっては，必要かつ適切な説明が行われ，各当事者の十分な理解を得た上で，その意思に基づいて行われるようにしなければならない（同条2項）。そして，生殖補助医療の問題は，今いる当事者だけの問題ではなく，将来生まれてくる子どもをも巻き込む問題である。そのため，民法特例法も基本理念として，生殖補助医療により生まれる子どもについては，心身ともに健やかに生まれ，かつ，育つことができるよう必要な配慮がなされるものと定めている（同条4項）。ただし，障がい者団体から「優生思想につながりかねない」と条文の削除を求める要望

書が出されていた⁽⁷⁾。

●生殖補助医療の抱える問題●

　以下では，特に「人工授精」と「代理出産」について，その法的問題を検討していく。ただ，その前に生殖補助医療全般に共通する点として，以下の３点を指摘しておきたい。

　１点目は，生殖補助医療だけではなく，不妊治療一般に言えるけれども，主に女性の問題として考えられ，男性には負担がないように思われることが少なくない。しかし，男性側にも身体的，精神的に負担が発生する。そのため，男性にも当事者意識が求められる。２点目は，生殖補助医療が常に生命倫理の問題を抱えているということである。「命」というものをどこまで人間の自由にしてよいと考えるか，そして社会としてどこまでを許容するのかを決めなければならない。この問題に対する解答は，各個人の死生観や宗教観などに大きく依存する。そのため，生殖補助医療については，実際に問題が発生した後に個別具体的に裁判官という限られた人間が判断を下す裁判という形式よりも，国民的な議論を踏まえ立法を行う方が望ましい。３点目は，生まれてくる子どものことを忘れてはならないことである。生殖補助医療に関する議論は，「子どもがほしい」という依頼者カップルに寄り添い過ぎてしまう危険がある。現にそこに存在しているため，カップルに意識がいってしまうのはやむを得ないことではある。しかし，もし生殖補助医療において「子どもがほしい」という願いがかなえられた場合，当事者に新たに「子ども」が加わることを忘れてはならない。生殖補助医療について議論する場合には，大人の都合だけではなく，生まれてくる子どもの福祉をも考慮せねばならないのである。特に，児童の権利条約７条１項は，「児童は，〔…〕できる限りその父母を知りかつその父母によって養育される権利を有する。」と規定しているのであり，子どもに「自己の出自を知る権利」があることを忘れてはならない。

●人 工 授 精●

　「人工授精」による法的問題について考えていきたい。そもそも，「人工授

---

(7)　朝日新聞 2020 年 12 月 3 日朝刊 3 頁〔三輪さち子〕。

精」には，夫の精子を用いる配偶者間人工授精（AIH）と夫以外の精子を用いる非配偶者間人工授精（AID）の2種類がある。夫の精子を用いて人工授精を行い出産した場合には，受精の過程が人工授精によるのか，セックスによるのかだけの差異である。そのため，生まれてきた子どもは基本的には嫡出推定を受け，夫の嫡出子になる（民772条）。しかし，問題は精子が冷凍保存可能なことである。夫が死んでも冷凍した精子が残っていれば，人工授精によって妊娠・出産することができてしまう。このとき，夫の死亡後，300日以内に子どもが生まれなければ嫡出推定を受けることができない（民772条2項）。そのため，死んだ夫に対して認知の訴えを提起することが考えられる。父または母の死亡後3年を経過していなければ，認知の訴えは提起できる（民787条但書）。しかし，最高裁判所は，認知請求による親子関係の成立を否定している（最判平成18年9月4日民集60巻7号2563頁）。その理由は，父親の死後に子どもが懐胎される場合を現在の法制度が想定しておらず，そのような親子関係を認めるためには立法によって解決されなければならないからである，とする。

　夫以外の男性の精子を使用して人工授精を行った場合，判例は，夫の「同意」の有無で子どもが夫の子どもになるのか判断を分けてきた。夫の同意を得て，人工授精が行われた場合について，子どもは嫡出推定を受けるとされ，親子関係が存在しないことを主張できないとされた（東京高決平成10年9月16日家月51巻3号165頁）。これに対して，夫の同意を得ずに行われた場合には，夫から嫡出否認の訴えを起こすことができ，子どもの嫡出性が否定されている（大阪地判平成10年12月18日家月51巻9号71頁）。このようなこれまでの判例の流れを受け，民法特例法においても，妻が，夫の同意を得て，夫以外の男性の精子（その精子に由来する胚を含む）を用いた生殖補助医療により懐胎した子どもについては，夫は嫡出否認をすることができないとされている（民法特例法10条）。

●代 理 出 産●

　次に，「代理出産」による法的問題について考えていきたい。前提として，代理出産には，多くの形態が存在する[8]。ここでは，ひとまず3つの場合を紹

（8）　代理出産の種類について，辻村みよ子『代理母問題を考える　岩波ジュニア新書722〈知の航海〉シリーズ』（岩波書店，2012年）6〜11頁などを参照されたい。

どもに対して面会交流を拒絶するように圧力をかけることもある。子どもの態度が，子どもの真意であるのかは慎重に判断されなければならない。

　面会交流がひとたび定まったとしても，同居親が非協力的であるなどの理由により面会交流が実現しない場合もある。そのような場合には，最終的には強制執行の中の間接強制（民執172条）が可能である。間接強制とは，義務者に対して不履行する度に一定の金額を支払うように命じ，心理的圧迫を加え，間接的に義務を果たすように強制する方法である。最決平成25年3月28日民集67巻3号864頁は，面会交流を命じた審判において，面会交流の日時，頻度，面会交流時間の長さ，子どもの引渡しの方法などが具体的に定められていることなどにより，面会交流として何をすべきか特定できる場合には，間接強制の決定をすることができるとした。

　しかし，間接強制も万能ではない。金銭が豊富な同居親であれば，間接強制で金銭を取られても耐えることができる。逆に金銭がほとんどない同居親であれば，そもそも金銭を取ることができないので，間接強制をされても痛くもかゆくもない。また，例えば，名古屋高決平成29年3月17日家判23号95頁のように，ひとたび別居親に子どもと同居親を面会させるように命じられ，間接強制まで認められていたとしても，結局，別居親に対する「子どもの拒否的態度」などから面会交流が子どもの福祉に反するとして，直接的面会交流をさせるべきではないとされた事例も存在する。

●面会交流に対する支援●

　以上のように，裁判所が面会交流を命じたとしても，絶対に，そして継続的に面会交流が実現され得るわけではない。長期的視点に立てば，このような状況は裁判所への信頼を損ない，自力救済に救いを求め，場合によっては暴力的な解決を助長することになり，望ましいものではない。面会交流の実現を法制度として確立していくこと，日本人の中に子どものための面会交流の実現という意識を育てていく必要がある。短期的視点としては，同居親と別居親との間の泥沼の争いを予防することが重要になる。そのため，面会交流の支援団体の存在が近時重要視されている。

　また，そもそも通常離婚や別居などする父母の間には葛藤が存在する。そのような場合には，両者が冷静に話し合いをできるとは限らない。冷静に話し合

いができたとしても，それぞれの利害打算を基に行動が決定されることが少なくない。特に，「子どものため」という視点は欠落しやすい。自分の身に（広い意味での）危険や不利益などがせまっている状況で，全ての親に我が身より子どもを優先することを期待するのはあまりにも非現実的である。このため，第三者が面会交流を援助する必要性は大きい。また，一度面会交流について取り決めを行ったとしても，実際に面会交流を行っていく上で問題が発生することも少なくない。そのようなトラブルや問題への相談ができることも，安定した面会交流の実現のためには重要である。

　面会交流の支援団体として，「公益社団法人　家庭問題情報センター（Family Problems Information Center）」（以下，単に「FPIC」という）が有名である。FPICのホームページ[4]によれば，FPICは，家庭紛争の調整や非行少年の指導に長年携わってきた元家庭裁判所調査官たちが，その豊富な経験と人間関係の専門知識，技法を広く活用し，健全な家庭生活の実現に貢献することを目的として設立された。全国各地に相談室が設置されている[5]。FPICは，面会交流支援だけを行っているわけではなく，夫婦関係の調整や離婚などの問題，離婚後の子どもをめぐる問題，いじめなど子育ての悩み，ひきこもりなど成人した子の悩み，老親をめぐる兄弟間の悩み，職場の人間関係や男女関係のトラブルあるいは生き方や性格の悩みなど，人間関係，子育てやこころの問題についての相談に応じている。

　「面会交流支援の案内　FPICルール　健やかな子どもの成長を願って」[6]によれば，FPICの面会交流支援事業は，父母が自分たちの力で面会交流を実施できないときに，子どもの立場に立って親子の縁をつなぎとめ，応急手当として行う子ども支援事業であるとされる。そのため，父母の希望どおりの面会交流を行うわけではない。そして，具体的な面会交流支援としては，①付添い型，②受渡し型，③連絡調整型，④短期支援がある。

---

(4)　公益社団法人 家庭問題情報センター「設立の趣旨」（http://www1.odn.ne.jp/fpic/gyoumu_1.htm）。
(5)　FPICの全国の相談室については，公益社団法人 家庭問題情報センター「各地の相談室の紹介」（http://www1.odn.ne.jp/fpic/soudan_1.htm）をご参照いただきたい。
(6)　公益社団法人 家庭問題情報センター「面会交流支援の案内　FPICルール　健やかな子どもの成長を願って」（http://fpic-fpic.jp/doc/menkai_kouryu6.pdf）。

　①付添い型は，別居親に子どもを会わせることに同居親が強い不安を抱いている場合，面会交流の場に支援者が付き添うものである。

　②受渡し型は，面会交流の際，別居親に子どもを託すことに問題はないが，父母が顔を合わせられない場合に子どもの受渡しを支援するものである。面会交流場面には関与せず，交流時間，日程・場所，交流方法等に関する父母の合意に基づいて受渡しを行う。

　③連絡調整型は，付添い型支援，受渡し型支援を経た後に，自力での実施を検討しているけれども，父母が連絡を取り合うことが困難な場合，代わって双方に連絡を取り，日時，場所などの調整を行うものである。なお，連絡調整型からの支援は行っていない。

　④短期支援は，面会交流の支援を短期間（1〜2回）受けることで，自力での実施が可能と考えている場合の自立に向けた予行演習である。

　FPICの面会交流支援は，金銭をもらって面会交流を実現するものではない。あくまでも子どものための面会交流を目指し，子どもが面会交流を楽しく穏やかに過ごせることを目指している。そのため，同居親には面会の中身は子どもに任せることや，面会中の出来事を問い詰めないこと，別居親には子どもに生活の様子を根ほり葉ほり聞いたりしないこと，同居親・別居親共に昔のことと相手の悪口や批判は言わないようにすること，そして，面会中は，内緒話や事前に相談のない約束（面会場所，プレゼント等）をしないことを求めている。そして，①人や物に対する暴力・暴言・威圧，②連去りまたは連去り企図，③同居親との合意なく子どもと同居親の自宅や学校・保育園等の近辺に立ち現れること等が発生した場合には，支援を中止し，以後一切の支援はしないものとしている。

　なお，FPICの面会交流支援手続の流れについては，次頁の図表を参照いただきたい。

図表　FPICの面会交流支援手続の流れ　東京ファミリー相談室

別居親

同居親

父母間では自力での面会交流が困難

FPICでの事前相談

支援の必須条件

FPICでの事前相談

当事者間での合意書・調停調書・和解調書・あるいは審判書・判決書

当事者間での合意成立

合意書のコピー送付

FPICの支援要件の範囲内での支援

申込書提出

申込書提出

FPICでの内容検討

申込み受理（支援契約）・支援開始

継続支援

付添い型支援

受渡し型支援

連絡調整型支援

短期支援（付添い型）

父母双方による自力での面会交流

出典：前掲注(6)2頁より

　このほかに，親の離婚を経験した子どもの立場で面会交流を支援している「NPO法人ウィーズ[7]」（以下，単に「ウィーズ」という）なども存在する。ウィーズの面会交流支援事業は，基本的に無料で行われる。ただし，付き添い支援は3時間までであり，3時間を超えた場合は以後有料となる。また，父母共にウィーズの会員になること，面会交流支援に係るスタッフの交通費や保険料などは実費で請求される[8]。このようにウィーズが無料で面会交流を支援するのは，子どものためにお金を使ってほしいという思いと，「子どものための支援」をするためとされる。

　以上のような民間団体以外でも，兵庫県明石市[9]などのように面会交流を支

---

(7)　NPO法人ウィーズの詳細については，ホームページ（http://we-ed-s.com/about.html）などをご参照いただきたい。

(8)　NPO法人ウィーズ「面会交流支援」（http://we-ed-s.com/parents.html）。

(9)　兵庫県明石市の取り組みについては，明石市「離婚等のこども養育支援」（https://www.city.akashi.lg.jp/kodomo-kyoiku/youikushien.html）などをご参照いただきたい。

援している地方公共団体もある。

●新型コロナ禍の中での面会交流●

　ところで新型コロナ禍は，家庭裁判所や面会交流支援機関等の活動にも影響を及ぼした。この点について，荒木直彦によって以下のような報告がなされている[10]。すなわち，家族紛争を解決するための相談や家庭裁判所の調停は，閉じられた空間で，複数の人が，密接して面談することが特徴であり，まさに「三密」そのものである。このため，家庭裁判所の調停は 2020 年 4 月から 6 月まで事実上ストップし，全国にある家族問題の相談機関や面会交流支援機関も機能が停止していた。同年 6 月中旬になって，家庭裁判所の調停は再開し，各種相談機関，面会交流支援機関も活動を再開し始めた。

　また，これらの機関の活動だけではなく，新型コロナ禍は，面会交流に限らず，家族の問題にも様々な影響を及ぼしていることが報告されている。特に，新型コロナ禍による生活状況の様々な制約や変化によって，過去の父母間の紛争が「再燃」し，次々とトラブルが表面化してくることも指摘されている[11]。典型的なケースとして，以下のようなケースが報告されている[12]。なお，プライバシー保護のためケースは実際のとおりではないとのことである。すなわち，AとBは離婚し，子どもであるCはAと生活している。月 1 回の面会交流とCが満 20 歳になるまで月 5 万円の養育費の支払いが定められていた。ところが，新型コロナの感染が深刻になり，小学校から「不要不急の外出や人との密な接触は避けるように」との連絡が入ったため，AはBに面会交流の一時停止をメールで伝えた。これに対し，Bから「親子の大事な交流を不要不急とは何ごとだ」といった攻撃的な内容のメールが次々と送られてきて，あげくに養育費についても「新型コロナの影響で，仕事が減った」，「面会交流を再開するまでは停止する」と一方的に止められてしまった。

　紹介したケースは，あくまでも実際のケースを基にした架空のケースであるから，典型的なケースであったとしても，個別具体的に論じる実益がどの程度

(10)　公益社団法人家庭問題情報センター「ファミリーカウンセラーの窓から　第 240 話　コロナ禍で再燃した家族紛争」住民行政の窓 488 号（2020 年）102 頁〔荒木直彦〕。
(11)　公益社団法人家庭問題情報センター・前掲注(10)103 頁〔荒木直彦〕。
(12)　公益社団法人家庭問題情報センター・前掲注(10)102〜103 頁〔荒木直彦〕。

あるのかについては疑わしい。ただ，このケースについては多くの読者は「Ｂはひどい。ＡとＣがかわいそう。」と思うのではなかろうか？もちろん，養育費は面会交流の対価ではないため，安易に養育費を停止するＢの対応は問題である。しかし，筆者としては，そもそも安易にＢとの面会交流を停止しようとしたＡの側にも問題があると考える。面会交流の方法としては，既に述べたように直接親子が会うといった方法だけではなく，間接的な面会交流も存在する。面会交流を停止する前に，そのような代替的手段が模索されるべきである。

　この点に関して，法務省のホームページ「【新型コロナウイルス感染症関係情報】面会交流について[13]」では，直接会う形での面会交流から，子どもの安全等を考慮して，一定の期間，通信機器等を利用した方法での交流や，手紙での交流等に変更することが紹介されている。まず，父母間で話合いをすることができる場合には，以下のような事項について話合いをすることが考えられるとしている。①代替的な交流の方法。例えば，ビデオ電話，電話，メール等。その際には，ビデオ電話や電話等の場合にはどちらから掛けるかも決めておくとよいとされる。②日時。例えば，毎週何曜日の何時から何時まで等。③代替的な交流の方法を用いる期間。④その他，円滑な交流のために必要と考えられる項目。これに対して，父母間で落ち着いた話合いをすることが困難な場合には，互いに様々な不安を抱える状況にあること等を考慮して，無理に当事者間で話し合おうとはせずに，必要に応じて弁護士等の専門家に相談することを勧めている。

　近時の裁判例においては，新型コロナ禍によって直接面会できない場合への対応を定めるものも出されている。例えば，東京家裁立川支審令和３年２月８日[14]は，同居親に対して，毎月２回（原則として第２日曜日及び第４日曜日），午前11時から午後５時まで（日帰り６時間），別居親に子どもと面会させることを命じた。なお，同居親は面会交流に立ち会うことができるものとされている。その一方で，「代替的面会交流」として，新型コロナウイルス感染症緊急事態宣言に伴う外出自粛要請のため直接の面会交流を実施できない場合には，30分程度のテレビ電話による間接的面会交流を行うことができるものとした。

(13)　法務省「【新型コロナウイルス感染症関係情報】面会交流について」（http://www.moj.go.jp/MINJI/minji07_00033.html）。
(14)　東京家裁立川支審令和３年２月８日，D1-Law.com 判例体系 ID28291783。

先に紹介したように，新型コロナ禍によって面会交流の中止などが求められることがある。事前に定められるのであれば，少なくとも新型コロナ禍が収束するまでは，「どのような場合」に，面会交流を「どのように行うか」，「どのように変更するのか」を定めておいた方が，将来の紛争を予防することになるであろう。

　しかし，新型コロナ禍に限らず，面会交流におけるリスクをどのように評価すべきかは根源的な問題である。問題が発生し，そのリスクの評価が個人によって大きく異なる場合は少なくない。特に，面会交流においては，同居親がリスクを高いものと評価し，別居親が低いものと評価していた場合，どのように判断すべきであろうか？この点について，リスクがあるため，面会交流を全て制限するのは行き過ぎである。しかし，子どもを死に至らしめてまで面会交流を行うことは，子どものための面会交流という方針からして，本末転倒である。不確定なリスクについて冷静に話し合い，他の代替手段を模索し，新たな問題に柔軟に対応するためにも，面会交流の支援団体の活躍が今後なお一層期待されている。

（髙橋大輔）

4　日本生まれの無国籍児
——国籍法の欠缺の落とし子

●国籍はあって当たり前？——国籍のない子どもたちがいる●

　国籍は，多くの日本人にとってはまるで空気のような，あって当たり前で，普段から気にすることのないものであろう。国籍を意識する瞬間は，留学や海外旅行のためにパスポートを申請し，空港等の入国審査でパスポートを提示するときくらいではないだろうか。しかし，日本には，国籍をもっていない子どもたち，すなわち，無国籍児がいる。なかには，日本で生まれた無国籍児もいる。このことを知っている人はどれほどいるだろうか。

　人は国籍を媒介に多くの権利を享受しているため，国籍をもつことは人権であるとされている。たとえば，世界人権宣言第15条では，「すべての人は，国籍をもつ権利を有する」と規定されている。とりわけ，子どもの国籍取得権の保障は，複数の人権条約で締約国の義務とされている。子どもの権利条約では，締約国は，特に子どもが無国籍になる場合を含めて，子どもの国籍取得権の実現を確保する義務を負うとしている（子どもの権利条約第7条第2項）。

　日本生まれなのに，なぜ日本国籍を付与されず外国人とされる子どもがおり，まして無国籍にされる子どもがいるのだろうか。そもそも，あって当たり前と思われている日本国籍は，どのように決められているのか。無国籍児とはどのような状況で生まれ，彼・彼女らはどういった問題に直面しているのか。これらの問いへの検討を踏まえて，無国籍を防止し，日本生まれの子どもの国籍取得権を保障するための方策について考えてみよう。

●無国籍児とは——日本では「外国人」の一部●

　国籍とは，国家の「構成員としての資格」であり，通常，出生時に親の国籍国や出生地国の法律にしたがって付与される（国籍の生来的取得）。その結果，子どもは生まれたときから，出生国の国籍付与の有無によって，その国の「国民」か「外国人」に分けられてしまう。

　無国籍者とは，「いずれの国家によっても，その法の運用において国民とし

図1　国籍で分かつ「国民」と「外国人」（無国籍児／者を含む）

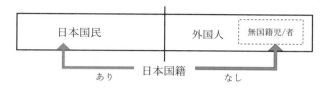

て認められない者」と定義されている（無国籍者の地位に関する条約第1条）。ある国の国民として認められるためには，その国の国籍を有することが前提であるから，いずれの国の国籍も有しない人が無国籍者となるわけである。そして，無国籍児とは，世界中どの国の国籍も有しない子どものことをいう。

「外国人」というと，外国国籍をもっている者と思われがちだが，日本では，外国人は「日本の国籍を有しない者」と定められている（入管法第2条第2号）ため，外国国籍をもっていない無国籍児ないし無国籍者（以下，無国籍児／者）もこれに含まれる（図1参照）。

● 日本の国籍法 —— 国籍の取得要件，無国籍の発生防止（限定的ではあるが）●

日本国民の要件，すなわち，日本国籍を取得する要件は，国籍法で定められている。国籍の生来的取得については，①血統主義を原則としつつ，②生地主義が補充的に採用されている。

まず，①出生時に父または母が日本国籍であれば，子は日本国籍を取得する（国籍法第2条第1号，2号）。親子関係を通して国籍を付与するとの考え方（血統主義）に基づいた立法である。ここでいう親子関係は，民法上の法的親子関係の成立に依拠している[1]。加えて，②日本で生まれた子で，棄児のように親が知れない場合，または，親が無国籍の場合にも，日本国籍を取得する（同条第3号）。限定的ではあるが，日本で生じる無国籍を防止するために，出生国の国籍を付与するとの考え方（生地主義）に基づいた規定である。

上記の規定により日本国籍を取得する子ども以外は，同じく日本で出生した子どもであっても，皆「外国人」ということになる。日本で生まれたからといって日本国籍が付与されるわけではないのである。外国人とされた子どもが，

---

(1)　民法上の法的親子関係の成立については，『みんなの家族法入門』（信山社，2021年）47-71頁を参照。

その外国人親の国籍を取得できるかどうかは，当該国の法規定や法の運用による。そして日本国籍と外国国籍のいずれも取得できなければ，無国籍になってしまうわけである。

●日本生まれの無国籍児——法の狭間に陥ったＡさん●

　無国籍の発生原因は，各国の国籍法の抵触，国家領域の変動・消滅，民族差別，婚姻に関する法令，国籍剝奪，出生登録をはじめとする行政機能の不備など，多岐にわたる。無国籍児は，こうした法制度や政治的問題等を背景に生まれている。いずれも，国籍の生来的取得が自分の意思や努力とは無関係に決められるのと同様に，自分ではどうすることもできない原因によって，子どもは生まれながらにして無国籍にされてしまうのである。

　ここでは，国籍法の抵触，すなわち，関係国間の法の狭間に陥ることにより，無国籍になったＡさんの事例[2]を紹介する。Ａさんは，パラグアイ国籍を有する日系２世の両親の下に，日本で生まれた。両親とも外国国籍を有していたため，Ａさんは日本国籍を取得できず，外国人になった。他方，パラグアイでは厳格な生地主義を採っているため，日本生まれのＡさんはパラグアイ国籍も取得できなかった。その結果，Ａさんは無国籍になった。

　このように，血統主義を原則とする日本において，生地主義を原則とする国の国籍をもつ両親から生まれた子どもは，無国籍になるおそれがある。日本生まれの子が，Ａさん同様，日本の国籍法と父母の国籍国の法の抵触によって，無国籍になるパターンは複数ある（図２参照）。このうち，日本の国籍法でその発生防止が図られているのは１パターンだけである。なお，図２で示したパターンのほかにもある。たとえば，父母双方とも国民でなければ，その間の子に国籍を付与しない国があり，当該国民で未婚の女性を母として日本で生まれた子は無国籍になることがある[3]。

　関係国間の法の抵触のほかにも，日本生まれの子どもが無国籍状態に陥るこ

---

(2)　無国籍研究会『日本における無国籍者——類型論的調査』国連難民高等弁務官（UNHCR）駐日事務所（2017年）32-34頁。（ウェブサイトで入手可：https://www.unhcr.org/jp/wp-content/uploads/sites/34/2017/12/TYPOLOGY-OF-STATELESS-PERSONS-IN-JAPAN_web_JP.pdf）。

(3)　無国籍研究会・前掲注(2)34-35頁では，ミャンマー人母の子が紹介されている。

図２　日本生まれの無国籍児の発生パターン（一部）

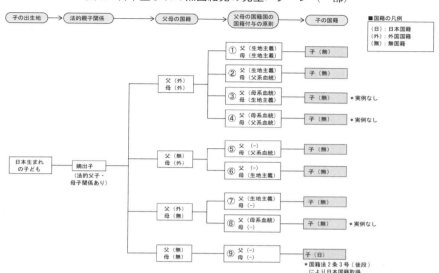

出典：付月『日本で生まれた子どもの国籍と無国籍認定』筑波大学博士（法学）学位請求
論文（2015 年度）96 頁，「図４：無国籍となる子の類型」。http://hdl.handle.net/2241/
00159523

　とがある。たとえば，迫害から逃れて日本で暮らす難民を親として生まれた子ど
もは，難民性ゆえに領事館等で出生登録ができず，親の国籍の取得が認められ
ない事例がある[4]。また，親の国籍が不明の場合や，親自体が不明である場合
に，その子が無国籍状態になる事例もある[5]。さらには，国際結婚や複雑な家族
関係のなかで生まれた子どもが，出生後に無国籍になってしまうこともある[6]。

● **無国籍児／者の直面する問題①**── 日本国籍を有しないことの意味 ●

　人は，国籍を有する国（国籍国）において，国民としての法的地位を享受す

---

(4)　無国籍研究会・前掲注(2)46-56 頁参照。

(5)　無国籍研究会・前掲注(2)69-70 頁では，両親の特定ができない子や，法律上の父が
　　知れず，母の国籍が不明の子の事例が紹介されている。もっとも，これらの子は，前記
　　の国籍法第２条第３号の要件を満たせば，日本国籍を生来取得するはずである。

(6)　たとえば，野津美由紀「日本と台湾の狭間で『無国籍』を生きた少年」https://
　　www.refugee.or.jp/fukuzatsu/miyukinozu04（2021 年 7 月 6 日最終閲覧）。

る。つまり，国籍を媒介に，国民は，外国人には与えられない権利ないし特権を国籍国から保障されている。どのような権利が国民だけに与えられるかは，国や時代によって異なる。

　日本国籍をもつことは，「基本的人権の保障，公的資格の付与，公的給付等を受ける上で意味を持つ重要な法的地位」（最高裁大法廷平成20年6月4日判決）とされている。具体的には，日本国民だけに保障される権利として，参政権のほか，日本への出入国の権利や居住の権利，公務員を含めた職業選択の自由などを挙げることができる[7]。

　これらの権利はいずれも，日本で暮らしている外国人には保障されていない。外国国籍をもっている人については，その国籍国からこれらの権利を保障され得るが，無国籍児／者については，世界中どの国からもその保障を期待できない。とりわけ，社会保障については，国籍国から保障されるべきとの考えに基づいて制度設計されることが多く，その考えにしたがえば，無国籍児／者は世界のどこに行っても保障を受けられないことになってしまう。

●無国籍児／者の直面する問題②──どこの国の国籍も有しないことの意味●

　出入国・居住の権利は，無国籍児／者にとって，生まれ育ち，暮らしている国で合法的に滞在できるかどうかという生存に直結するほど重要なものである。このことは，新型コロナウイルス感染症の世界的流行（パンデミック）下において，より一層認識せざるを得なくなった。各国は，国民を受け入れる国際法上の義務があるため，国民の帰国を認める一方で，感染症拡大防止を理由に国境を閉ざし，外国人の入国を厳しく制限しているからである。

　日本で生まれ育った人であったとしても，日本国籍をもっていなければ，海外渡航後に日本に戻る権利が完全に保障されているわけではない。パンデミック下では，長年日本に暮らしてきた人でさえ，日本への帰国が困難な状況が続いた[8]。外国人である限り，在留資格を失うおそれがあり，家族内で国籍が異

---

(7)　日本国籍を有しないことで制約されている公務就任権等については，自由人権協会『外国人はなぜ消防士になれないか──公的な国籍差別の撤廃に向けて』田畑書店（2017年）を参照。
(8)　例えば，朝日新聞2020年6月23日記事「母国に足止め『日本帰れない』日系人女性，里帰り中に外出制限」。

なれば，国境を隔てた家族離散の不安さえある。

　無国籍児／者についても，一旦居住国の日本を離れれば，日本への帰国ないし再入国を認められないおそれがある。国籍を有する人と違うのは，いつでも（再）入国して居住する権利を有する国が存在しない点である。日本で生まれ育った無国籍児が，もし日本への（再）入国や合法的滞在が認められない場合，その問題の深刻さは想像に難くないであろう。実際に，羽田空港で足止めされ，どこの国にも入れない経験が『無国籍』で綴られている[9]。

　また，人は，国籍を媒介に，国籍国から外交的保護を受けることができる。外交的保護権とは，自国民が外国の領域内で身体または財産に損害を被った場合，その国籍国が加害国に対して権利回復を図るよう求めることができるという国際法上の権利である。当該国の国籍をもつことが，外交的保護権を享受するための前提条件とされているため，無国籍児／者については，外交的保護権を行使して救済してくれる国家が存在しないことになる。

　以上のように，人は国籍を有することで，国籍国では国民として国内的保護を受け，国際社会では国籍国の外交的保護を受ける。国籍は個人と国家の「法的紐帯」といわれる所以である（図3参照）。無国籍児／者はそのいずれの保護も享受し得ない存在といえる。

図3　国籍は個人と国家の「法的紐帯」

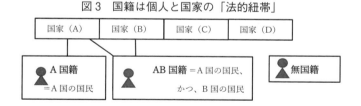

●無国籍児／者の直面する問題③──自分でも気づかない・見えにくい無国籍問題●

　上記Aさんのように，一見して明白に無国籍だと分かりそうな場合であっても，無国籍であることに，当事者またはその親が気づかないことがある。その原因の一つに，在留カードの国籍・地域欄に，あたかも国籍を有しているかのように記載されることがあるからである。在留カードは，中長期間在留の外国

(9)　陳天璽『無国籍』（新潮文庫，2011 年）9-17 頁。

人に交付されるもので，氏名や生年月日，在留資格，国籍等が記載されている。Aさんは，生まれた時から無国籍であるが，在留カードの国籍・地域欄には「パラグアイ」と記載されていたため，パラグアイ国籍を有していると思っていた。しかし，Aさんが中学生になって，海外語学研修に行くためにパラグアイ領事館でパスポートを申請しようとしたところ，パラグアイ国籍をもっていないことがわかった。結局，パスポートを取得できず，海外語学研修を諦めざるを得なかった。

　Aさんのように，自分が無国籍であることに気づかないのは，珍しいことではない。無国籍者を含めて，日本で暮らす外国人にとって，国籍よりも在留資格の証明の方がさまざまな場面で求められるからである。海外渡航や婚姻など，国籍国から発給される旅券や婚姻要件具備証明書といった証明書が必要なときになってはじめて，あると思っていた国籍がないかもしれないと気づかされるのである。

　日本で生まれた子どもが，親の国の国籍を取得しているのか，それとも無国籍なのかは，簡単に分かるわけではなく，図2のように，いくつもの要素を経てはじめて判断し得る。少なくとも，子の出生地，親の確定（法的親子関係の成立），その親の国籍，親の国籍国の法規定およびその運用が検討されなければならず，複雑で難解な判断ゆえに専門的な知識が必要である。しかし，日本には無国籍認定制度，すなわち，ある人が無国籍であるかを調査し認定する制度がないため，国籍の有無が明白ではないが，それを確かめて証明する術もないのが現状である(10)。この状況は，無国籍問題を見えにくくさせ，無国籍児の直面する問題の解消を遅らせてしまうことにもつながる。早めに無国籍だと知っておけば，出入国在留管理庁等の行政機関に無国籍であると認めてもらい，無国籍が前提であれば，婚姻や子の認知，帰化などの手続では，本国（国籍国）からの証明書を求められずに進めることができることもあるからである。パスポートがなくても，無国籍児／者は「再入国許可書」の交付を受けて海外

─────────────

(10)　陳天璽編『世界における無国籍者の人権と支援──日本の課題──国際研究集会記録』国立民族博物館調査報告118（国立民族博物館，2014年）97頁では，日本生まれのグェン・ティ・ホンハウさんが，自分は「無国籍状態にあると推測される。しかし，無国籍を証明するものが何もないため，それすらも明確ではない。」と吐露している。ちなみに彼女の「外国人登録証明書」（在留カード以前の証明書）の国籍欄には「ベトナム」と書かれていた。

渡航ができることもある⁽¹¹⁾。

● **考えてみよう**──無国籍を防止し，すべての子どもの国籍取得権の保障のために ●

　冒頭で述べたように，多くの日本人は普段，自分の国籍を意識することはほとんどないであろう。しかし，国籍は，人の一生，時には次の世代の運命をも決定づけるものといっても過言ではない。また，国籍は自分たちが暮らす社会に誰を国民として含ませるかを決める基準であることを考えれば，他人事ではないはずである。

　国際社会では，生来的無国籍を防止し，子どもの国籍取得権を確実に保障するよう国家に求めている。国際社会の一員であり，子どもの権利条約の締約国であり，子どもの人権擁護を実践する義務を負っている日本が，日本生まれの子どもを無国籍のまま放置してよいものだろうか。

　国籍の有無は，上記の法制度上の問題だけでなく，子どもの成長過程におけるアイデンティティの形成にも影響を及ぼし得るものである。そして，無国籍児については，社会における理解や認知度が低く，しばしば不法な存在との間違った認識がなされ，差別されることも少なくない。日本生まれの子で，親の国籍を取得できない子には，日本国籍を付与するといった国籍法改正を含めて，早急な対応が求められている。

■ **参考文献** ■

　文中に揚げたもののほか，

陳天璽編著『忘れられた人々──無国籍者』（明石書店，2010 年）

石井香世子＝小豆澤史絵『外国につながる子どもと無国籍──児童養護施設への調査結果と具体的対応例』（明石書店，2019 年）

月田みづえ『日本の無国籍児と子どもの福祉』（明石書店，2008 年）

［付記］本稿は，科学研究費助成事業・若手研究（課題番号 18K12642）の成果の一部である。

（付　月）

---

(11)　日本への再入国を許可された無国籍者が，「旅券を所持していない場合で国籍を有しないことその他の事由で旅券を取得することができないとき」，「再入国許可書」の交付を受けられる（入管法第 26 条第 2 項）。再入国許可書は，パスポートと同様の大きさの冊子だが，日本への再入国を許可するものであって，日本国民に発給される国民旅券とは異なるものである。

5　しつけか，体罰か？
──親による子の体罰禁止，虐待防止

●2019年児童福祉法等改正の経緯●

　全国の児童相談所において，児童虐待相談に対応した件数は，増え続けている。児童虐待相談への対応件数が増えていること自体は，一概に悪いこととはいえない。それまで相談できなかったケースや発見できなかったケースを掘り起こし，児童相談所による対応につなぐことができた件数が増えている可能性もあるからだ。たとえば，近年，心理的虐待に関する相談対応件数が増えているが，これは，面前DVケース（児童が同居する家庭において配偶者に対して暴力がふるわれる）について，警察が通告する件数が増えているからだと指摘されている。

　しかし，児童虐待により死亡する児童数も減る兆しがない。死亡という最悪の事態に陥る前に，子どもを保護する必要がある。虐待死を防ぐための課題の一つが，親による体罰の禁止である。体罰の禁止については，2016年3月に

図表1　児童相談所での児童虐待相談対応件数の推移

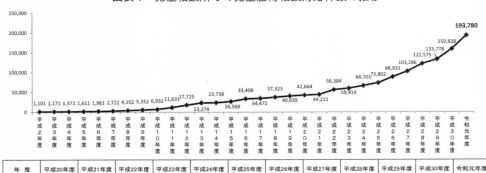

年　度	平成20年度	平成21年度	平成22年度	平成23年度	平成24年度	平成25年度	平成26年度	平成27年度	平成28年度	平成29年度	平成30年度	令和元年度
件　数	42,664	44,211	注 56,384	59,919	66,701	73,802	88,931	103,286	122,575	133,778	159,838	193,780
対前年度比	+5.0%	+3.6%	－	－	+11.3%	+10.6%	+20.5%	+16.1%	+18.7%	+9.1%	+19.5%	+21.2%

出典：厚生労働省「令和元年度　児童相談所での児童虐待相談対応件数」

出された「新たな子ども家庭福祉のあり方に関する専門委員会報告（提言）」において，「体罰など子どもの心身への侵害のある罰を禁止する」という項目が，課題の一つとして盛り込まれていた。しかし，親の養育に関して法律上どこまで規定できるかという問題等が考慮され，全面的禁止は見送られていた。

しかし，2018年3月に目黒区で発生した虐待死事件や2019年1月に野田市で発生した虐待死事件は，社会に大きな衝撃を与えた。目黒区の事件では，虐待をしていた父は，「しつけがどんどんエスカレートし，怒りの感情が前面に出てただの暴力になった」と供述している[1]。野田市の事件でも，「事件当日は午前10時から休まずに立たせた。しつけのつもりで，悪いと思っていない」と供述しており，いずれも「しつけのつもり」で行った行為で子どもを死なせている。

このような状況を踏まえ，2019年3月19日，閣僚会議において決定された「児童虐待防止対策の抜本的強化について」において，親による体罰の禁止が明示され，2019年の法改正に反映された。

●体罰等が子どもの心身に与える影響●

体罰等を用いることが，子どもの成長や発達に悪影響を与えることは，科学的にも示されている。たとえば，手の平で身体を叩く等の体罰の影響に関するメタ分析を行った研究調査では，このような体罰は，攻撃性の強さ，反社会的行動，精神的な問題や親子関係の悪さと関連があると指摘されている[2]。

また，友田明美らの研究によると，厳格な体罰を経験したグループは，そうでないグループと比較すると，感情や思考をコントロールし，行動抑制力にかかわる前頭前野の容積が小さくなっていたことや，集中力や意思決定，共感などに関係する右前帯状回が減少していることなどが明らかにされている[3]。

●日本における体罰に関する意識と国際的な動き●

このように，体罰等が子どもの心身に良くない影響を与えることについては，

---

(1)　日経新聞2019年9月5日朝刊。
(2)　Gershoff, E.T, Grogan-Kaylor, A. (2016), 'Spanking and Child Outcomes: Old Controversies and New Meta-Analyses.' Journal of Family Psychology30(4), p.11.
(3)　友田明美「子どもの脳を傷つける親たち」（NHK出版，2018年）77-78頁。

Ⅱ　家族が変わる

いくつもの研究結果が示されているにもかかわらず，セーブ・ザ・チルドレンによる調査によると，何らかの場面で子どもへの体罰を容認する者が56.7%を占めていた[4]。また，過去にしつけの一環として「子どもをたたいたことがある」者は，70.1%に及んだ。このように，日本では，子どものしつけにおいて体罰を容認する者の割合が未だ高い。子育てにおいて体罰が必要であると考える者が未だ少なくない中で行われた体罰禁止の法改正は，有効に機能するだろうか。

　世界で初めて家庭における体罰を禁止したのはスウェーデンである。スウェーデンにおいても，1960年代には体罰を容認する者が6割近く，体罰を用いている者は9割以上を占めていたが，1979年に体罰を禁止する法改正がなされ，2000年代には，それぞれ1割程度まで低下させている[5]。この背景には，法改正のみならず，全国規模で行われた体罰禁止の啓発キャンペーンや，体罰によらない子育ての支援を積極的に行ったことが大きな役割を果たしてい

図表2　体罰を禁止する法改正をした諸外国の状況

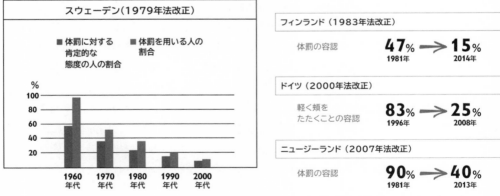

出典：セーブ・ザ・チルドレン「子どもに対するしつけのための体罰等の意識・実態調査
　結果報告書　子どもの体やこころを傷つける罰のない社会を目指して」（2018年）

（4）　セーブ・ザ・チルドレン『子どもに対するしつけのための体罰等の意識・実態調査報告書　子どもの体やこころを傷つける罰のない社会を目指して』（2018年2月15日）。
（5）　セーブ・ザ・チルドレン・スウェーデン，スウェーデン社会保健省『子どもに対する暴力のない社会をめざして　体罰を廃止したスウェーデン35年のあゆみ（日本語版改定新版）』（2014年）。

ると考えられる。

　実際，2020年4月より体罰禁止の法改正が施行されたが，2021年3月に発表された実態調査によると[6]，施行後8カ月の時点で，体罰禁止の法改正について「内容まで知っている」と答えた者は20.2%に過ぎなかった。社会全体の認識を高めるためにも，今後，積極的な広報活動も必要になろう。

●体罰の考え方・範囲●

　日本も批准している児童の権利条約では，「締約国は，児童が父母，法定保護者又は児童を監護する他の者による監護を受けている間において，あらゆる形態の身体的若しくは精神的な暴力，傷害若しくは虐待，放置若しくは怠慢な取扱い，不当な取扱い又は搾取（性的虐待を含む。）からその児童を保護するためすべての適当な立法上，行政上，社会上及び教育上の措置をとる。」と規定されている（19条1項）。

　児童の権利条約の履行状況を審査する国連児童の権利委員会は，体罰を，「有形力が用いられ，かつ，どんなに軽いものであっても何らかの苦痛または不快感を引き起こすことを意図した罰」と定義している[7]。その上で，2019年に出された総括所見では，「(a)家庭，代替的監護及び保育環境，並びに刑事施設を含め，あらゆる環境において，法律，特に児童虐待防止法及び民法によって，どんなに軽いものであっても，全ての体罰を明示的かつ完全に禁止すること。(b)意識啓発キャンペーンの強化，並びに肯定的，非暴力的かつ参加型の形態の子育て及びしつけの推進によるものを含め，あらゆる環境において実質的な体罰を無くすための措置を強化すること。」が要請された[8]。

　体罰を禁止する法改正を受け，体罰の範囲や体罰の禁止に関する考え方を，国民や関係者にわかりやすく普及するため，2019年9月〜2020年2月に，「体罰等によらない子育ての推進に関する検討会」が開催され，ガイドラインが作

(6)　令和2年度子ども・子育て支援推進調査研究事業「体罰等によらない子育ての推進に向けた実態把握に関する調査　事業報告書」（2021年3月）。
(7)　児童の権利委員会「一般的意見8号　体罰その他の残虐なまたは品位を傷つける形態の罰から保護される子どもの権利」（2006年）。
(8)　国際連合　児童の権利委員会「日本の第4回・第5回政府報告に関する総括所見」（仮訳）（2019年3月5日）。

成された。このガイドラインは[9]，親には，子どもの利益のために監護・教育
をする権利・義務があり，そのためにしつけをするが，たとえしつけのためで
あっても，「身体に，何らかの苦痛を引き起こし，又は不快感を意図的にもた
らす行為（罰）である場合は，どんなに軽いものであっても体罰に該当し，法
律で禁止され」る，としている。体罰とみなされる行動の例として，「言葉で
3回注意したけど言うことを聞かないので，頬を叩いた」や「大切なものにい
たずらをしたので，長時間正座をさせた」，「掃除をしないので，雑巾を顔に押
しつけた」といったものが挙げられている。

　一方，罰を与えることを目的としない行為であり，「道に飛び出しそうな子
どもの手をつかむ等」の子どもを保護するために必要な行動や，「他の子ども
に暴力を振るうのを制止する」といった第三者に被害を及ぼす行為を制止する
行為は，体罰には当たらない，としている。

　その上で，体罰以外であっても，子どもの心を傷つける行為として，冗談の
つもりであっても「お前なんか生まれてこなければよかった」など，子どもの
存在を否定するようなことを言うといったものを挙げ，子どもをけなしたり，
辱めたり，笑いものにするような言動は，子どもの権利を侵害することが指摘
されている。

　なお，民法822条において，親権者は，「監護及び教育に必要な範囲内でそ
の子を懲戒することができる」として，親権者の懲戒権が定められているが，
児童虐待を正当化する口実に利用されているとの指摘がなされ，2011年の民
法改正時には，規定の見直しがなされた。規定そのものの削除も検討されたが，
正当なしつけができなくなるという誤解を招くことへの懸念や，親権に関わる
他の規定との整合性を考慮する必要があるとの指摘がなされ見送られた。

●体罰禁止を実現するための支援体制●

　このように，日本でも法改正により，体罰が禁止されたが，体罰によらない
子育てのためには，子育てにあたる親に一定の行為を禁止するだけでなく，子
育てを支援する環境の整備が不可欠である。前述したガイドラインにおいても，
しつけにおいて，体罰等を用いないための具体的な工夫として，①子どもとの

(9)　厚生労働省　体罰等によらない子育ての推進に関する検討会「体罰等によらない子
育てのために～みんなで育児を支える社会に～」（2020年2月）。

図表3 児童等に対する必要な支援を行う体制の関係のイメージ

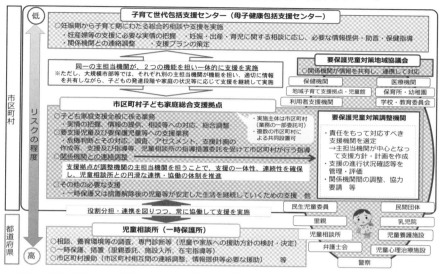

出典：厚生労働省「体罰等によらない子育ての推進について」

関わりの工夫，②保護者自身の工夫について示されている。しかし，このような個人の工夫には限界があるため，行政等の提供している子育て支援サービスの積極的な活用を促している。

　行政の提供する子育て支援サービスだけでも多岐にわたり，全体のイメージ図は，図表3にあるとおりである。その子育て家庭のリスク度に応じて，利用するサービスは異なるが，妊娠期から子育て期まで，切れ目なく総合的に相談や支援を実施する機関としては，子育て世代包括支援センターがある。子育て世代包括支援センターは，①妊産婦等の支援に必要な実情の把握，②相談に応じた情報提供，助言，保健指導，③支援プランの策定，④保健医療又は福祉機関との連絡調整を行う。妊婦健診や両親学級といった妊娠期のサービスや，出産後に行われる乳児家庭全戸訪問事業，乳幼児健診等や保育サービス等の子育て支援策を通じて，把握されたニーズに対応して支援につなげることが期待されている。その過程で把握されたリスクが高まると，要保護児童対策地域協議会や要保護児童対策調整機関につなげられ，虐待等のおそれがある場合には，

Ⅱ　家族が変わる

児童相談所が介入し，保護につなげられる場合もある⁽¹⁰⁾。

　子育て支援体制は，サービスが多岐にわたる上，ニーズに応じてさまざまな機関がかかわるため，全体像は複雑であり，利用者には分かりにくい部分が多い。養育者が気軽に相談できる環境を整え，相談を受けた機関が，関係機関と相互に連携してサポートできる体制を構築することが重要となろう。

（橋爪幸代）

---

(10)　ただし，児童相談所は，必ずしも，虐待のリスクが高い場合にのみ介入するわけではない。

Ⅲ　働き方が変わる

働き方がどう変わったのか，変わるのか

▌人が減っていく社会▌

　総務省統計局の人口推計によれば，2021年7月1日現在，日本の人口は1億2,536万人であり，11年連続で減少している。年齢層別で見ると，15歳未満の年少人口の占める割合は，11.9％と過去最低，一方で，65歳以上人口の占める割合は29.0％と過去最高となった。生産年齢人口と呼ばれる15〜64歳の人口は59.1％で，1992年に69.8％を記録して以降，減少し続けている。

　データでも示されたように，人口が減り続けている社会，特に若い世代が減り続けている社会において懸念されることは，消費の鈍化による経済の停滞や労働力人口の減少，国の活力が失われることである。加えて，働く人を前提として組み立てられている，医療や介護，年金などの各種社会保険制度や，税によって成り立っている行政サービスなど，生活と生存に関わる種々の制度・サービスが失われていくことを意味している。

▌新たな「働き手」の参入▌

　経済が活性化するためにも，また種々の社会保障制度が成り立つためにも，新たな働き手を増やす必要がある。その筆頭が，女性と高齢者であり，政府はこれらの人々が労働市場に参入できるよう，2016年6月に「ニッポン一億総活躍プラン」を閣議決定した。その中では，女性が働けるよう，子育て支援を充実するとともに，介護による離職を防ぐこと，高齢者が働き続けられるよう，雇用促進を図ることを謳っている。加えて，男性正社員の長時間労働や一度非正規社員になると，正社員には戻れないといった雇用慣行を改善する，働き方改革も行っている。つまり，従来型の日本型雇用慣行を崩し，新たな働き方を模索する時代に入ったということができる。

　日本型雇用慣行は，新卒の定期採用，OJT，年功賃金，終身雇用，企業別組

合などの雇用における慣行を指し，高度経済成長を支えた雇用システムである。このシステムの下では，男女の性別役割分業や企業規模に応じた格差，正社員と非正規社員の二極化を招くことになった。ここに，今まで新しい働き手が参入しえなかった理由があり，その理由の解明と参入における壁，そして，その壁を取り払うために必要なことを論じたのが，Ⅲ－1〜3である。

　女性たちは，その活躍が期待されているけれども，高度経済成長以降形成された，体力のあるとされる男性の労働環境にそのまま飛び込んでみても，同じように働き続けることは難しい。さらに，男性稼ぎ手モデルで構築された社会保障制度を改善していくこともまた，たやすいことではない（→Ⅲ－1）。

　また，正規・非正規の格差も深刻である。社会保障制度は，正規「男性」社員を想定しているため，そのレールから外れてしまうと，受けられる保障が限定される。加えて，正規男性社員だからといって，全てが万全かと言えば，そうではない。時間と自分自身を差し出すことで，得られる安泰だからである（Ⅲ－2，3）。

■さらなる新たな「働き手」の参入■

　次に注目される新たな「働き手」は外国人と障害者である。かつては，日本国内で働くことができる外国人が，入管法別表第一の定めにより，限定されていた。しかし，2018年に入管法も改正され，就労目的で在留できる外国人が増加している。従来の大学教授や企業経営者，デザイナー，シェフなど専門的・技術的分野の者，経済連携協定（EPA）に基づく介護士などの候補者，技能実習生に加え，人手不足が深刻な，介護，建設，宿泊などを対象とする「特定技能」の在留資格が創設された。2020年10月末現在，厚生労働省が労働施策総合推進法28条に基づき，事業主にハローワークへの届出を義務付けている外国人雇用状況届出によると，約172万人の外国人が日本で働いているが，そのうち半分以上の91.6万人が定住や永住資格を有する者や留学生であって，実質的には上記に挙げた在留資格を有する者は約80万人である。この80万人の在留外国人のうち，特に大きな問題をはらんでいるのは，技能実習生の問題と外国人介護労働者の問題である（→Ⅲ－4）。

　2006年第61回国連総会にて，障害者の権利に関する条約（障害者権利条約）が採択された。日本では，2014年1月に条約を批准し，障害者差別解消法の

制定および障害者雇用促進法が改正され，雇用の場における障害者への差別禁止と合理的配慮が義務付けられた。2020年6月現在の障害者の雇用状況は，厚生労働省の障害者雇用状況の集計結果によると，民間企業が雇用している障害者の割合（実雇用率）は2.15％となった。ただし，障害者雇用促進法43条1項によれば，民間企業は一定数の障害者の雇用義務があり，その割合は2021年より2.3％となった（法定雇用率）。この法定雇用率を満たした企業は48.6％であり，まだまだ障害者が働くことに対するハードルは高い。この状況を改善するための手立てが，先に述べた合理的配慮の考え方であり，この考え方にもとづく，障害者雇用の問題についても取り組んでいる（→Ⅲ-5）。

■ さらなる新たな「働き手」（？）の登場 ■

　そして最後に，人間をも超える働き手として登場するのが，ロボットであり，AIである（→Ⅲ-6）。将来的に，人間の仕事の半分が奪われるといった予測や，AIの進化により人間が変容するとされるシンギュラリティ（技術的特異点）が2045年に到達するとの見方もある。この意味でも，AIとともに生きる，私たちの未来の働き方について考えることができよう。

■ 参考文献 ■

　厚生労働省「令和2年障害者雇用状況の集計結果」（令和3年1月15日公表）
　厚生労働省「『外国人雇用状況』の届出状況まとめ（令和2年10月末現在）」
　　（2021年1月29日公表）
　総務省統計局「人口推計（令和3年（2021年）2月平成27年国勢調査を基準とする推計値，令和3年（2021年）7月概算値）（2021年7月20日公表）」
　野村総合研究所HP「日本の労働人口の49％が人工知能やロボット等で代替可能に——601種の職業ごとに，コンピューター技術による代替確率を試算」
　　（https://www.nri.com/jp/news/2015/151202_1.aspx）
　森口千晶「日本型人事管理モデルと高度成長」日本労働研究雑誌634号（2013年）
　レイ・カーツワイル『シンギュラリティは近い［エッセンス版］人類が生命を超越するとき』（NHK出版，2017年）

（三輪まどか）

1　スーパーウーマンになりなさいと言われても
―― 一億総活躍社会とワーキングマザー

●11月は入所申込みの勝負月●

　11月は，未就学児のなかでも，特に0～2歳の子を持つ親たちの闘いの火ぶたが切られる。保育所や幼稚園のプレ保育の入所申込みがはじまる時期である。ある保育所では，園長先生との面談を行うのに2時間待ちは当たり前。入所までに，認可外保育施設やベビーシッターなども利用し，偽装離婚する夫婦もいるくらいである。結果は翌年2月に送付されるが，ここまでしても，第1希望の保育所に入ることができるわけでもない。そこまでして，子どもを保育所へ入れたいのは，なぜだろうか？

●保育ニーズの高まり●

　保育ニーズが高まった要因の1つとして，共働き世帯の増加が挙げられる。従来，子どもが小さい時期には，妻が育児休業を取得するか，あるいは，妻が仕事を辞め，子どものケアをした。この結果が，M字型カーブと言われる，女性の就業状況を招いた。しかしながら，現在では，共働き世帯が増加し，育児休業を取得しても仕事に復帰する女性が増えている。国立社会保障・人口問題研究所が行った第15回出生動向調査（夫婦調査）によれば，第1子出産後に仕事復帰した女性は，10年前は4割だったが，近年は5割を超えている。また，夫である男性の給与が必ずしも上昇しているとはいえないため，妻が働く時間の調整しやすい，非正規労働者として働かざるを得ない状況となっている。

　さらに保育ニーズが高まる要因として考えられるのは，核家族化が進んだ上，婚姻年齢・出産年齢の上昇により，夫や妻の両親の高齢化が進み，祖父母に育児を委ねることもできない点も見逃せない。地域コミュニティも薄れ，地域ぐるみで子育てしようという社会でもない。結局のところ，育児を社会化・外部化せざるを得ない夫婦が増えたため，保育ニーズが急速に高まり，子どもを保育所へ入所させる競争が過熱していると言える。

　なお，専業主婦（夫）の家庭の多くは，保育所へ預けたいと思っても，児童

福祉法24条に定める保育所への入所要件，すなわち，「保育を必要とする場合」を満たさない場合が多いため，保育所への入所は叶わない。このため，専業主婦（夫）家庭では，3歳から入学できる幼稚園へ通園することが多い。

　つまり，妻が働きたいと思っても，子どもが0〜2歳であると，すぐには叶わない状況となっているのである。とはいえ，幼稚園にも人気・不人気があり，希望する人気のある幼稚園に入るためには，プレ保育が必須となっている。

●待機児童問題●

　専業主婦（夫）家庭の子どもが通う幼稚園と熾烈な競争が繰り広げられる保育所では，所管の官庁（前者は文部科学省，後者は厚生労働省）の違い以外にも，様々な違いがある。例えば，幼稚園は学教教育法に定める教育機関であり，通常8時から14時（教育標準時間）の開園である。しかし，保育所は児童福祉法に定める福祉施設であり，親の就労の状況に合わせて7時から18時（保育標準時間）の開園，さらにはその前後に開所する延長保育や，土日祝に開所する休日保育などの保育サービスがある。共働き家庭にとってみれば，保育所に入所できることが，仕事を継続する上で非常に重要なことであることがわかる。

図表1　保育所等待機児童数及び保育所等利用率の推移

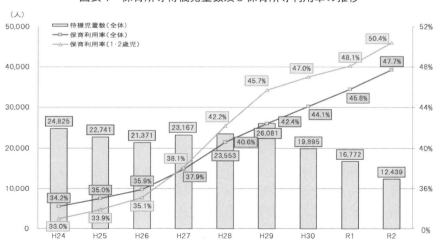

出典：厚生労働省「保育所等関連状況取りまとめ（令和2年4月1日）」3頁

Ⅲ　働き方が変わる

　このように熾烈な保育所入所競争が起こると，当然，保育所に入所したくて
もできない家庭が生じる。これがいわゆる待機児童問題である。厚生労働省の
調査によれば，待機児童は毎年2万人台が続いていた。保育所を利用している
割合は，未就学児の47.7％，1〜2歳児では50.4％と，比較的低い年齢の子
ども（いわゆる3歳未満の「未満児」）の利用が高まっている（図表1）。待機児
童が多い都道府県は，働く母親が多いところに多く見られ，東京，千葉，埼玉，
兵庫，岡山，沖縄の各県の都市内に200人超の待機児童を抱えている（2020年
4月現在）。

　保育所に入れなかった共働き家庭はどうなるだろうか。夫婦どちらかが働く
ことを諦めたり，セーブせざるを得ない。そして，その多くは女性である妻で
ある。その理由は，女性の賃金の低さや非正規社員の多さ等が挙げられる。

●働く母親の1日と育児の担い手●

　すさまじい競争を勝ち抜き，育児を家庭から社会化・外部化することができ
たとしても，働く母親の1日は忙しい。ある母親の1日を追ってみよう（図表
2）。朝から晩まで，休む暇もなく，子どものため，夫のため，自分の仕事のた
めに，めまぐるしく動く。子育てには休みがないので，この状態は，仕事がな
い日を除き毎日続く。

図表2　ある母親の1日のスケジュール

6:00	7:00	8:00	18:00	19:00	20:00	21:00	22:00
起床	洗濯物の片付け	朝食／登園・出勤	退社・降園	夕食	お風呂	寝かしつけ	持ち帰り仕事
	朝食・登園準備			夕食・お風呂準備	洗濯		

出典：筆者の生活時間に基づき，筆者作成

　一方で，父親の1日はどうだろうか。最近では，保育所への送迎を行ったり，
子どもを病院へ連れてくる父親の姿も見られるところだが，総務省の平成23
年社会生活基本調査によると，6歳未満の子どもがいる夫の1日あたりの家事
時間の全国平均は1時間7分である。子育て世代の25〜44歳男性の1日あた
りの労働時間の全国平均は7時間37分であり，11時間以上働いている男性の

図表3　家庭での育児や家事の役割

		妻が主体(計)	夫が主体(計)	同等(計)
全体 (n=1,639)	15.7 / 39.6 / 32.3 / 11.4 / 0.2 / 0.3 / 0.4 / 0.1	55.3	0.7	43.7
男性 (n=723)	11.5 / 38.2 / 37.1 / 12.0 / 0.3 / 0.6 / 0.3 / 0.1	49.7	0.8	49.1
女性 (n=916)	19.0 / 40.7 / 28.6 / 10.9 / 0.1 / 0.1 / 0.4 / 0.1	59.7	0.5	39.5

凡例：
- 妻の役割である
- 基本的に妻の役割であり、夫はそれを手伝う程度
- 妻も夫も同様に行う
- 基本的に夫の役割であり、妻はそれを手伝う程度
- 夫の役割である
- どちらか、できる方がすればよい
- その他
- わからない

出典：内閣府「平成25年度家族と地域における子育てに関する意識調査」40頁

割合も上昇傾向となっている。2013年に行った内閣府の調査によれば（図表3），家庭での育児や家事を誰が行うべきかを聞いたところ，「基本的に妻の役割であり，夫はそれを手伝う程度」という回答が39.6％と最も多く，「妻の役割である」（15.7％）との回答を合わせると，妻が主体となって行うとする回答は55.3％となっている。子育て世代の20～49歳の有配偶者（回答者420人）について見てみると，妻が主体と考えるのは51.9％，夫が主体と考えるのは0.2％，同等と考えるのは47.9％となっている。夫婦の働き方別に見てみると，男性は片働きか共働きかに関わらず，4割程度が妻，5割強が同等，と考えるのに対し，女性では，片働きであれ，共働きであれ，妻が主体と考える人の割合が，同等と考える人の割合よりも高くなっている。

　こうしてみてみると，父親である男性は，長時間労働という外的な要因もさることながら，意識という内的な要因もあって，あくまでも育児の「手伝い」であり，母親は一人ですべての育児（オペレーション）を担う，いわゆるワンオペ育児を担わざるを得ない。そして，核家族化している現状では，家族の中で誰か1人が病気になれば，途端にすべてのオペレーションがストップし，育児や仕事と家庭の両立が成り立たなくなってしまう。

Ⅲ　働き方が変わる

● 多岐にわたる施策と実効性 ●

　こうした日本の育児の現状を解消するためには，どうしたらよいだろうか。現在，政府で検討あるいは実施されているものとして，残業規制（働き方改革），男性の育児参加（イクメンプロジェクト），育児休業の延長，保育士の報酬改善，保育所設置の要件緩和などがある。最初の3つは，男性も含めた働き方の問題であり，特に父親としての役割・権利に関するものでもある。後の2つは，保育政策の問題と言える。

　前者の働き方について，働き方改革関連法（⇨詳しくはⅢ-2）によれば，現在の労基法を改正し，時間外労働の上限を設定することとなっている。また，育児休暇については，2017年10月施行の改正育児・介護休業法において，保育所に入れない場合，育児休業を子が2歳になるまで取得できるようになった（育介法9条2項2号）。加えて，男性の育児休業取得を目指すため，育児休業制度についての周知ならびに，育児に関する目的で利用できる休暇制度（出生時育休制度）を設けることを，事業主に対して義務づけている（努力義務：育介法21条・24条）。また，2023年4月からは，大企業に対し育休の取得状況を公表するよう義務づける（育介法22条の2）。

　後者の保育施策については，2013年度より「待機児童解消加速化プラン」に基づく施策が展開され，小規模保育所の設置推進，保育園設置の際の固定資産税減免の明確化，保育士に対する賃金増額などが行われ，かつ，企業が主導して，企業内に保育所（企業主導型保育所）を設置する場合の補助金の交付などが行われているが，待機児童を解消するには至っていない。厚生労働省の集計によると，2017年4月現在で，保育所定員は前年比10万人増の280万人，保育所利用児童は前年比6万7,000人増の261万人，待機児童は前年比6,186人減の2万人で，待機児童のいる市町村は前年から15増の435市町村となっている。

　このように労働時間の規制から保育所設置の要件緩和に至るまで，多岐にわたる施策を実行せねばならないのには，2つの理由がある。1つは，1つの分野（例えば，労働や児童福祉といった分野）の施策だけ実施しても，実効性が担保できないこと，もう1つは，家族の形態が多様化し，多様な施策を実施しなければ，そのニーズが満たせないことである。前者については，少子化対策の歴史を紐解けば，一目瞭然である。つまり，かつての少子化対策は，1990年

の 1.57 ショックを契機に，女性の問題として，働く女性のためのワーク・ライフ・バランス施策を展開してきた。しかし，一向に少子化は止まらず，合計特殊出生率は，2005 年に過去最低の 1.26 を記録した。その後も回復せず，2019 年人口動態統計によると，1.36 となっている。このように，少子化は女性だけの問題ではなく，社会全体の問題であり，施策が多岐にわたらざるを得ない理由がここにある。後者については，家族の形態が多様化すればするほど，従来のような，男性稼ぎ手モデルによる家族のニーズの捉え方では，多くの家族をカバーすることができない。ニーズが多様化すれば，その分，多様なサービスを提供する，あるいは解決策を提示する必要がある。これこそ，施策が多岐にわたるもう 1 つの理由である。

●一億総活躍するために──働く環境の整備と女性の意識変革●

　現在のように，働く母親に仕事も，家事も，育児も，目一杯やってください，という政策では，ただでさえ疲れ切っている働く母親に対しては，輝くどころか，むしろ，追い詰める結果となってしまうだろう。

　働く母親のニーズも，その人が置かれた環境，つまり，育児に理解のある職場か，父親の育児参加はあるか，保育所には入所しやすいか，延長保育や休日保育などの保育サービスはあるのか，祖父母の手助けはあるのか，などによっても異なってくる。また，共働きであっても，家事や育児は女性の仕事，と考えている女性が多ければ，現状から何も変わらないし，むしろ，そのように考えることは，男性の「父親」としての役割を奪っていることにも気づく必要があろう。

　ワーク・ライフ・バランスは，女性，男性かかわらず，すべての労働者に配慮されるべきものであり，まずは，その前提条件が成り立つことが必要である。その上で，ゆとりを持った大人たちが子どもを大切に思い，男性，女性，年齢・世代も問わず，子どもを愛し，はぐくむ意識を醸成していくことが必要であろう。そうした意識のもと，保育サービスの充実や家事労働の分担などの施策が展開されれば，働く母親がワンオペで 365 日母親業をすることなく，明日への活力を得ることができるだろう。そうすれば，女性だけがスーパーウーマンとならなくても，周りの協力を得ながら，自分らしく，はつらつとした人生を取り戻すことができるのではないだろうか。もちろん，まわりの大人たちも，

子どもを育てるという喜びや，社会を未来へつなげるという気持ちをシェアすることができるのではないだろうか。これこそが，本来目指す「輝き」であり，その意味で，女性に限らず，あらゆる大人を得るべき「輝き」は日常生活の中に見いだすことができるものなのだと言えよう。

■参考文献■

厚生労働省「保育所等関連状況取りまとめ（令和2年4月1日）」（http://www.mhlw.go.jp/stf/newpage_13237.html）

厚生労働省「令和元年（2019）人口動態統計（確定数）の概況」（http://www.mhlw.go.jp/saikin/jinkou/kakutei19/index.html）

総務省「平成23年社会生活基本調査」（http://www.stat.go.jp/data/shakai/2011/index.htm）

内閣府『平成30年度少子化社会対策白書』（2018年）

内閣府「平成25年度家族と地域における子育てに関する意識調査」（https://www8.cao.go.jp/shoushi/shoushika/research/h25/ishiki/index_pdf.html）

内閣府「男女共同参画白書 令和元年版」（2019年）

（三輪まどか）

2 みんな働くことが好き？
── 現在の労働環境をめぐる状況

● 働き方改革って何？ ●

　2019年4月より，改正労働基準法など「働き方改革」を実施する一連の法律が施行されたこともあり，マスコミなどでは働き方改革が連日のように報道されている。現在，わが国の労働環境で問題となっているものとして，長時間労働，非正規労働者の待遇，育児や介護に関する企業の取組み，労働人口の減少など，課題が山積している。この働き方改革とは何か。

　働き方改革は，一億総活躍社会（家庭，職場，地域といったあらゆる場で，誰もが活躍できる社会をいう）に向けて，「希望を生み出す強い経済」，夢をつむぐ子育て支援」，「安心につながる社会保障」の「新三本の矢」の実現を目的とした2016年6月の政府による「ニッポン一億総活躍プラン」を実現するための政策である。つまり，働き方改革は，多様な働き方を可能とし，成長と分配の好循環を実現するため，働く人の立場・視点で取り組むものとされている。2017年3月に「働き方改革実行計画」が決定され，それを受けて，政府により，労基法等を一括改正するための「働き方改革を推進するための関係法律の整備に関する法律」が国会に提出され，2018年6月に可決・成立した。

　この計画は，総理自ら議長となり，労働者側，使用者側及び有識者が議論をかわし，合意形成したものである。そのため，各当事者はこれを尊重し，政府は関係法律案等を早期に国会に提出することが求められる。とりわけ，罰則付きの時間外労働の上限規制は，長年議論されてきた大きな問題であったが，労使が合意できたことは画期的なことであると述べている。

　その上で，次の19項目が取り組むべきこととなっている（図表1）。

　ここで重要なことは，先に述べたように，わが国の経済を再生するための働き方の改革であるという点である。もちろん，雇用問題は，わが国の経済成長のあり方を検討するにあたってきわめて重要である。しかし，これまでならば，雇用政策を検討する場合には，政・労・使の三者構成からなる労働政策審議会で議論が重ねられた上で厚生労働省により法案が作成され，国会にその法案が

図表1　働き方改革実現のための対応策

①	同一労働同一賃金の実効性を確保する法制度とガイドラインの整備
②	非正規雇用労働者の正社員化などキャリアアップの推進
③	企業への賃上げの働きかけや取引条件改善・生産性向上支援など賃上げしやすい環境の整備
④	法改正による時間外労働の上限規制の導入
⑤	勤務間インターバル制度導入に向けた環境整備
⑥	健康で働きやすい職場環境の整備
⑦	雇用型テレワークのガイドライン刷新と導入支援
⑧	非雇用型テレワークのガイドライン刷新と働き手への支援
⑨	副業・兼業の推進に向けたガイドライン策定やモデル就業規則改定などの環境整備
⑩	治療と仕事の両立に向けたトライアングル型支援などの推進
⑪	子育て・介護と仕事の両立支援策の充実・活用促進
⑫	障害者等の希望や能力を活かした就労支援の推進
⑬	外国人材受入れの環境整備
⑭	女性のリカレント教育など個人の学び直しへの支援や職業訓練などの充実
⑮	パートタイム女性が就業調整を意識しない環境整備や正社員女性の復職など多様な女性活躍の推進
⑯	就職氷河期世代や若者の活躍に向けた支援・環境整備の推進
⑰	中途採用の拡大に向けた指針策定・受入れ企業支援と職業能力・職場情報の見える化
⑱	給付型奨学金の創設など誰にでもチャンスのある教育環境の整備
⑲	継続雇用延長・定年延長の支援と高齢者のマッチング支援

出典：働き方改革実現会議決定「働き方改革実行計画（概要），平成29年3月28日」23頁

　提出されるという流れとなっていた。しかし，働き方改革の議論にあたっては，先述した首相の私的諮問機関である働き方改革実現会議において行われ，官邸主導でなされた点に大きな特徴がある。
　本来，雇用政策は，労使の利害が鋭く対立するために，政・労・使三者構成の会議で議論を行うことが望ましい。しかし，働き方改革の議論では，官邸主導で行われ，また働き方改革実現会議の構成員のうち，労働者側を代表する委員が，連合の会長のみであるという点に，当事者である労働者側の意見がどの程度反映されたのかという疑念がぬぐい切れない。

　以下では，非正規労働者や長時間労働の規制といった，とりわけ働き方改革で注目を浴びている点，さらに働き方改革と密接にかかわるワーク・ライフ・バランスについて述べることとしたい。

●非正規労働者の増加と保護●

　総務省統計局が公表した 2021 年 6 月分の労働力調査によれば，非正規労働者の割合は全労働者の 36.7％ に上っている。通常，非正規労働者は，正規労働者に比べれば，雇用が不安定であり，給与が低く，また賞与や退職金が支給されないか，支給されたとしても低額であることが多い。2014 年の厚生労働省による調査「平成 26 年就業形態の多様化に関する総合実態調査の概況」によれば，「より多くの収入を得たいから」（78.1％），「正社員の方が雇用が安定しているから」（76.9％）といった理由から，現在非正規労働者のなかには，正規雇用を望む者がいるのは当然であろう。

　こうした非正規労働者の増加に対し，法律は一定の保護を行っている。労働契約法 20 条は，期間の定めがあることによる不合理な労働条件を禁止しており，近時，同条違反と判断した最高裁判決（ハマキョウレックス（差戻審）事件（最判平成 30・6・1））も出されている。さらに，同一労働同一賃金を推進する法律として，2015 年 9 月に労働者の職務に応じた待遇の確保等のための施策の推進に関する法律が制定された。パートタイマーについて，短時間労働者の雇用管理の改善等に関する法律 8 条は，同一の事業所に雇用される通常の労働者よりも労働時間の短い者を「短時間労働者」として，一定の保護を行い，職務の内容や配置の変更の範囲等を考慮して，正規労働者との待遇が，不合理と認められる差異があってはならない旨規定している。

　このように，近年，法律や裁判例が，同一労働同一賃金の実現を後押ししていることに加え，2017 年 3 月には，同一労働同一賃金の実現に向けた検討会の報告が出され，2018 年 12 月に同一労働同一賃金ガイドライン（平 30・12・28 厚生労働省告示 430 号）が策定された。その上で，厚生労働省は 2017 年 9 月に労働政策審議会に，働き方改革を推進するための関係法律の整備に関する法律案要綱を諮った。こうした流れから，従来のパートタイマーのほかに，有期雇用労働者を加え，短時間労働者の雇用管理の改善等に関する法律は「短時間労働者及び有期雇用労働者の雇用管理の改善等に関する法律」へと法律名の変

図表 2　一般労働者，パートタイム労働者の月間総実労働時間の推移

○　一般労働者の総実労働時間がおおむね横ばいで推移している中、パートタイム労働者の総実労働時間は減少傾向で推移している。

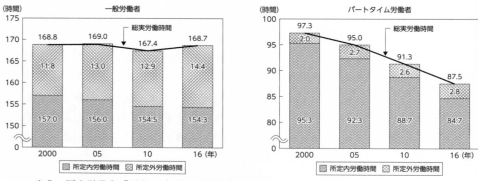

出典：厚生労働省『平成 29 年版　労働経済白書』（2017 年）123 頁

更が行われ，労働者派遣事業の適正な運営の確保及び派遣労働者の保護等に関する法律の改正，さらに労働契約法 20 条の削除が行われる。これらはいずれも 2020 年度実施されるが，中小企業には施行が 1 年猶予される。

　これらが実現すれば，非正規労働者の労働条件の向上に寄与するだろうが，とりわけ同一労働とは何かが大きな問題となろう。同一労働同一賃金は，わが国の雇用慣行を大幅に変える可能性があるため，実施にあたって紆余曲折が予想される。

●労働時間をめぐる状況●

　非正規労働者には一定の保護がなされており，労働契約法 20 条違反と判断する裁判例も登場している。非正規労働者と正規労働者では，労働条件に大きな違いがあるため，非正規労働者のなかには正規労働者になりたい者がいる。しかし，正規労働者になれば，それだけではたして安泰なのだろうか。たしかに，正規労働者になれば，給与が増え，賞与や退職金を支給されることが多いから，経済的な面では安定することになる。だが，待遇がよくなるということはそれに比例して責任が増えることも意味する。

　近時，実労働時間，所定内労働時間及び所定外労働時間のいずれも減少傾向

にあるとされている（図表2）。たしかに，労働時間は減少しているように見えるが，これは非正規労働者の増加に伴って労働時間が減少しているためである。とりわけ，非正規労働者の労働時間が減少しているのに反して，正規労働者のサービス残業が蔓延しているといわれている。結果として，長時間労働が続き，心身に異常を来した結果，過労死や過労自殺の増加につながっているのである。

　こうした長時間労働に対して，政府は労働時間の短縮に取り組み，1987年に労働基準法を改正し，法定労働時間を週48時間から週40時間へと短縮した。しかし，サービス残業の蔓延，過労死や過労自殺の増加といった状況を見るにつき，はたして実際にどの程度労働時間が短縮したのだろうか。

　加えて，改正労働時間等の設定の改善に関する特別措置法が2019年4月に施行され，同法4条1項に基づく労働時間等設定改善指針は，使用者に対し，勤務間インターバル制度（前日の終業時間と翌日の始業時間との間に一定時間の休息を確保する制度）導入の努力義務を課すこととなった。東京，大阪などの大都市圏では通勤時間が1時間，またはそれ以上かかるため，休息時間が少ない者もいる。また，EU指令では，終業時間と始業時間との間に11時間の休息時間が確保されている。こうしたことから考えると，同制度導入の努力義務が課されたことは評価すべきではあるが，将来的には，導入義務を課すことが望ましいだろう。

●ワーク・ライフ・バランスの現況●

　近年の調査（2016年「男女共同参画社会に関する世論調査」）では，男女ともに仕事を優先するのではなく，仕事も家庭生活も重視したいと考える若者が増えている。しかし，実際には，男性は仕事，女性は家庭生活というように，いずれか一方を優先せざるをえない者が多い。

　こうした状況に際し，国はただ手をこまねいていたわけではない。2007年12月に「仕事と生活の調和（ワーク・ライフ・バランス）憲章」およびその行動指針を策定し，仕事と私生活の調和がとれた社会へと国民の意識改革を促そうとしている。だが，憲章及び行動指針の策定からすでに10年が経過したが，それほどワーク・ライフ・バランスが浸透しているとは思えない。いまだ性別役割分業が強固であること，また，経済のグローバル化などで使用者にワーク・ライフ・バランスに配慮する余裕がないことも原因として考えられる。

Ⅲ　働き方が変わる

　くわえて，これまでワーク・ライフ・バランスをめぐる議論では，いずれ誰しも結婚し，その上で子どもを持つことが前提とされてきたといえる。しかし，2015年の国勢調査によれば，生涯未婚率は男性23.4％，女性14.1％となっており，2040年には男性は29.5％，女性は18.7％にまで上昇すると推計されている[1]。これを前提として考えるかぎり，単身世帯が今後増加することは避けられない。そう考えると，これまでの企業で行われてきた，妻帯者よりも単身者を優先的に転勤させることの合理性等も検討しなければならないだろう。単身者であろうがなかろうが，ワーク・ライフ・バランスはすべての者に共通するものだからである。

■ 参考文献 ■

　　文中に掲げたもののほか，
　　「平成26年就業形態の多様化に関する総合実態調査の概況」
　　内閣府男女共同参画局『平成25年版　男女共同参画白書』（2013年）
　　働き方改革実現会議決定「働き方改革実行計画（概要）平成29年3月28日」
　　政府統計の総合窓口（e-Stat）HP「労働力調査（基本集計）2021年（令和3年）
　　　6月分」
　　（https://www.stat.go.jp/data/roudou/sokuhou/tsuki/gaiyou.pdf）2頁

　　　　　　　　　　　　　　　　　　　　　　　　　　　（根岸　　忠）

---

(1)　内閣府編『平成29年版　少子化社会対策白書』（2017年）11頁。

と推定することになっている。しかし、それでも文言が抽象的なことは否めない。この点、具体的な認定作業にあたって、行政はかねてから通達を発しており、そのなかで、過労死や過労自殺の認定基準を示してきた。その経緯は図表3の一覧で確認頂きたいが、その改訂の歴史は、学説や裁判例からの批判によるところが大であった。

　例えば最高裁は、支店長つき運転手として勤務していた労働者の運転中のくも膜下出血の発症に対する労基署長による労災保険給付不支給決定について、

図表3　過労死の認定基準の変遷一覧

■昭36・2・13基発116号：「災害主義」の採用
→業務に関連する「災害」またはそれに準ずる「過激な業務」が、発病直前または発病当日に存在したことを業務上認定の要件とした。
■昭62・10・26基発620号：「過重負荷主義」の採用
→特に過重な業務に従事したこと（「過重負荷」）、その「過重負荷」が発症のおおよそ1週間前までに生じたことを要件とした。
■平7・2・1基発38号：「同僚・同種の労働者」基準の緩和
→昭和62年通達の基本枠組を踏襲しつつも、発症1週間前より前の業務をも考慮にいれた総合的な判断をすることとされた点で要件を緩和した。そして、過重業務性の判定において同僚・同種の労働者を基準とする点は変わらないものの、そこに「同程度の年齢・経験等」を有する者と加筆して同僚概念を拡大した。
■平8・1・22基発30号：不整脈による突然死への対応
→不整脈による突然死も対象業務として追加された。
■平13・12・12基発1063号（「脳血管疾患及び虚血性心疾患等（負傷に起因するものを除く。）の認定基準について」）
①発症直前から前日までの異常な出来事への遭遇、1週間以内の短期の過重業務のほかに、発症前6か月間の長期間の過重業務による疲労の蓄積も考慮することにした。 ②疲労蓄積の最重要要因である労働時間の実態に着目し、発症前1カ月間に100時間を超える時間外労働が認められる場合と発症前2カ月から6カ月間に月80時間を超える時間外労働が認められる場合は、業務と発症との関連性が強いと判断する目安が定められた。 ③労働時間のほかの業務の過重性判断評価要因として、不規則勤務、交替制・深夜勤務、作業環境、精神的緊張を考慮することになった。 ④比較対象労働者として、基礎疾患を有するものの日常業務を支障なく行える同僚労働者も加えられた。

出典：『ベーシック労働法〔第6版補訂版〕』（有斐閣、2016年）171頁以下など参照、筆者作成

Ⅲ　働き方が変わる

6か月以上の長期間にわたる業務による過重な精神的・身体的負荷が当該労働者の基礎疾患をその自然の経過を超えて増悪させ，発症に至ったものとみるのが相当であって，その間に相当因果関係の存在を肯定することができるとして，当該不支給決定を覆す判断を示している（横浜南労基署長（東京海上横浜支店）事件：最判平成 12・7・17）。この当時の基準は「1週間前」までの過重労働を斟酌するというものだったから，「6か月」というのは，画期的だったのである。

　この判決を受け，過労死（なお，この事件の労働者は一命をとりとめた）の認定基準は，疲労の蓄積等に関する医学面からの検討結果の取りまとめを踏まえ，さらに見直されることになり，脳・心臓疾患の新認定基準（平 13・12・12 基発1063 号）が発せられた（図表3）。

●いわゆる過労自殺と電通事件●

　「自殺」は自発的意思でなされるものであり，「業務」と「死亡」との間の因果関係を切断するものと考えられ，また労災保険法が労働者の故意による死亡・事故については保険給付を行わないと規定するため（労災 12 条の 2 の 2 第1項），過労による「自殺」を「故意」との関係でどのように理解するかは従来問題とされてきた。古い行政解釈ではあるが，業務に起因するうつ病等による自殺であっても，「心神喪失」の状態（識別能力を欠く状態）であったと認められる場合に限り，故意によるものではないとして，業務上の認定を行うとしたものがある（昭 23・5・11 基収 1391 号）。しかし最近では，仕事上のストレスによる心因性の精神障害を訴える労働者が急激に増加しており，このような行政解釈の考え方は時代にそぐわなくなってきている。

　冒頭で紹介した電通事件最高裁判決は，民事訴訟を通じて，サービス残業による過重労働とうつ病との因果関係を肯定し，自殺についての企業の損害賠償を認めた判決であったが，この今から約 20 年前に出された最高裁判決は「労働日に長時間にわたり業務に状況が継続するなどして，疲労や心理的負荷等が過度に蓄積すると，労働者の心身の健康を損なう危険のあることは，周知のところであ」り，「使用者は，その雇用する労働者に従事させる業務を定めてこれを管理するに際し，業務の遂行に伴う疲労や心理的負荷等が過度に蓄積して労働者の心身の健康を損なわないよう注意する義務」を負うとした。

　過労死の認定基準同様，厚生労働省は，過労自殺についても認定のための基

準を策定している。旧労働省時代に策定された「心理的負荷による精神障害等
に係る業務上外の判断指針について」（平 11・9・14 基発 544 号）は，今日，「心
理的負荷による精神障害の認定基準」（平 23・12・26 基発 1226 第 1 号）にとっ
て代わられている（図表 4・5）。

　他方で，メンタルヘルス対策の充実・強化等を目的として，従業員数 50 人
以上の全ての事業場にストレスチェックの実施を義務付けることを内容とする
労安法の一部を改正する法律（平成 26 年法律第 82 号）が 2014 年 6 月 25 日に
公布されたことを受け，厚労省は，「ストレスチェック実施プログラム」と 57
項目からなる「職業性ストレス調査簡易表」を作成・公開している。

図表 4　過労自殺の認定基準の変遷一覧

■平 11・9・14 基発 544 号（「心理的負荷による精神障害等に係る業務上外の判断指針について」）：業務による心理的負荷を重視した総合的判断を目的とする仕事によるストレス評価のためのチェックリスト
→例えば，発病前の 6 カ月間に業務が原因の強いストレスが認められ，かつ業務以外の原因がない場合には業務上とする，あるいは，業務による心理的負荷によって精神障害を発症した者が自殺した場合には，故意がなかったものと推定して業務上と認めるなど，従前よりも緩和された基準になった。
■平 21・4・6 基発 0406001 号
→認定基準が 10 年ぶりに見直され，いわゆるパワハラなどが認定できるよう 12 項目の判断基準が新設された。
■平 23・12・26 基発 1226 第 1 号
→「精神障害の労災認定の基準に関する専門検討会報告書」の内容を踏まえて，従来の評価方法を改め，生死に関わる重大な業務上の負傷，本人の意思を抑圧して行われたわいせつ行為などのセクシュアル・ハラスメント，発病直前の 1 カ月に 160 時間を超える時間外労働など「特別な出来事」に該当する事情がある場合にはそれだけで「業務上」と認められることになった。

出典：『ベーシック労働法〔第 6 版補訂版〕』（有斐閣，2016 年）171 頁以下など参照，筆者作成

図表5　心理的負荷による精神障害の認定基準の概要

業務による心理的負荷（ストレス）の評価基準の改善		
	現行の判断指針	新しい認定基準
評価方法	2段階による評価　出来事の評価 ＋ 出来事後の評価 → 総合評価	1段階による評価　出来事＋出来事後の総合評価
特別な出来事	・極度の長時間労働 ・生死に関わる事故への遭遇等心理的負荷が極度のもの	「極度の長時間労働」を月160時間程度の時間外労働と明示 「心理的負荷が極度のもの」に強姦やわいせつ行為等を例示
具体例	心理的負荷評価表には記載なし	「強」「中」「弱」の心理的負荷の具体例を記載
労働時間	具体的な時間外労働時間数については、恒常的長時間労働を除き定めていない。	強い心理的負荷となる時間外労働時間数等を記載 ・発病直前の連続した2か月間に、1月当たり約120時間以上 ・発病直前の連続した3か月間に、1月当たり約100時間以上 ・「中」の出来事後に、月100時間程度　等
評価期間	例外なく発病前おおむね6か月以内の出来事のみ評価	セクシュアルハラスメントやいじめが長期間継続する場合には6か月を超えて評価
複数の出来事	一部を除き具体的な評価方法を定めていない。	具体的な評価方法を記載 ・強＋中又は弱　→　強 ・中＋中　　　　→　強又は中 ・中＋弱　　　　→　中 ・弱＋弱　　　　→　弱 近接の程度、出来事の数、その内容で総合判断
発病者の悪化	既に発病していた場合には悪化したときであっても労災対象としない	発病後であっても特に強い心理的負荷で悪化した場合は労災対象とする

審査方法等の改善		
	現行の判断指針	新しい認定基準
医師の意見	精神科医の専門部会に全数を協議	判断が難しい事案のみ協議
調査	業務以外の要因の詳細な調査を行う	業務以外の要因の調査を簡略化

出典：厚生労働省HP「心理的負荷による精神障害の認定基準の概要」

●「働き方改革」と過労死・過労自殺●

　冒頭や本文でも触れた電通のケースからもわかるように，最近では就職したての若者がうつ病になり，命を絶つことが増えている。今後，経験の浅い若い労働者が職場で孤立して，命を絶つということが二度と起きないよう，社会の側が企業を監視するくらいの勢いで過労死や過労自殺の問題に臨まなければならないと思われる。この点にかかわり，最高裁が，精神的健康（いわゆるメンタルヘルス）に関する情報については「使用者は，必ずしも労働者からの申告がなくても，その健康に関わる労働環境等に十分な注意を払うべき安全配慮義務を負っている」と判示しているのは示唆的である（東芝（うつ病・解雇）事件・最判平成26・3・24））。

　ところで，2017年10月6日に，東京簡易裁判所は，電通が過労自殺した被災者を含む社員4人が2015年10から12月に36協定で定めた上限を最大月

図表1　障害者に対する差別の禁止及び合理的配慮の提供義務について

◎　障害者に対する**差別禁止**※1、**合理的配慮の提供義務**※2 を規定【施行期日 平成28年4月1日】。

　※1　不当な差別的取扱いを禁止。このため、職業能力等を適正に評価した結果といった合理的な理由による異なる取扱いが禁止されるものではない。
　※2　事業主に対して過重な負担を及ぼすときは提供義務を負わない。

◎　必要があると認めるときは、**厚生労働大臣から事業主に対し、助言、指導又は勧告を実施。**

　　今後、労働政策審議会障害者雇用分科会の意見を聴いて、具体的な内容は指針を策定。
なお、禁止される差別や合理的配慮の内容として、以下のものなどが想定される。

【差別の主な具体例】

募集・採用の機会	○　身体障害、知的障害、精神障害、車いすの利用、人工呼吸器の使用などを理由として採用を拒否すること　　など
賃金の決定、教育訓練の実施、福利厚生施設の利用など	障害者であることを理由として、以下のような不当な差別的取扱いを行うこと ○　賃金を引き下げること、低い賃金を設定すること、昇給をさせないこと ○　研修、現場実習をうけさせないこと ○　食堂や休憩室の利用を認めない　　など

【合理的配慮の主な具体例】

募集・採用の配慮	○　問題用紙を点訳・音訳すること・試験などで拡大読書器を利用できるようにすること・試験の回答時間を延長すること・回答方法を工夫すること　　など
施設の整備、援助を行う者の配置など	○　車いすを利用する方に合わせて、机や作業台の高さを調整すること ○　文字だけでなく口頭での説明を行うこと・口頭だけでなくわかりやすい文書・絵図を用いて説明すること・筆談ができるようにすること ○　手話通訳者・要約筆記者を配置・派遣すること、雇用主との間で調整する相談員を置くこと ○　通勤時のラッシュを避けるため勤務時間を変更すること　　など

出典：厚生労働省HP「障害者の雇用の促進等に関する法律の一部を改正する法律の概要」

る能力の有効な発揮の支障となっている事情を改善するため」という目的を加えつつ，その労働者の障害の特性に配慮した職務の円滑な遂行に必要な施設の整備，援助を行う者の配置その他の必要な措置を講じることが，事業主に過重な負担にならない限りで義務づけられるが，労働者からの申出は必要とされていない（36条の3）。

●障害者雇用における議論●

　障害者雇用について，障害者権利条約に対する労働・雇用分野での対応については，2008年4月から厚生労働省で「労働・雇用分野における障害者権利条約への対応の在り方に関する研究会」等を開催し，2009年7月に中間整理を取りまとめた後，2010年4月にこれまでの議論の中間的な取りまとめが行われた。さらに2011年11月からは厚生労働省に「労働・雇用分野における障

害者権利条約への対応の在り方に関する研究会」等が開催され，2012 年 9 月
から労働政策審議会障害者雇用部会において検討を行い，2013 年 3 月 14 日に
分科会意見書がとりまとめられた。その結果を踏まえて，促進法の改正がなさ
れたわけであるが，上記の通り，「合理的配慮」を定めた条文は，非常に難解
なものとなっている。実際，促進法改正に行政実務者として携わった山田雅彦
によると，「合理的配慮は，社会のさまざまな場面において必要とされるもの
であるため一定の概念の抽象化が必要となり，そのため説明が難解になるとい
うことはある」[1]と説明されている。

　筆者も，合理的配慮は「社会のさまざまな場面」において必要となると考え
ているし（さらにいえば，障害者に固有の概念でもないと考えている），その概念
が社会に知れわたっていないとも考えている。例えば，国が法施行前の 2012
年 7 月に実施した「障害者に関する世論調査」で，「障害のある人とない人が
同じように生活するためには，生活するために不便さを取り除く……いろいろ
な配慮や工夫が必要になることがあるが，こうした配慮や工夫を行わないこと
が『障害を理由とする差別』に当たる場合があるか」という問いに，「差別に
当たる場合があると思う」という回答が「どちらかといえば差別に当たる場合
があると思う」の 27.5％を含めても 46.1％と過半数に至っていないのはその
象徴であろう。これでは，合理的配慮が社会に根付けていないといわれてもや
むを得ないし，だからこそ，この小文がこのような状況を改善するのに一役買
うことが期待されもしよう。

● 従来の障害者雇用施策 ●

　従来，障害者雇用といえば，雇用率と解雇に際しての届出制度がメインだっ
た。雇用率は 2021 年 1 月 1 日より，国及び地方公共団体では 2.6％，都道府
県等の教育委員会では 2.5％，民間企業では 2.3％（特殊法人等では 2.6％）と
なっている。いわゆる短時間労働者についても，促進法の 2008 年改正で身体
障害者または知的障害者が雇用義務化され，実雇用率の算定上は 0.5 人にカウ
ントされることとなった（43 条 3 項）。他方で重度障害者についてはフルタイ
ムで 1 人を雇用すれば 2 人と換算されてきたが（43 条 4 項），短時間雇用の場

---

(1)　永野仁美他編『詳説障害者雇用促進法〔増補版〕』（弘文堂，2018 年）（以下，『詳
　　説』）330 頁。

合は1人と換算される（71条）。なお，同法の2013年の改正で精神障害者の雇用義務化が図られた。精神障害者には重度分類はないが，短時間労働者については例外的に1人とカウントされることがある（図表2参照）。

図表2　障害者のカウント方法

週所定労働時間	30時間以上	20時間以上30時間未満
身体障害者	1	0.5
重度	2	1
知的障害者	1	0.5
重度	2	1
精神障害者	1	0.5※

※精神障害者である短時間労働者で，①かつ②を満たす方については，1人をもって1人とみなす。
①新規雇入れから3年以内の方又は精神障害者保健福祉手帳取得から3年以内の者
②2023年3月31日までに，雇い入れられ，精神障害者保健福祉手帳を取得した者
出典：厚生労働省HP「障害者雇用率制度について」を一部改変

　それでは，民間事業主が雇用率を満たせない場合にはどうなるかであるが，それは障害者雇用納付金制度というものが関係する。この納付金は事業主が納付義務を負うものであり，政府はこれを財源として身体障害者等を受け入れる事業主に対し必要な設備の設置・雇用管理・教育訓練のための助成金を支給する。もっとも，対象となる障害者を雇用している事業主については雇用している数に応じて減額され，基準雇用率を達成した場合にはゼロとなるよう設計されている。つまり，雇用率を満たせない事業主は納付金を支払うことで障害者の社会参加を後押しすることが求められているといえる。

　そして，障害者雇用促進法44条に規定された，障害者の雇用に特別の配慮をした特例子会社については，「障害者本人の意向や能力を活かすことのできる切れ目のない法制度の実現という観点」から，その役割は高く評価されてもいる。実際の障害者の雇用率であるが，厚生労働省が2019年4月に公表したデータによると，民間企業では雇用障害者数，実雇用率ともに過去最高を更新し，雇用障害者数は53万4,769.5人，対前年7.9%（3万8,974.5人）増加し，実雇用率2.05%，対前年比0.08ポイント上昇したが，他方で法定雇用率達成

III 働き方が変わる

企業の割合は 45.9％と，対前年比 4.1 ポイント減少したということである。

　これら以外にも，障害者総合支援法施行規則 6 条の 10 は，「雇用契約に基づく就労が可能である者に対して行う雇用契約の締結等による就労の機会の提供」をする就労継続支援 A 型，「雇用契約に基づく就労が困難である者に対して行う就労の機会の提供」をする同 B 型について定めている。もっとも，これらについては課題も多く指摘されており，たとえば，障害者の 1 時間当たりの賃金・工賃が低く，A 型の場合，最低賃金水準がほとんどで，B 型の場合も平均工賃が 1 時間 200 円程度しかないと指摘されている。また，社会保険や労働保険の適用について，そもそも B 型では社会保険・労働保険の適用対象外であるところ，A 型でも労働時間が短いために社会保険に加入できないことも多いという。

　このような事態に対し社会保障審議会障害者部会報告書「障害者総合支援法施行 3 年後の見直しについて」（2015 年 12 月 14 日）は「基本的な考え方」として「どの就労型障害福祉サービスを利用する場合であっても，障害者がその適性に応じて能力を十分に発揮し，自立した生活を実現することができるよう，工賃・賃金向上や一般就労への移行をさらに促進させるための取組を進めるべきである」とし，「障害者の日常生活及び社会生活を総合的に支援するための法律に基づく指定障害者支援施設等の人員，設備及び運営に関する基準」の 29 条において，就労継続支援 B 型について，指定障害者支援施設等は，生産活動に係る事業の収入から生産活動に係る事業に必要な経費を控除した額に相当する金額を工賃として支払わなければならないこと（①），また，就労継続支援 B 型の提供に当たって，前項の規定により利用者それぞれに対し支払われる一月当たりの工賃の平均額（「工賃の平均額」）を，三千円を下回るものとしてはならないこと（②），および，利用者が自立した日常生活又は社会生活を営むことを支援するため，工賃の水準を高めるよう努めなければならないこと（③），さらに年度ごとに，工賃の目標水準を設定し，当該工賃の目標水準及び前年度に利用者それぞれに対し支払われた工賃の平均額を利用者に通知するとともに，都道府県に報告しなければならないこと（④）と定めた（平 24 厚労令 40・一部改正）。

●あるべき「合理的配慮」とは？●

　ところで，先の山田は促進法を念頭に，「差別概念を媒介にしない形で合理的配慮の本質とは何なのかという議論の深め方はどこまでされているだろうか」という問い（『詳説』331頁）を発してもいる。先に示したように，促進法は，事業主に対し障害の特性に配慮した必要な措置を講じることを，当該事業主の過重な負担にならない限りで義務づけているが，解消法がそのような配慮をしないことを「差別」と位置づけるのに対して，促進法はあくまで「措置」を義務づけるという構成（その違反について私法的効果はないという）である。これは，解消法が障害者からの「意思の表明」を合理的配慮の出発点とするのに対し，促進法は「募集および採用」時のみ「障害者からの申出」を必要とし，その後については「申出」を必要としていないこととも関係しているようにも思われるのである。

　この点，障害者政策委員会差別禁止部会長であった棟居快行は，あるシンポジウム（国連障害者権利委員会委員長　マッカラム氏をお招きして）で，部会の議論を基に，「我々が考える差別禁止法とは，国民を障害のある人とない人を2つに分ける法律にするものではない。差別禁止法で大事なのは，まず一般市民にとって分かり易いものさし，わかりやすいルールを提示することだと考えている」「法律はガイドラインにゆだねていく仕組みを我々は想定している」「部会で『これが差別』と上げたものが二つあり，一つは『不平等待遇』，もう一つが『合理的配慮（リーズナブルアコモデーション）の不提供』である」「IT関係など世の中のサービスが急速に進む中で，障害のある人とない人とのサービスについての差，この二つの間に架け橋を架ける，これが合理的配慮と私は理解している」という趣旨の発言をしている（『平成25年版障害者白書』53頁以下）。

　棟居のこの見解をみたうえで，ここでもう一度，促進法の2013年法改正時の議論（障害者雇用にかかる労働政策審議会障害者雇用分科会の意見書である「今後の障害者雇用施策の充実強化について」）に遡ってみると，「合理的配慮……の不提供を差別として禁止することと合理的配慮の提供を義務付けることはその効果は同じ」と説明されている（2頁）。また，違反の私法上の効果についても，「法的義務」でありながら，「障害を理由とする差別の禁止については，雇用に係るすべての事項を対象としており，禁止規定に反する個々の行為の効果は，その内容や状況に応じて様々であり，個々に判断せざるを得」ず，先述のとお

り，合理的配慮について私法上の効果はないと説明されている（『詳説』213頁）。

　促進法が，合理的配慮の対象となる障害者を37条で定める「対象障害者」
（障害者手帳の所持者で，雇用義務の対象となる者）よりも広く捉えたこと（2条1
号）は賢明であったが（図表3），合理的配慮を促進法という「保護法」ないし
「福祉法」に（無理に）盛り込むにあたり，「合理的配慮」によって雇用が「促
進」さえすればそれが「差別」の一類型であるかは重要ではない，と立法者は
考えたのではないだろうか。もっとも，「合理的配慮の提供」を企業に義務づ
けるという手法は，どのような配慮をすればよいのか，企業に自問させること
に繋がる。国がガイドラインでその例を示すことにしたのも，話の筋からして，
わからないではない。

図表3　促進法における障害者と各施策の関係

促進法2条1号「障害者」 （職業リハビリテーションの対象 ・差別禁止・合理的配慮の対象）	＞	促進法37条「対象障害者」 （雇用義務≒障害者手帳所持者）

　出典：『詳説』69頁

　このガイドライン（「合理的配慮指針」）は別表において「合理的配慮の例」
を示すが，「合理的配慮は個々の障害者である労働者の障害の状態や職場の状
況に応じて提供されるものであるため，多様性があり，かつ，個別性が高いも
の」であり「したがって，別表に記載されている事例はあくまで例示であり，
あらゆる事業主が必ずしも実施するものではなく，また，別表に記載されてい
る事例以外であっても合理的配慮に該当するものがある」とも記載されている。
要は，国として最大公約数的な合理的配慮の姿を示そうとしたが，それも企業
規模などによって異なり，一義的には決められない，ということであろう。

　もっとも，わが国のように，国が合理的配慮の姿を施行前から明示するやり
方（「例示」と断ってはいるが）は，わが国における合理的配慮のもつ展開可能
性に国が枠をはめることにはならないだろうか。これは，合理的配慮の「提供
義務」を企業に課し，障害のある労働者からの権利主張を前提としないことの
帰結でもあるが，これでは，国が示した配慮の内容を企業の側のマネジメント
（その違反に私的効力は「ない」）の範囲内で用意すれば「合理的配慮，恐れる

に足りない」という，ある種の「メッセージ」を社会へ発することにならないだろうか。

●障害者の「統合」か，「包摂」か●

　先ほど雇用率制度について言及したが，読者の方にとって中央官庁の「水増し」問題は今なお記憶に新しいことだろう。先の通り国・地方公共団体及び特殊法人は民間よりも高い雇用率に設定されているが，納付金制度は存在しない。民間に比して障害者雇用の増進を率先すべき中央官庁が「水増し」していたということで，当時の新聞の論調（例えば日経新聞2018年8月29日朝刊3頁）にもあらわれていたように，社会から強く批判がなされたのである。筆者も納得するところ大であるが，（納付金制度との連関を前提とした）雇用率制度がもつ本質的限界を露呈した事象ではなかっただろうか，とも考えている。

　障害者政策について，「パラダイム転換」という表現が使われることがある。これまで障害者は，いわば保護されるべき存在という位置づけであり，障害者雇用の場面では雇用率制度や特例子会社[2]，教育の場面では特別支援学校・学級に象徴されるように，障害者と認定された者をいちど非障害者と「分離」して，その後，非障害者の社会へ「統合」を図ろうとすることが是とされてきた。その仕組みに社会参加の効果がないとはいわないが，これに対し，昨今論じられているのは，いわば「社会的包摂」といわれる理念であり，それは，障害の有無という分け隔てなく（昨今のノーマライゼーションやダイバーシティー社会の議論を想起されたい），「ともに」活動できる社会の実現を目指すものである（図表4）。

---

(2)　特例子会社は，比較的に規模の大きい事業主（親会社）が，障害者の雇用の促進及び安定を図るために設立した，障害者の雇用に「特別の」配慮をした子会社であり，一定の要件はあるが（促進法44条参照），雇用率の算定上，その子会社で雇用された労働者はが親会社（のみ）に雇用されているものとみなされる。厚生労働省のホームページでは，特例子会社の「メリット」として，事業主にとっては障害者の特性に配慮した仕事の確保・職場環境の整備が容易になることや親会社と異なる労働条件の設定が可能となり，弾力的な雇用管理が可能になること等が，障害者にとっては，雇用機会の拡大や障害者に配慮された職場環境の中で，個々人の能力を発揮する機会が確保されること等が挙げられている。

図表4　障害者の「統合」と「包摂」のイメージ

障害者の「統合」　　　　　　　　　　　　障害者の「包摂」

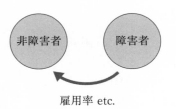
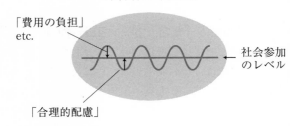

出典：筆者作成

　たとえば先の「特例子会社」のように，障害者が働きやすい環境を作るために，その内部だけで特別な配慮を実施するような組織は，「インクルーシブ」な社会の実現に寄与するものではないだろう。人を個別に見ていけば，必ず違いがあり，社会活動を送る上で個別の配慮が必要になってくる。そのような個別の配慮が合理的配慮の内実であり，それを過重な負担でないにもかかわらずしないことを（社会参加をさまたげることになるという観点から）「差別」と構成したものではないだろうか。だからそのような配慮の内容は「ガイドライン」方式のような，事前にその大枠を決めておくという手法ではなく（「わたしたち抜きでわたしたちのことを決めないで」という障害者権利条約のスローガンを想起されたい），障害のある人の側の権利主張により個別に確定していくことが求められてこよう。

　もっともそのために，障害のある人の態度表明は必要になるが，そのようにして上げられた「声」に，「過重な負担」でない限り応える義務が社会（企業社会においては端的には「企業」）にはあるのだという「メッセージ」が，合理的配慮の議論には込められているはずである。そして，「過重な負担」でないのにその「声」に応えないというのは，「差別」にあたるのであって，「公序」に違反することなのだ，という認識から，今一度，わが国でこの間なされてきた障害者政策の諸改革を見つめなおすことが必要ではないだろうか。

■ 参考文献 ■

文中に掲げたもののほか，

内閣府編『平成 25 年版障害者白書』（2013 年）

菊池馨実他編『障害法』（成文堂，2015 年）

小西啓文「障害者雇用と就労支援の今日的課題──「合理的配慮」のとらえ方を
　めぐって」月刊福祉 2016 年 1 月号

小西啓文「障害者雇用における合理的配慮」月刊福祉 2016 年 12 月号

小西啓文「『社会保障法における平等』をめぐるメモランダム」新田秀樹・米津
　孝司・川田知子・長谷川聡・河合塁編『山田省三先生古稀記念 現代雇用社会
　における自由と平等 24 のアンソロジー』（信山社，2019 年）

日本弁護士連合会人権擁護委員会編『障害のある人の人権と差別禁止法』（明石
　書店，2002 年）

厚生労働省 HP「障害者の雇用の促進等に関する法律の一部を改正する法律の
　概要」（http://www.mhlw.go.jp/file/06-Seisakujouhou-11600000-
　Shokugyouanteikyoku/0000121387.pdf）

同 HP「障害者雇用率制度について」（http://www.mhlw.go.jp/content/0006833
　50.pdf）

石崎由希子・永野仁美・長谷川珠子「障害者の多様なニーズと法制度上の課題」
　日本労働法学会誌 134 号 168 頁（2021 年）

（小西啓文）

6　AI×ロボット時代と社会保障
——AI×ロボットとともに創る未来

● AI×ロボットが雇用を揺るがす？ ●

　各種の将来推計によると，今後，若者や女性，高齢者等の労働市場への参加が進むとしても，労働力人口の減少の傾向は進むとされる。すでに小売業界では顕在化しているように，今後は各産業で人手不足がますます深刻化し，日本経済にとって長期的な課題となる。

　人手不足が深刻化する中，何らかの方法でこれを補う必要があるとするならば，解決のためのひとつの方策として，人工知能（AI）とロボット（以下，「AI×ロボット」という）といったテクノロジーを導入して人手不足を補う，ということが選択肢として考えられるかもしれない。しかしながら，この選択肢は，導入した企業の生産性を高める効果が期待できる反面，ロボットが人の雇用を奪うのではないか，という不安を人々に抱かせる。例えば，エリック・ブリニョルフソンとアンドリュー・マカフィーの『機械との競争』（日経BP社，2013年）で紹介されているように，特に製造業やサービス産業で，今後もAI×ロボットによるオートメーション化が進むことにより「テクノロジー失業」が起こるといった不安である。また，英オックスフォード大学フェローのC・B・フレイとM・オズボーン准教授が，アメリカの全雇用の47％が10〜20年以内に機械に代替されるリスクがあるという試算[1]を公表したことをきっかけに，世界中の様々な研究者が職種ごとに機械への労働代替の可能性を推計している[2]。

　もっとも，こうした不安は取るに足りないという立場もある。19世紀の産業革命時のイギリスで，繊維工業への自動織機の導入による失業を恐れた手工

---

(1)　Carl Benedikt Frey and Michael A. Osborne（2013），"The Future of Employment: How Susceptible are Jobs to Computerisation?", Oxford Martin Programme on Technology and Employment（http://www.oxfordmartin.ox.ac.uk/publications/view/1314）

(2)　近時のAIと雇用の議論について，岩本晃一『AIと日本の雇用』（日本経済新聞出版，2018年）等を参照。

業者らが機械を破壊したラッダイト運動以後も，自動化によってある仕事は消滅する一方で，新しい仕事が生まれていることから，労働者が機械に仕事を奪われるという不安は杞憂に終わるであろうという見方である。日本でも，職場にコンピュータや産業ロボットが導入され始めた頃，労働関係の雑誌では，「エレクトロニクスの労働と雇用への影響」や「コンピュータ革命と労働者」といった内容の特集が組まれ，今日と同じ不安が示されていた[3]。しかしその後の展開をあらためて振りかえるまでもなく，結果として，職場でのコンピュータや産業ロボットの導入は大量の失業を生み出すことにはならなかった。AI×ロボットの登場もこうした歴史の繰り返しであり，かつての電話交換手のように職種それ自体がなくなるものが出てくるかもしれないが，イノベーションによる社会全体の仕事への影響は限定的であり，大量の失業が生み出されるわけでもなく，もっぱら仕事内容（タスク）が変化していくのであろうとする見方もありうる。

●AI×ロボットの展開により働き方が大きく変わる●

　AI×ロボットが大量の失業を生み出すか否かに対する明確な回答は現時点では誰も持ち合わせていないが，AI×ロボットの展開が働き方を大きく変化させることに疑いの余地はなかろう。すでにその胚芽はみられる。

　例えば，インターネットを通じて，生活の空き時間や使われていない資産を個人間で貸し借りしたり，売買したりする仕組みとして注目されている「シェアリングエコノミー」の拡大の動きである。その一例として，配車サービスのアメリカ Uber Technologies が運営する自動車配車アプリ・Uber が挙げられる。Uber は，アプリで依頼すると現在地までタクシーだけでなく，一般人の自動車が配車されるというサービスであるが，これをめぐっては，その発祥地アメリカで，Uber によって紹介された運転手との関係は雇用関係か，請負関係かといった議論が起こった。

　また，プラットフォーマーと呼ばれるプラットフォーム事業者を介して，インターネット上で特定の業務について企業と働き手のマッチングを行う「クラウドソーシング」による就労形態である「クラウドワーク」もシェアリングエ

（3）　例えば，旬刊賃金と社会保障 525 号（1970 年）所収の各論文や季刊労働法 123 号（1982 年）の特集「エレクトロニクス革命への対応」所収の各論文等がある。

コノミーのひとつといわれる。シェアリングエコノミーの拡大は，ICT の高度化により労働のテレワーク化やリモートワーク化の広がりに起因するもので，AI ×ロボットの普及により，今後企業はますます仕事内容（タスク）を外部に切り出すことが容易になると考えられる。こうしたシェアリングエコノミーの下では，労働者が使用者（企業）の指揮命令の下で働き，それに対する対価（賃金）を使用者が労働者に支払うといった伝統的な雇用関係ないし労働関係は影を潜め，企業組織に労働者を包含させない「雇用関係によらない働き方」「雇用類似の働き方」が広がっている[4]。

●AI ×ロボット時代に直面する社会保障制度●

　AI ×ロボットの進化は，経済や社会に計り知れない影響を及ぼす。最悪のシナリオは，AI ×ロボットを所有し活用する者と，それを開発・管理する一部の者，そして，AI ×ロボットにより仕事を奪われ失業する者といった階層の出現により，所得・富の格差が指数関数的に拡大する時代の到来である。AI ×ロボット時代を迎えるなかで，社会保障制度はこれまで通りにその役割を果たし続けることができるのであろうか。

　AI ×ロボット時代では，雇用という形態は存続しつつも，これが当たり前でも安定的なものでもなくなり，そこから得られる賃金も低下しているかもしれない。AI ×ロボットの発展により，いわゆるルーティン化されているような領域の職種は AI ×ロボットに代替される可能性が高いとされる。これらの職種の人は，短期的には仕事内容（タスク）の変更によりその影響は吸収されるかもしれないが，中長期的には，不安定な雇用あるいは失業という事態に直面する可能性がある。現実的には，すでに長期的に安定した雇用の提供という

---

(4)　クラウドワークの進展が雇用・労使関係にどのような影響を与え，労働法や社会保障法にいかなる新しい問題をもたらすのかについては，社会法学では研究の緒についたばかりであるといえる。最近の研究成果として，季刊労働法での集中連載「クラウドワークの進展と労働法の課題」季刊労働法 259 号（2017 年），261 号（2018 年），262 号（2018 年），笠木映里「労働法と社会保障法」論究ジュリスト 28 号（2019 年）21 頁，水口洋介・川上資人・菅俊治・本久洋一「ギグエコノミー下の就労者に対する法的保護について」日本労働法学会誌 133 号（2020 年）181 頁，日本社会保障法学会誌（社会保障法 36 号（2021 年））掲載の「シンポジウム「働き方の多様化」と社会保障法」に関する各論文等がある。

パターンは崩壊しており，失業や不安定な就労は例外的な現象ではなくなっている。こうした社会では，労働力人口の規模が低下し，社会保障財源を賄う社会保険料や税の収入は低下することとなる。不安定な生活環境に置かれた人々の増大は社会保障制度の役割をますます増加させるが，長期的に安定した雇用を前提とした今日の社会保障制度はこれに満足に対応する術を持ち合わせていない。

　また，シェアリングエコノミーの展開やクラウドワークの進展は，今日の社会保障制度の前提を大きく覆す可能性がある。今日の社会保障制度，とりわけ社会保険は，ビスマルク型の社会保険を原型として，十分に雇用が提供される社会において，ほぼすべての成人が雇用され，賃金を得て税金を支払うことを前提につくられている。しかしながら，技術的にある職種をAI×ロボットに代替化することができることになれば，企業は人件費抑制の観点からAI×ロボットを積極的に導入するかもしれない。これにより，これまで過重な労務コストとして節減を試みていた企業は，社会保険の保険料や退職金準備の負担から解放される。この解放感への誘惑は，企業のさらなる業務のスリム化を促進する。企業はその活動のすべてをAI×ロボットに代替することができないから，企画や開発といった業務については，自社で雇う労働者の数を最小限にとどめ，クラウドソーシングを通じて企業組織に包含されない「雇用によらない働き手」にその業務を単発的に委ねることになる。「ギグ・エコノミー」ともいわれるこうした働き方のもとでは，多くは，伝統的な企業と労働者との関係ではなく，個人が独立事業者として企業と関係性をもつことから，企業が果たしてきた社会保障財源の負担者としての役割は大幅に縮小する。そして，企業は労務コストを合理的かつ合法的に極力削減でき，収益を高めることが可能となる。その分，これまでの社会保障に関するコストは，自分の意思で好きな時に働くというフレキシビリティを確保する働き手——しかも単発的に働く働き手に一挙にのしかかる。こうなると，現在の社会保障制度を継続的に安定させるための負担は誰が担うことになるのだろうか。

●AI×ロボット時代の社会保障制度への議論に向けて●

　日本の社会保障制度，とりわけ社会保険制度は，被用者保険の規模が大きく，比較的安定した雇用により，被保険者である労働者と使用者の保険料拠出によ

り賄ってきた。そしてこれとともに，被用者保険に加入していない者を国民健康保険や国民年金といった非被用者保険の加入対象者として，国民皆保険・皆年金体制を構築してきた。AI×ロボットの展開により，社会保険制度が前提とする雇用形態が変容する中で，社会保障制度の財源をどのように確保すべきなのかは，大きな課題となり得る。

　ひとつの議論としては，労働者に取って代わったAI×ロボットに対して税または社会保険料を課すというものがありうる。こうした提案は，すでに欧米では議論されており，突飛なものではない[5]。日本でも，ロボットが増加していく社会に危惧し，30年ほど前にロボット税の提案が国会でなされたことがある[6]。市場において付加価値を生み出す主体がAI×ロボットに徐々にシフトしている以上，AI×ロボットへの課税または社会保険料の賦課はあながち荒唐無稽な話ではないかもしれない。ただし，こうした考え方に立つとしても，実現は容易ではなく，課題は山積している。例えば，課税ないし賦課対象となるAI×ロボットはどのようなものなのか，といった議論は必須である。また，社会保険という点では，AI×ロボットへの社会保険料賦課の場合，拠出と給付の牽連性が失われ，租税ないし拠出金的な性格が色濃くなる点をどのように整理するのか，といった法理論的な議論も必要となる。さらに，こうした考え

---

(5)　田中によると，ドイツでは，社会保険料の事業主負担分を伝統的な賃金ベースから付加価値ベースに変更すべしとの論争が繰り返し行われてきたという。こうした論争は，付加価値保険料（ロボット保険料，機械保険料，機械税等とも呼ばれる）の導入の是非をめぐるものであったが，ほぼ否定的な方向に収束しつつあるとされる（田中耕太郎「社会保険料と税に関する考察：ドイツにおける付加価値保険料を巡る論争の動向とその示唆するもの」山口女子大学社会福祉学部紀要2巻（1996年）15頁以下参照。）。

(6)　1985年の参議院社会労働委員会で，安恒良一議員（社会党）がこれからの年金財源の議論の中で次のように提案をしている。「ロボットがふえることは，今度はそれだけ人手が要らなくなるわけですから，保険を掛ける人がいなくなるわけです。この問題についても，私はやっぱり真剣に議論すべきところにきていると思うんですよ。どんどんどんどんロボットがふえて，それだけ労働者がいなくなったら掛金掛ける人は減っていくんですから，その場合にこれをどうするか。これは和田さんも提起し私も提起したように，税の方式を含めて考えなきゃならぬことだと思う。税の方式も含めてロボットに対してどういうことをするのか，ロボットというのは付加価値を生むから今の法人税でいいのか，それとも新しくロボット税を出すのか，それともロボットというものを一人とみなして年金なら年金の掛金を掛けさせるのか。これは給付は受けないんですから非常に財政上助かるわけですが」（第102回参議院社会労働委員会会議録第15号（昭和60年4月16日）7-8頁）。

　方に立つと，AI×ロボットを活用する産業では生産コストが上昇する可能性があることを，社会はどのように受けとめるかも議論が必要であろう。

　こうした議論の先には，AI×ロボットにより仕事が奪われる社会では，もはやビスマルク型の社会保険では対応できないため，人々がワークシェアをし，国家が税を財源にして，国民に対して無条件に最低生活費を給付するベーシックインカムで対応すべきとの提案もある。ベーシックインカムは，一部の国では対象者や地域を限定して社会実験が行われているものの，その導入に対する社会的影響は今のところ未知数であり，勤労というモラルの問題に加え，現実的には継続的かつ安定的な財源確保という大きな現実的課題もある。その実現に向けては賛否の議論があるものの，ベーシックインカムの提案は，被用者保険を中心としたこれまでの社会保障制度のあり方に再考を迫る問題提起として受けとめることができるかもしれない。しかしながら，そもそも，AI×ロボットにより仕事が奪われる可能性があるとはいうものの，その程度は完全に今日の社会保険制度そのものを瓦解するものであるのかをまずは冷静に分析する必要があろう。こうしてみると，最大の課題は，AI×ロボット時代において，人々が働き方の変容に翻弄されるとしても，働く者として豊かで充実した生活を営むことができるように，社会保障制度のあり方を大胆に変革しない限り，避けがたい危機をうまく管理することができないという点にあるのかもしれない。

●社会保障・福祉領域における AI×ロボットの可能性●

　このようにみると，AI×ロボット時代の到来は社会保障制度にとって暗澹たるもののようにみえるが，必ずしもそうとはいえない。AI×ロボットの進展は社会保障・福祉の領域で新たな可能性を生み出しているからである。

　例えば，2025 年に介護職員が 38 万人不足するなかで[7]，介護ロボットに対する期待は高い。対人サービスでは，介護ロボットに対する心理的抵抗感が介護職員や利用者にある一方，排せつ介助などの場面では介護ロボットの利用の

---

(7)　2025 年度には介護職員が約 253 万人必要になるとされているが，介護職員の供給見込みは約 215 万人とされており，介護職員不足が深刻化する見込みである（厚生労働省「2025 年に向けた介護人材にかかる需給推計（確定値）について」（2015 年 6 月 24 日公表））。

方が，利用者が気兼ねなく利用できるという声もある⁽⁸⁾。

　介護ロボットには，高齢者自身が移動に使う自立支援型や，介護職員による抱え上げ動作の支援や高齢者の見守りに使う介護支援型，コミュニケーション支援型等の種類があり，厚生労働省と経済産業省では，高齢者の自立支援や介護者の負担軽減に資する介護ロボットの開発を支援している（図表1参照）。一部の介護ロボットの利用については，介護保険制度で介護報酬が適用されている。また，リハビリテーションの分野では，装着する人の「意思」を感知して，

図表1　ロボット介護機器の一例（ロボット技術の介護利用における重点分野(イメージ)）

出典：未来投資会議構造改革徹底推進会合「健康・医療・介護」会合（第1回）資料
　（2017年10月27日）を一部改変

---

(8)　国などの補助金を用いて介護ロボットを導入した推進したが，介護現場の実態に即していない機器もあり，実際はあまり使用していない事業者があるとの報告がみられる。その一方で，利用者からの利用希望は必ずしも低調ではなく，自分自身や身近な家族が，介護が必要になった際，ロボット介護機器を利用したいか聞いたところ，移乗介助用機器は約69％，移動支援用機器は約73％，見守り用機器は約78％，コミュニケーション用機器は約46％の人が利用を希望したという調査結果がみられる（東京都福祉保健局高齢社会対策部『高齢者施策に関する都民意識調査──報告書』（2016年）51頁以下参照）。

立ち座りや歩行動作をアシストする自立動作支援ロボット「ロボットスーツ HAL®」が 2016 年より保険適用されている。

　この他，2018 年の介護報酬改定の議論では，「ロボット技術・ICT の活用や人員・設備基準の緩和を通じたサービス提供の効率化」が項目化され，業務の効率化等を図る観点から，介護老人福祉施設，地域密着型介護老人福祉施設入所者生活介護，短期入所生活介護の夜勤業務について，見守り機器の導入により効果的に介護が提供できる場合，夜勤職員配置加算の要件が緩和された。また，2021 年の介護報酬改定では，介護老人福祉施設の日常生活継続支援加算について，見守り機器やインカム，スマホ，介護記録ソフト等の ICT 等の複数の機器を活用し，利用者に対するケアのアセスメント評価や人員体制の見直しを PDCA サイクルで継続して行う場合に，介護福祉士の配置要件を緩和することが可能となった。このように介護報酬改定を通じて，見守り機器の導入や，ICT の活用によるサービスの質の向上や業務の効率化が促進されているが，事業者・施設には，介護ロボットや ICT の導入コストの負担が導入の壁となる。そこで，地域医療介護総合確保基金の「介護ロボット導入支援事業」「ICT 導入支援事業」により，導入費用の一部が補助金として補助されている。

　このような様々な変化は，これまでの対人サービスのあり方に変容を迫るものであるかもしれない。医療や介護分野への AI×ロボットの利活用が進み，多様な要介護者に対応できる「汎用性」と要介護状態の変化に対応できる「可変性」を兼ね備えたロボットの登場への期待や，人間によるケアを補うロボットサービスの提供によりケアの質が向上するという期待が今後ますます高まることであろう。

■■参考文献■■
　文中に掲げたもののほか，
　野村総合研究所『誰が日本の労働力を支えるのか？』（東洋経済新報社，2017 年）
　平野晋『ロボット法』（弘文堂，2017 年）
　アルン・スンドララジャン『シェアリングエコノミー』（日経 BP 社，2016 年）
　ダイアン・マルケイ『ギグ・エコノミー』（日経 BP 社，2017 年）

（原田啓一郎）

Ⅳ　「中流」が変わる

「中流」がどう変わったのか，変わるのか

■みんなが「中流」だった日本■

　高度経済成長期（1950年代から70年代初頭）の日本では，いわゆる「モーレ
ツ社員」が登場した。モーレツ社員とは，会社への忠誠心が高く，家庭や自分
を顧みず働く男性社員のことである。このように働くことで，出世や定年まで
働くことをめざし，家庭は妻に任せ，郊外に庭付き一戸建てを買い，悠々自適
に老後を過ごすことが目指された。バブル期（80年代から90年代）には，モー
レツ社員がレベルアップし，栄養ドリンクを飲み，24時間闘うビジネスマン
がもてはやされた。

　こうしたモーレツ社員によって家族は養われ，いわゆる「人並み」，「中流」
の生活ができる人が増えた。「中流」とは，内閣府が実施している「国民生活
に関する世論調査」において，世間一般からみた自身の生活の程度を聞いた質
問で，中（中の上，中の中，中の下）だと答えた人を指す（図）。1964年から

図　生活の程度

資料出所：内閣府「国民生活に関する世論調査」より筆者作成

137

Ⅳ　「中流」が変わる

2021年の「国民生活に関する世論調査」では，自身の生活の程度が「中」と答えた人はほぼ9割を維持しており（最も低いのが1965年の86.5％である），日本社会が一億総中流社会と言われるゆえんでもある。

▌一億総中流の社会から格差社会へ▌

　1990年代後半にはバブル経済が崩壊し，モーレツ社員になろうにもなれない世代が生まれた。バブル崩壊後に就職活動をした第2次ベビーブームの世代は，「いい大学に入り，いい会社に入る」ことが目指され，受験戦争を経て，育てられてきた世代であったが，その目標がもろくも崩れ，正社員として就職できない，大卒の若者が出てきた。

　正社員として就職できた者とできない者の格差，塾へ行くことができた者とできない者の格差など，格差が顕在化したのもこの時期である。この格差は，一人一人の努力では，いかんともしがい差であり，この意味で日本社会が格差社会であることが明らかになった時期でもあった。

▌格差社会からの二極化▌

　先に掲げた図において，皆さんは，2000年代に入ると少しずつ「上」と答える人の割合が増えていることに気づくだろう。実際，2000年以前に「上」と答えた人が1.0％を超えたのは，1996年のみである。しかし，2000年代にはいると1.0％を超える年が頻発し，2020年には1.6％と過去最高となっている。

　一方で，「下」と答える人の割合は，年々減少しているものの，その「下」が貧困に近いものとなっていることに，近年の特徴がある（現代の貧困については，本書第2版Ⅳ－総論を参照）。日本において問題となっている貧困は，相対的貧困であり，それを割合で示したのが相対的貧困率である。相対的貧困率は，所得が貧困線（等価可処分所得の中央値の半分）以下の所得しかない人が全体に占める割合であり，日本の貧困線は127万円（2018年），全体では15.4％，子どもの貧困率は13.5％（うちひとり親世帯は48.1％）となっている（厚生労働省「2019年　国民生活基礎調査の概況」）。つまり，日本においてひとり親世帯における貧困はかなり深刻なものということができる（→Ⅳ－1）。

■失われた 20 年の遺産 ■

　バブル崩壊後に，正社員になれず，非正規社員としてダブルワークなどを行ったり，あるいは正社員になったとしても，モーレツ社員の幻影を引きずった企業で身体や精神を壊すなどの体験をすると，ひきこもりになる者もいる。引きこもった若者も今や 40 代，50 代となり，支える親も同様に年を取って8050 問題も起こっている（→Ⅳ－3）。本来，若いうちに年金を納めるか，免除か猶予・追納の手続きをしておけば，一定程度の年金を受給することができるが（→Ⅳ－2），非正規労働であると賃金が低く，厚生年金保険などにも加入できないため，将来的に低年金の問題に直面する。いわゆる「下流老人」と呼ばれる単身高齢者の問題である（→Ⅳ－4）。日本には，最後のセーフティネットとしての生活保護制度があり，それを補完し，自立を促すための生活困窮者自立支援制度があるが，稼働能力が低下している高齢者が自立するのは至難の業である（→Ⅳ－5）。

　また，たとえ正社員として就職し，かつてのサラリーマンが夢見たように，郊外の庭付き一戸建てのマイホームを手に入れようと思っても，バブル期のように土地の価格の上昇が見込めない現代にあって，住宅ローンを組むことは，大きな負債を抱えながら，身体を壊すことなく，35 年間働き続けなければならない，「無理ゲー」になってしまっている（→Ⅳ－6）。

■ポスト「中流」社会の条件 ■

　現在のような二極化が先鋭化した格差社会においては，社会の9割の人が「中」の生活をしていると実感できる一億総中流社会が懐かしく，うらやましくも見える。しかしながら，一億総中流社会においても，当然格差は存在し，生活に困窮する者もいた。「中流」はあくまでも実感でしかない。その意味で，目指されるべき社会は別の社会であろう。

　コロナ禍で開催された東京オリンピック 2020 の大会ビジョンの一つは「多様性と調和」であった。前大会の 1964 年東京オリンピックのモットー「より速く，より高く，より強く」が，これまでの日本社会が目指してきた目標であったように，今大会開催の是非はともかく，日本社会が目指す，一つの目標であるようにも思える。

Ⅳ 「中流」が変わる

■参考文献■

苅谷剛彦『階層化日本と教育危機——不平等再生産から意欲格差社会へ』（有信堂高文社，2001年）

神林博史「『総中流』と不平等をめぐる言説：戦後日本における階層帰属意識に関するノート(3)」東北学院大学教養学部論集 161 号（2012年）67-90 頁。

橘木俊詔『格差社会——何が問題なのか』（岩波新書，2006年）

斗鬼正一「東京オリンピックと日本人のアイデンティティー——1964年東京大会と首都美化運動，マナーキャンペーン」江戸川大学紀要 28 号（2018年）337-362 頁。

三浦展『下流社会——新たな階層集団の出現』（光文社新書，2005年）

TOKYO2020 ウェブサイト「大会ビジョン」（https://olympics.com/tokyo-2020/ja/games/games-vision/）

（三輪まどか）

1　子どもの貧困——ひとり親家庭への支援

●日本の子どもが貧困 !? ●

　日本において，子どもの相対的貧困率は 1990 年代半ば頃からおおむね上昇傾向にあり，2012 年には過去最悪の 16.3% となっていたが，2017 年 6 月に発表された 2016 年「国民生活基礎調査」によると，13.9% と 2.4% 減少しており，12 年ぶりに改善したという。

　子どもがいる現役世帯の相対的貧困率は 12.9% となっているが，そのうち，大人が 1 人の世帯の相対的貧困率が 50.8% と，大人が 2 人以上いる世帯の相対的貧困率 10.7% に比べて非常に高い水準となっている。

図表 1　相対的貧困率の年次推移

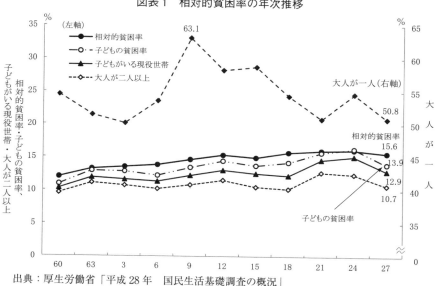

出典：厚生労働省「平成 28 年　国民生活基礎調査の概況」

　つまり，子どもがいる世帯でも，ひとり親世帯において，特に子どもの貧困が問題になっているということがいえる。

● 母子家庭の貧困 ●

そこで，ひとり親家庭の経済状況をみてみると，母子世帯の平均年間収入は348万円（母自身の平均年間収入は243万円），父子世帯の平均年間収入は573万円（父自身の平均年間収入は420万円）となっており，子どものいる世帯の平均年収である707.8万円と比べると低く，特に母子世帯の収入が低いことがわかる[1]。ひとり親世帯になる前の親の就業状況をみてみると，父子世帯の父の95.8%が就業しており，正規の職員・従業員である者（71.9%）が多いのに対し，母子世帯の母は，75.8%が就業しているものの，パート・アルバイト等が多く（54.7%），働き方の違いが，経済状況に影響に及ぼしているものと考えられる。

● ひとり親家庭に対する経済的支援 ●

このように，特に離婚による母子世帯の経済状況が子どもの貧困率を上げているものと思われる。子どもの貧困率を下げるためには，これらの世帯への経済的支援が重要と考えられるが，どのようなものがあるだろうか。

直接的な経済的支援としては，児童扶養手当制度がある。児童扶養手当は，父母の離婚等により，父または母と生計を同じくしていない子どもの心身の健やかな成長に寄与することを目的として支給されるものである（児扶法2条1項）。支給額は，所得に応じて，児童一人の場合，月額43,160円（満額）から10,180円まで10円単位で変動する。

児童扶養手当は，1961年に死別母子世帯を対象とする無拠出制の母子福祉年金の補完的制度として創設された。つまり，離婚等による生別の母子世帯に対しても，死別母子世帯と同様の所得保障を行う必要があると考えられたのである[2]。そのため，当初は母子世帯を主な対象としていたが，2010年改正により，支給対象が父子世帯にまで拡大された。また，公的年金を受給している場合には，児童扶養手当を受給することができなかったが，2014年改正により，

---

(1) ひとり親世帯の収入については，「平成28年度全国ひとり親世帯等調査結果報告」より，子どものいる世帯の収入については，「平成28年国民生活基礎調査の概況」による。
(2) 黒田有志弥「社会手当の意義と課題——児童手当制度及び児童扶養手当制度からの示唆」社会保障研究1巻2号（2016年）375-376頁。

年金額が児童扶養手当額よりも低い場合にはその差額分の児童扶養手当を受給できることになった。また，2016 年改正は，第 2 子を及び第 3 子以降の児童扶養手当の加算額を増額した。さらに 2018 年 8 月から，全部支給の所得制限限度額が 130 万円から 160 万円に引き上げられ，2019 年 11 月からは，支払回数が年 3 回から年 6 回に変更されることとなっており，児童扶養手当制度のさらなる充実が図られている。

●ひとり親に対する就労支援●

　一方で，ひとり親家庭が社会保障給付に頼らず，自立するためには，ひとり親に対する就労支援も必要である。前述したように，父子世帯の父は，一定程度の就労収入を確保しているが，母子世帯の母の就労収入は低い。しかし，その就労率をみてみると，全体で 81.8% と高く，母子世帯になる前に不就業だった母の就業率も 68.2% となっている。さらに，不就業であっても，82.4% の母が就職を希望しており，就労意欲も高い。そのため，就労先の確保という直接的な支援のみならず，より良い収入を確保するための就労の支援が必要といえよう。

　就労支援のための主な事業としては，①ハローワークによる支援，②母子家庭等就業・自立支援事業，③母子自立支援プログラム策定等事業，④自立支援教育訓練給付金，⑤高等職業訓練促進給付金がある。これらによって，職業紹介や職業相談，資格の取得の支援などが行われている。しかし，これらの利用実績は上昇傾向にあり，就労収入も増加してはいるものの，まだ十分な状況とはいえない。

　この背景には，ひとり親の就労には，1 人で子どもの養育をしながら働くことが困難であるという状況もあろうが，正規社員と非正規社員との収入格差や，結婚や出産等により離職し，一度正規社員としての立場を失うと，再び正規社員として労働市場に復帰することが難しいという社会状況が影響しているのではないだろうか。

●子どもの養育費の確保●

　離婚によるひとり親家庭の場合，死別の場合とは異なり，扶養義務を負う非監護親がおり，非監護親は，子どもと生活を共にしていなくとも，養育費を支

払う義務がある。しかし，前述したように，養育費の受給率は，非常に低い。その原因として，養育費について取り決めをしている割合が低いことが挙げられる（母子世帯の37.7%）。日本では，夫婦の合意によって離婚する協議離婚の割合が高いが，裁判所等の介入のない協議離婚では，養育費について取り決めをすることが義務化されておらず，その結果，「相手に支払う意思や能力がないと思った」，「相手と関わりたくない」等の理由から，養育費について取り決めをせずに離婚する割合が高くなっている。養育費の確保のためには，離婚時に取り決めをするよう求める制度が必要となろう。

　養育費については，2003年に，母子及び寡婦福祉法（現・母子及び父子並びに寡婦福祉法）の改正により，養育費支払いの責務等の明記がなされるとともに，民事執行法を改正し，将来分の養育費についても，給与差押ができるようにする等，強制執行を利用しやすくし，養育費の支払い不履行の場合には，間接強制金を支払わせるという仕組みも導入された。その一方で，養育費相談機関を創設・拡充し，養育費専門相談員を置く等，相談しやすい体制を整備しようとする動きもある。また，2002年の民法改正では，協議離婚で定めるべき事項として，親子の面会交流とともに，子の監護に要する費用の分担等について条文に明示され，離婚届に養育費に関する取り決めの有無のチェック欄が設けられた。

　なお，養育費支払いの実現性と面会交流の実現性とには，相関関係があるとされており，子どもの生活を支える養育費の確保とともに，非監護親との親子関係の維持のためにも面会交流は重要であるといえよう。

●ひとり親家庭の子どもの学習支援●

　ひとり親家庭の子どもは，親との死別，離婚による離別という事態に直面し，精神的に不安定な状況にあることも少なくない。経済的にも不安定な中，十分な教育を受けることができない状況に陥るとすると，その影響は長期にわたって及び，貧困の連鎖にもつながりかねない。

　ひとり親家庭の子どもの学習を支援したり，大学生等のボランティアが進学相談等にのる学習支援ボランティア事業が2012年に創設された。また，2015年12月21日の「子どもの貧困対策会議」決定により出された「すくすくサポート・プロジェクト」においても，学習支援について触れられた。すべての

子どもの安心と希望の実現プロジェクトでは，①高等学校卒業程度認定試験合格支援事業の対象追加，②高校中退防止の取り組みの強化や家庭訪問の強化による生活困窮世帯等の子どもの学習視線の充実，③地域住民の協力やICTの活用等による，中学生等に対する原則無料の学習支援（地域未来塾）の拡充と対象拡大，④地域における子どもの学習活動へのICT活用を支援する「官民共同学習支援プラットフォーム」の構築をすすめることが提示された。

●子どもの貧困と大学進学支援●

生活保護世帯やひとり親世帯といった貧困の傾向にある世帯の子どもや，児童養護施設等に入所している子どもの大学進学率は，全世帯の進学率と比べて低い傾向にある。

大学等への進学の経済的な支援については，2019年5月10日，大学等における就学の支援に関する法律が成立した。これにより，住民税非課税世帯及びそれに準ずる世帯の学生を対象に，授業料の減免や給付型の奨学金の支給を拡充する新制度ができた。これにより，授業料の負担や生活費の不安を軽減し，学業に専念できる環境を整えようとするものである。特に，他の類型と比較しても，大学進学率の低い児童養護施設退所児童については，退所後も家族関係

図表2　子どもの大学等進学率の推移

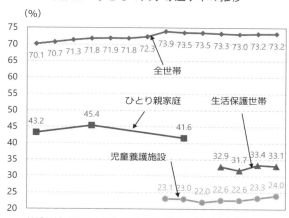

出典：内閣府「子供の貧困に関する指標の推移」

について問題を抱えている場合もあり，施設での生活から一人暮らしへと変化した場合に，精神的な不安を抱えていることも少なくない。退所後も，継続して支援する必要があるが，学費や生活費など，経済面での不安や負担が軽減されることで，将来に対する不安を減らすことができるのではないだろうか。

■**参考文献**■

文中に掲げたもののほか，

法務省 HP「親子の面会交流を実現するための制度等に関する調査研究報告書の公表について」(http://www.moj.go.jp/MINJI/minji07_00100.html)

（橋爪幸代）

2　若者と年金
——年金加入のメリットと学生納付特例制度

●少子高齢化と年金●

　日本は少子高齢化が進展している（図表1）。それは人口規模の縮小とともに，生産年齢人口割合の減少を意味する。年金に関して言えば，年金保険料を納付する人口は減り，結果的に（1人あたりの生産が爆発的に増加しない限り）保険料全体の収入は減ることになる。その一方で，高齢者人口の増加は高齢者全体の老齢基礎年金や老齢厚生年金の支給総額を増加させることにつながる。2004年改正では，年金制度の持続可能性の観点から，保険料率（額）を固定し，給付水準を低下させることを予定しているため，老齢基礎年金や老齢厚生年金の受給額は今後ある程度少なることが見込まれる。

図表1　高齢化の推移と将来性推計

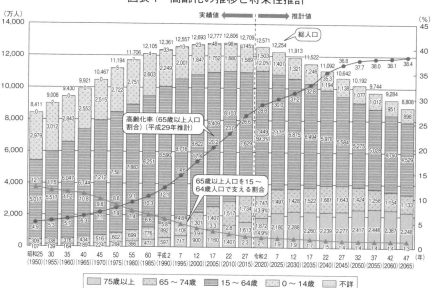

出典：内閣府『高齢社会白書令和3年版』（日経印刷，2021年）4頁　図1-1-2

●年金加入のメリット●

　長期的なスパンで考えると，若者にとって現在の高齢者世代ほどメリットを見出しがたい年金制度ではあるが，それでもなぜ若者は年金に加入するべきだろうか。その第1の理由は，本人が障害になったとき，とりわけ若くして障害を有した場合，障害年金を受給できるからである。たしかに障害になる確率は高いわけではないが（人口の6.7%[1]），きちんと年金保険料を支払っていたり，障害に至ったのが20歳前であったり，年金保険料を支払わなくとも学生納付特例を含む保険料納付免除等の年金に関する手続きを行ったりしていれば，障害年金を受給することができる。また，第2の理由は，若くして結婚した場合（事実婚を含む），（残念なことに年金被保険者であった）配偶者が死亡してしまった場合，遺族年金を受給することができるからである。

●厚生年金および国民年金の被保険者資格●

　では，国民はどのようにして年金に加入するのだろうか。すでに20歳以前から適用事業所（国，地方公共団体，法人，5人以上の従業員がいる会社）で働いている場合，その者は厚生年金の被保険者資格を有している（従業員が5人未満でも，事業主（社長）が厚生年金に加入する意思を示し，かつ過半数の従業員が加入に同意すれば，適用される）。従業員の年金に関する届（書類）の提出は基本的に事業主（会社）が行う（20歳以上も同様）。それに対し，20歳以上60歳未満のすべての者（定住外国人を含む）は，国民年金の被保険者になる。すなわち，20歳以上の厚生年金の被保険者は，同時に国民年金の第2号被保険者でもあり（二重加入），その者に扶養されている場合には，国民年金の第3号被保険者になる（図表2）。もちろん，20歳未満の厚生年金の被保険者は，20歳になった時点で国民年金の被保険者（第2号被保険者）になる。また，20歳未満で結婚している者が配偶者によって扶養されている場合，20歳になった時点で国民年金の被保険者（第3号被保険者）になる。その際，「国民年金第3号被保険者資格取得届」は，配偶者の事業主が提出する。国民年金の第2号被

---

(1)　厚生労働省『平成28年版　障害者白書』（勝美印刷，2016年）192頁。なお，上記
　　割合（6.7%）は，厚生労働省の調査による単純集計（身体障害者393万7千人，知的障
　　害者74万1千人，精神障害者392万4千人）であり，複数の障害を併せ持つ者や一過
　　性の精神疾患を有する者も含まれるため，あくまでも目安にすぎない。

図表2　国民年金・厚生年金の被保険者資格

制度		対象者	保険者	被保険者資格	
被用者保険	厚生年金	民間の労働者	政府	第1号厚生年金被保険者	被扶養配偶者
	厚生年金（旧共済）	国家公務員	政府（旧20共済組合）	第2号厚生年金被保険者	
		地方公務員	政府（旧64共済組合）	第3号厚生年金被保険者	
		私学教職員	政府（旧1事業団）	第4号厚生年金被保険者	
地域保険	国民年金	住民	政府	第1号被保険者	
				第2号被保険者	
				第3号被保険者	

出典：筆者作成

保険者にも第3号被保険者にもあたらない場合，国民年金の第1号被保険者になる。ほとんどの大学生は，日常的に働いていたり婚姻関係を締結し配偶者から扶養してもらったりしていないため，第1号被保険者にあたるだろう。

●年金保険への加入手続き●

　被保険者が国民年金の第1号被保険者にあたる場合，本人が20歳になる誕生月の前月から当月上旬にかけて（年金保険の事務を掌る）日本年金機構から被保険者の住民届を提出している住所に「国民年金被保険者資格取得届書」が送付される。同届を記入後，市（区）役所または町村役場または年金事務所に直接届けるか郵送して提出する。提出する際，（後述する）学生納付特例制度や保険料の納付猶予制度，免除制度の申請書を同時に提出することも可能である。所属大学が学生納付特例事務法人になっている場合には大学に提出することができる（ただし，同法人の数は少ない（東北で61大学のうち10件）。学生の年金権確保及び年金に関する意識喚起のために国による積極的主導が待たれる）。その後，年金手帳が送られてきて，本人は基礎年金番号を知ることになる。それから保険料納付書が送られてくる。

IV 「中流」が変わる

●保険料納付●

　年金保険料を納付する場合，保険料は，誕生日の前日が含まれる月から支払わなければならない（2021年度16,610円／月）。たとえば4月1日生まれの人は3月分から支払うことになる。また事前に支払う場合には保険料を割引する仕組みがある。保険料の割引は，現金またはクレジットカード払いと口座振替で割引率が異なるとともに，毎月のほか，6ヶ月，1年，2年分を前もって支払うことができる（図表3）。2年分の保険料を支払う場合は，かなり割引率が高いものの，①一括納付しなければならないこと，②2年目の保険料が仮に上がっても下がってもその分の返金はなされないことに留意する必要がある。

　では，保険料はいったい誰が払う義務があるのか。厚生年金の保険料は，被保険者分を合算して労使折半で支払う義務が事業主にある（ただし事業主による保険料支払懈怠の場合があるため注意が必要）。それに対し，国民年金の保険料は，世帯単位で連帯して納付する義務が世帯主にある。そのため，たとえば世帯主が働いている父親の場合，父親は大学生の息子のための保険料を支払うことになる。その際，父の払った当該保険料分は社会保険料の控除を受けることができる。つまりこの保険料分には所得税や住民税等の税金がかからない。

　とはいえ，そもそも保険料は，本人が払うべきものではないかという疑問がわいてこないだろうか。世帯主である親が高額所得の場合，いくら息子が大学生で所得が低くても保険料は免除されない。では現行制度はどのように対応しているのか。学生の場合，すでにご存知の方もおられるように，学生納付特例制度を使うことができる。この制度は，本人の前年所得が（扶養親族等の数）×38万円＋118万円の範囲内であれば適用になり，保険料納付が猶予される。こ

図表3　2021年度の国民年金保険料前納割引制度

	6ヶ月前納	1年前納	2年前納
口座振替による保険料額	98,530円 （1,130円）	195,140円 （4,180円）	382,550円 （15,850円）
現金またはクレジットカード納付による保険料額	98,850円 （810円）	195,780円 （3,540円）	383,810円 （14,590円）

下段の丸括弧内の数字は毎月収める場合と比較した割引額である。

　出典：日本年金機構HP「国民年金保険料前納割引制度（口座振替前納）」「国民年金前納割引制度（現金払い前納）」

の制度のメリットは，①障害基礎年金や遺族基礎年金の受給権者になることができること，②20歳に到達後すぐに保険料を払う必要はないこと，③制度の適用要件を本人の所得だけで判断できることが挙げられる。ただし，学生納付特例制度の適用期間中は，老齢基礎年金の支給額には反映されないことを注意する必要がある。もし後から保険料を追納したい場合は，10年以内に追納することができる。

　また息子が学生でなくとも，納付猶予の仕組み（制度）がある。この制度も学生納付特例制度と同様に，世帯主の所得の多寡に関わらず納付猶予を受けることができる。本人の所得基準は（扶養親族等の数＋1）×35万円＋22万円である。この納付猶予制度の対象者は，2005年4月から2015年6月までは30歳未満だったが，2015年6月からは50歳未満まで対象年齢が拡大され，名称も若年者納付猶予制度から納付猶予制度へと変更された。なお，この納付猶予制度も，学生納付特例制度と同様に，同制度適用期間中は，老齢基礎年金の支給額には反映されない。つまりこの制度を利用することによって老齢基礎年金支給額が上がることはない。それでも親等の世帯主の所得とは関係なく，本人の

図表4　国民年金の法定免除及び申請免除

	国年 or 厚年	全額免除or一部免除	免除事由
法定免除	国民年金	全額免除	・生活保護の生活扶助を受給している場合 ・障害基礎年金もしくは障害厚生年金1級または2級を受給している場合 ・ハンセン病療養所や国立保養所，矯正施設等に入所している場合
	厚生年金	全額免除	・産前産後休暇中の場合 ・育児休業中の場合
申請免除	国民年金	全額免除	・所得が低い場合 ・生活扶助以外の扶助を受給している場合 ・地方税法に規定する障害者又は寡婦であり前年の所得が低い場合 ・保険料を納付することが著しく困難な場合（例，災害，失業，DV等）
	国民年金	一部免除（4分の3免除，半額免除，4分の1免除）	・所得が低い場合，所得に応じて多段階免除

出典：筆者作成

IV 「中流」が変わる

所得が低ければ保険料を納付しなくてもよく，また障害基礎年金や遺族基礎年金の受給権者になれるのはこの制度を申請するメリットといえる。なおこの納付猶予制度は2025年6月までの時限立法となっている。

　そのほか，保険料を免除する仕組みがある。保険料免除には法定免除と申請免除があり，具体的には図表4のとおりである。保険料が免除された場合，免除の割合に応じて年金額は減額され，全額免除されると老齢基礎年金は半額分（国庫負担分）の支給として反映される。保険料を免除できる者は保険料を支払うこともできる（国年89条2項）。

●学生納付特例と個人単位・世帯単位●

　なぜ，学生納付特例は老齢基礎年金の算定に入っていないのだろうか。それは，第1に，もし算定すれば免除との差異が無くなるためである。すなわち，免除は世帯単位で考えるため学生の所得といういわば個人単位で考える学生納付特例とは異なるとされる。第2に，「老齢」というリスクには学生を終えてから追納等により準備可能だからと考えられている。しかしながら，学生は，本業が学業であり，収入は少ない場合がほとんどである。学生時代が長くなることもありえる[2]。そうであれば，学生に対し，保険料免除の途を模索することはできないだろうか。もちろん，学生本人が年金保険料を支払いたい場合には，支払うことも認めてかまわないだろう。

■参考文献■

　文中に掲げたもののほか，
　吉中季子「国民年金の制度的変遷における学生の取り扱い：その議論にみる位置づけの変容」名寄市立大学8巻（2014年）53頁
　堀勝洋『年金保険法（第4版）』（法律文化社，2017年）
　日本年金機構HP「国民年金保険料前納割引制度（口座振替前納）」（http://www.nenkin.go.jp/service/kokunen/hokenryo/20150313-04.html）
　日本年金機構HP「国民年金前納割引制度（現金払い前納）」（http://www.nenkin.go.jp/service/kokunen/hokenryo/20150313-01.html）

（田中秀一郎〔補訂：三輪まどか〕）

(2)　星野秀治「老齢基礎年金の構造と保険原理の在り方についての考察——保険料免除期間の算入の問題を中心に」社会関係研究19巻1号（2013年）15頁。

3　日常の／非日常の "Stay (at) home"
──8050 中高年のひきこもり問題

●コロナ禍での "Stay (at) home" ●

　新型コロナウィルス感染拡大防止のため，私たちの多くは "Stay (at) home" を余儀なくされた。しかしながら，1 年以上にわたる "Stay (at) home" に耐えられる人は，それほど多くはなかった。筆者の勤める大学においても，オンライン授業が続くことで，友人や先輩・後輩との交流を絶たれた学生たちからは，大学における活動の再開を求める声が数多く聞かれた。もちろん，多くの悩みや葛藤が生まれるのも人間関係があるからこそであるが，それでもなお，人との交流を求める声が多く聞かれたことは確かである。

　こうした多くの声からは，人は人とつながり，支え合い，関係性を持つことを，地域や学校，社会に求めていること，そして，そこから，人生の楽しみやうれしさを得て，暮らし，生きていることを強く実感させる。

　一方で，コロナ禍の "Stay (at) home" で救われたという声も聞かれる。人に惑わされることなく，一人で集中して授業を受けられたことは，自分にとっては幸せだったというものである。ほどなく，KHJ 全国ひきこもり家族会連合会の理事でジャーナリストの池上正樹氏の論考で，「コロナ時代になって，ある女性当事者は，こう気づいたという。『私にとっては，人間がウィルスだった』」という記述に出会い，まさに人が恐ろしく，「ひきこもり」になった当事者にとってみれば，半ば強制的な "Stay (at) home" は，世の中の価値観や観念を如実に映し出す，1 つの契機であったと言える。

●ひきこもりの現状●

　「ひきこもり」は，人によってイメージもさまざまであり，一般に若者というイメージも強い。これまで「ひきこもり」と言って想起される対象は，「不登校」の子どもたちや二次元の世界で生きる若者たちであり，確かに研究も，精神医学や発達心理学，教育学の立場から行われるものが多かった。

　しかし 2010 年代以降クローズアップされてきたのは，8050 問題と呼ばれる，

80歳の親が50歳の子どもの生活を支えるという問題である。「不登校」の子どもや二次元で生きる若者とその親の発達・教育上の問題から，社会的・福祉的問題へと移ってきたとも言える。2019年には，内閣府がはじめて「生活状況に関する調査（平成30年度）」を実施し，いわゆる中高年ひきこもりの実態を明らかにしている。内閣府の定義によると，「ひきこもり」とは，「自室や家からほとんど出ない状態，もしくは趣味の用事や近所のコンビニ以外に外出しない状態が6カ月以上続く場合」であって，病気・妊娠出産・家事・介護などの理由で家族と会話をした者や自営業者を除く者である[1]。本稿でも「ひきこもり」と言う場合は，この内閣府の定義を用いる。

　内閣府の実態調査によると，有効回答数から得られる中高年（40〜64歳）のひきこもりの推定値は61.3万人とされた[2]。うち76.6%が男性であり，ひきこもりの期間は5年以上で約半数（51%），同居家族は平均値で2.94人，同居家族のうち多い順から，母（53.2%），配偶者（36.2%），父（25.5%），子（25.5%），きょうだい（19.1%）である。ひきこもりになったきっかけとして多い順に，退職したこと（17人），人間関係がうまくいかなかったこと（10人），病気（10人），職場になじめなかったこと（9人）である。さらに，着目すべきは，いわゆる就職氷河期（1990年代半ばのバブル崩壊から2000年代半ばにおける，新卒の雇用環境が厳しい時期）世代の40〜44歳（1974年〜1978年生まれ）の層では，就職活動の時期にひきこもりが始まった人が目立っている。

●ひきこもりの分類と派生する問題●

　試論的考察と前置きした上で，ひきこもりを分類した平野によれば[3]，次の2つの側面から分類できるとする。第1に，ひきこもりに至る因子，すなわち，なぜひきこもり状態に陥ったのか，という側面から，①症状型（疾患や障害が主な原因で認知や対人関係に支障），②逃避・拒絶型（社会生活でのつまずきを契

---

(1)　趣味の用事で出かけられる者は「準ひきこもり」，それ以外の者は「狭義のひきこもり」とされ，2つ合わせて「広義のひきこもり」と定義されている。

(2)　本調査は，全国の市区町村に居住する満40歳から満64歳の者であり，標本数は5,000，有効回収数（率）は，本人3,248人（65.0%）であり，広義のひきこもりに該当するとされた人は，47人（有効回収数に占める割合は1.45%）である。

(3)　平野方紹「ひきこもりに社会福祉はどう対応してきたのか――なぜ福祉はひきこもりに違和感を感じるのか」社会福祉研究140号（2021年）25-27頁。

機に社会逃避し，非現実社会や同居家族に依存），③達観・諦観型（世俗的社会関係から距離をとる隠者）に分類する。第2に，経済的・物理的な「支え」としての家族との関係性という側面から，①福祉支援依存型（家族に依存できず，生活保護などにより生活継続），②家族依存型（ⅰ家族騎乗型：当事者が家族に生活全般を依存，ⅱ家族共存型：当事者と家族に何らかの問題があり，共依存的関係），③単独型（ⅰ孤立型：単身高齢者のように，自宅内で完結した生活，ⅱ孤高型：あえてひきこもり，内省的生活）に分類するものである。中高年ひきこもりの現状からすると，ひきこもりの要因は，社会生活（職業生活，就職）におけるつまずきや病気であることから，中高年のひきこもりは，1－①症状型，1－②逃避・拒絶型であり，かつ，同居家族が3人に近いことから，2－②家族依存型に当てはまると言えよう。

　また，中高年のひきこもりを発生要因別に分類した藤田によれば[4]，6つのケースに分類できるとする。すなわち，①女性のひきこもりの場合，「家事手伝い」という肩書きがある故に可視化されにくいが，性被害や暴力被害があったり，「よき娘」であることへのプレッシャーから親との関係が良くなく，ひきこもりとなるケース，②パワハラ，リストラ，ブラック企業など労働問題から，社会への接点をなくしひきこもりとなるケース，③不登校，児童期のいじめ，差別対応などの傷を抱えたまま大人になり，大人になってから再発してひきこもりとなるケース，④専門相談機関（地域若者サポートステーションなど）による不十分な支援，上から目線の支援による絶望感・不信感から，さらにひきこもりとなるケース，⑤発達障害があることで社会生活になじめないが，本人・家族が障害を受け入れられず，居場所がなくなり，ひきこもりとなるケース，⑥親や家族との関係性が悪く，ひきこもりとなるケースである。

　こうした中高年ひきこもりから派生する問題として，おおまかに以下の4つが挙げられよう。第1に，家族間の関係性から生じる問題である。すなわち，親から子への身体的・性的・心理的虐待，介護が必要になってきた親に対する子による虐待などである（平野の言う2－②，藤田の言う①，⑥）。第2に，家族全体の収入も含めた経済的な問題である。すなわち，親亡き後の収入源が絶たれた中高年の子の生活困窮，親が亡くなったことを知らせず（知らせるすべも

(4)　藤田孝典『中高年ひきこもり──社会問題を背負わされた人たち』（扶桑社新書，2019年）144-196頁。

IV 「中流」が変わる

知らず），中高年の子が年金を受給し続ける不正受給などの問題である（平野の言う2−②）。第3に，働くことを前提として成り立っている社会制度上の問題である。すなわち，働くことで得られていた社会的接点をなくし，世間から断絶することによって生じる親子も含めた孤立化の問題や，働くことが第一だと考え，本人になじまない支援を行うことでさらにひきこもりを悪化させるといった支援のあり方の問題である（平野の言う1−②，藤田の言う②，④）。第4に，発達・成長に伴う知識・経験の欠如の問題である（平野の言う1−①，藤田のいう⑤）。日常生活・社会生活を送っていれば身につくはずの知識や経験が，長年にわたる社会との断絶や発達の遅れなど何らかの理由で身についておらず，例えば，親の遺体を放置したままにしてしまう遺体遺棄や，片付け等ができず，居住する住まいのゴミ屋敷化（→Ⅵ−3）などがある。

●解決のための試みと限界●

こうしたひきこもり解消，ひきこもりから派生する問題の解決のための活動や支援は，当事者自身（本人・家族）で活動するものや家族まるごと，きょうだいといった範囲に拡大して支援するものがある。またアプローチも，心理・精神的，場所的，経済的な支援とバラエティに富んでいる。それだけ，ひきこもりそのものやひきこもりから派生する問題の根源が多様であることを示している。

当事者自身の活動としては，中高年ひきこもり当事者自身の居場所づくりである「ひきこもりと老いを考える会（ひ老会）[5]」やひきこもり当事者の家族から成り，居場所づくりのほか，本人・家族の相談支援，行政との連絡調整を担う団体である KHJ 全国ひきこもり家族会連合会[6]がある。

ひきこもりの相談窓口は，保健所や精神保健福祉センターに置かれることが多い。精神保健福祉センターには，2009 年から厚生労働省が実施してきた「ひきこもり支援推進事業」の一環で，専門的な支援窓口として「ひきこもり地域

---

(5) 藤田・前掲注(4) 204 頁以降に，ひきこもり当事者が発信する情報を掲載した，ひきポス（https://www.hikipos.info）が紹介されている。

(6) KHJ 全国ひきこもり家族会連合会の活動については，同団体 Web サイト（https://www.khj-h.com）のほか，池上正樹『ルポ「8050 問題」高齢親子 "ひきこもり死" の現場から』（河出新書，2019 年）における「生きているだけでいい居場所をつくる」を参照。

156

支援センター」が設置されている。2020 年には，当該センターがすべての都道府県・指定都市に設置され，その数は 79 箇所である。

　ひきこもり地域支援センターは，従来精神保健相談を担ってきたが，2018年度より前述の「ひきこもり支援推進事業」により，中高年のひきこもり当事者やその家族の居場所づくり，就労によらない社会参加の場づくりをその役割として担うこととなった[7]。また，中高年のひきこもりの場合，生活困窮に陥りやすいことから，生活困窮者自立支援法に基づく自立相談支援事業および就労準備支援事業と協力・連携して，解決を進めているところである（図）。

図　ひきこもり支援施策の全体像

資料出所：厚生労働省ウェブサイト「ひきこもり支援推進事業」(https://www.mhlw.go.jp/stf/seisakunitsuite/bunya/hukushi_kaigo/seikatsuhogo/hikikomori/index.html)

（7）　名古屋市では，ひきこもり家族教室（家族の居場所や相談場所）のほか，支援サポーター養成研修や講演会などを実施している（名古屋市 Web サイト「名古屋死ひきこもり地域支援センター」(https://www.city.nagoya.jp/kurashi/category/22-5-3-17-0-0-0-

IV 「中流」が変わる

　こうした行政による支援に対して，ひきこもり当事者の家族から成る団体である KHJ 全国ひきこもり家族会連合会がアンケート調査を行っている[8]。支援や医療機関を継続的に利用している人は 54.2%，社会参加への困惑度を 10 段階で表したもので，平均値は 7.1，10 段階で 8 以上と回答した者の割合は 51.1%であった。家族会から出された活動の上での行政上の課題（自由記述）として挙げられるのは，「ひきこもり対応の窓口が明確ではない」，「協力体制が構築されていない」，「実態把握ができていない」，「長期間継続して伴走できる体制」がとられていない，行政のコーディネート能力や敷居の高さなど「行政が担当することの難しさ」，「マンパワー（筆者注：専門職）の不足」などに関わる項目が並んでいる。

　これら窓口の不明確さや協力・連携体制の問題，専門職の不足は，何もひきこもりに対する支援のみならず，児童・高齢者虐待対応や生活保護のケースワークなど，社会福祉分野における支援のあり方でも問われるところであり，社会福祉制度全体に潜む問題のようにも思われる。また，現在の行政の支援は，相談と居場所づくり，生活困窮者自立支援制度と組み合わせた，まさに働くことが善きことであり，働く場所は安全であることが前提の制度となっている。しかしながら，そもそも社会が怖い，人間が怖いと感じている当事者にとっては，社会に出ること自体が恐怖であり，虐待を受けている当事者にとっては，家ですら安全でない。日常生活や社会生活を送る上での知識や経験の不足は，一朝一夕に身につくものでもない。

　この点，社会学者の川北は，ひきこもり支援のあり方について，就労支援か居場所支援かの二者択一ではなく，それ以外のニーズにも柔軟に取り組む余地・裁量の必要性を説く。そのうえで，同じ就労支援であっても，細かなアセ

　　0-0-0.html)（最終更新日 2019 年 7 月 19 日））が，行政による活動のほか，民間の活動についてもガイドブック「あだーじょ」を作成して，県内で活動する 65 団体を紹介している（愛知県 Web サイト「支援団体一覧（「あだーじょ」〜ひきこもり支援団体ガイドマップ（https://www.pref.aichi.jp/soshiki/seishin-c/adajo.html）（最終更新日 2021 年 1 月 26 日））。

(8)　同会が月例会における調査や Web 調査を 2020 年 12 月から 2021 年 1 月にかけて実施し，48 名から回答を得たものである。KHJ 全国ひきこもり家族会連合会 Web サイト「令和二年度厚生労働省社会福祉推進事業『行政と連携したひきこもりの地域家族会の活動に関する調査研究事業』」(https://www.khj-h.com/research-study/research-study-2020/)。

スメントによるきめ細やかな支援や節税対策，食料支援など別の視点からの支援，支援者への信頼の獲得である関係構築や見守り，一緒に問題を考える寄り添い，支援者間（フォーマル，インフォーマルも含めた）の連携を挙げ，伴走型支援が必要であるとする[9]。

●当事者目線の社会福祉制度構築のために●

　今まで述べてきたひきこもり支援も含めて，児童，高齢者，障害者・児，ひとり親など，それぞれの個人，家庭，地域が抱える問題へのアプローチのあり方について，ソーシャルワークとそれを実践するソーシャルワーカーの果たす役割に期待が寄せられている（社福106条の4に定める「重層的支援体制整備事業」）。

　この重層的支援体制整備事業のモデル事業（事例集）をざっと概観すると，7つの共通点が見られる[10]。1つは，相談窓口を従来の対象者別窓口にするのではなく，1つの窓口に統一にすることである。まずはどんな困りごとでも，市役所のこの場所に行けばよい，ということを明確にすることが，はじめの一歩である。2つめは，その相談窓口から，いわゆる "たらい回し" をするのではなく，その窓口1か所で問題の解決を図るワンストップ型の窓口にしていることである。そのためには，組織の再編や連絡体制の整備など必要になってくるが，それを整備することも含んでいる。3つめは，その窓口を支える人員として，コミュニティ・ソーシャルワーカー（CSW）や協働推進員などの人員を配置していることである。4つめは，地域の活動（民生委員，児童委員，自治会，町内会など）と民間団体の活動（NPOや社会福祉法人），保育所・学校など，いわゆる社会資本・社会資源を "つなぐ" ことで，"支える" 仕組みを構築していることである。5つめは，相談を待っているだけではなく，アウトリーチ活動（こちらから出向く活動）を盛んに行っていることである。6つめは，相談事は，他人事ではなく自分事であるということを啓発するような活動，例えば，講演会の実施やポスター・リーフレットの作成を行っていることである。そして最

---

(9)　川北稔『8050問題の深層「限界家族」をどう救うか』（NHK出版新書，2019年）116-134頁。

(10)　厚生労働省ウェブサイト「地域共生社会のポータルサイト：モデル事業実施状況」（https://www.mhlw.go.jp/kyouseisyakaiportal/kitei/）。

後の7つめは，関わるソーシャルワーカーや自治体職員，協働推進員の連絡体制を確立して情報共有を図るとともに，各人のスキルアップを図ることである。

　こうした取り組みにより，平成30年および令和元年の状況ではあるが，ほとんどの自治体は，着実に相談対応件数を増加させており，従来の縦割り・待っているだけの相談体制に比して，発見できなかった困りごとも解決しているようである。もちろん，未だ見えていない困っている人は存在し，かつ，新たな取り組みにより課題は生じているであろうが，それでも少しずつ前進しているように思われる。まだまだこの取り組みは始まったばかりであり，すべての市町村で対応しているとも言いがたい。しかしながら，抱える問題が多様化し，複雑化する社会において，その人に寄り添う仕組みとして，この重層的支援体制整備事業の可能性に期待を寄せているのは，筆者だけではないはずであろう。8050問題は，やがて9060問題となり，超高齢親と高齢子の問題となる。超高齢親亡き後の高齢子が社会から取り残されず社会的に包摂されうるのか。まさに正念場の年である。

（三輪まどか）

4　国民皆年金ではないの？
——単身高齢者の増加と貧困リスク

● 高齢者の増加と高齢者世帯の所得 ●

　日本では，戦後に生まれた所謂ベビーブーム世代が75歳になる2025年を一つの区切りとして，高齢者の単身世帯と夫婦のみ世帯の増加（図表1）を前提に，65歳以上の高齢者を社会全体で支える仕組みを整備しようと知恵を絞っているところである。もっとも，こうした単身高齢者世帯の増加の背景には，高齢者人口が増加したという要因とともに，親子間の別居が進んだこと，未婚者や離別者の増加といった質的変化があると言われている。そして，2030年には，男女とも若い層で単身世帯が減り，逆に中高年男性や80歳以上の女性で増えて行くと推計されている。実に50代・60代の中高年男性の4・5人に1人，80歳以上の女性の4人に3人は単身世帯になると予測されているのである。

　2018年の1世帯当たり平均所得金額は，「全世帯」が552万3千円，「高齢

図表1　公的年金・恩給を受給している高齢者世帯における公的年金・恩給の総所得に占める割合別世帯数の構成割合

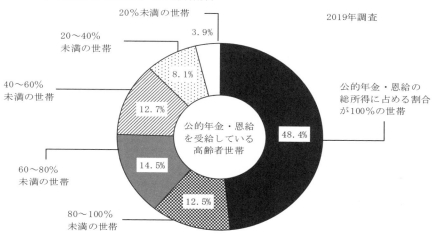

出典：厚生労働省「2019年国民生活基礎調査の概況」

者世帯」312万6千円であった[1]。そして，高齢者世帯の平均総所得のうち，「公的年金・恩給」による所得は平均199万円であり，総所得の63.6％を占めている。また，「稼得所得」は平均72.1万円であり，総所得の23.0％を占めており，重要な所得となっている[2]。もっとも，公的年金・恩給を受給している高齢者世帯のなかで「公的年金・恩給の総所得に占める割合が100％の世帯」は減少傾向にあるとはいえ，相変わらず48.4％を占めている（図表1）。このことからも，高齢者世帯の所得の中心は公的年金であり，重要な役割を担っていると言えよう。

●単身高齢者世帯の貧困リスク●

　全国の60歳以上の男女に対して実施された2019年度「高齢者の経済生活に関する調査」（内閣府）の結果[3]によれば，経済的な暮らし向きに関する質問に対する「家計にゆとりがあり，全く心配なく暮らしている」との回答が，有配偶者20.6％，死別者21.4％であったのに対し，未婚者12.3％，離別者12.8％と少なかった。これに対し，「家計が苦しく，非常に心配である」との回答は，有配偶者4.4％，死別者5.8％と少ないのに対し，未婚者9.2％，離別者10.3％と多く，「家計にゆとりがなく，多少心配である」を加えると，離別者の42.3％，未婚者の30.7％が経済的不安をかかえていることが分かった[4]。同じ単身高齢者世帯であっても，未婚者や離別者は経済的不安をかかえていることが多いのに対し，配偶者と死別した者は，経済的にゆとりある生活を営めていることになる。その原因は，配偶者の死亡による遺産相続とともに，遺族年金が支給されることも関係していると思われる。いずれにしても，単身高齢者世帯の貧困リスクを軽減するためには，未婚者と離別者の貧困の原因を明らかにするとともに，防貧対策の一つとして年金制度のあり方を検討する必要があろう。

---

(1)　厚生労働省「2019年国民生活基礎調査の概況」9頁。
(2)　2015年には，公的年金・恩給による所得は201.5万円，稼得所得は64.9万円であった（厚生労働省・前掲注(1)11頁）。高齢者雇用の推進により，高齢者の稼得所得が増加傾向にあると言えよう。
(3)　内閣府「令2年版高齢社会白書（概要版）」7頁。
(4)　ちなみに，経済的不安をかかえている者は，有配偶者では24.7％，死別では22.9％であった（内閣府・前掲注(3)7頁）。

●公的年金制度と貧困リスク●

　日本の年金制度は，障害・老齢・死亡といった各リスクに分けて保険料率を設定するのではなく，3つのリスクを年金保険のリスクとして考え，年金保険という1つの財源から給付を行っていることに特徴がある[5]。昔は親の面倒は子どもがみるのが当然と考えられていたが，1961年の国民皆年金体制成立以来，公的年金制度は，年金給付水準を充実させることによって，高齢者の所得保障の色彩を強めてきた。特に，老齢による稼得能力の減退・喪失というリスクは，国民の多くにとって共通した社会的リスクとして認識されている。

　公的年金制度の仕組み（図表2）は，20歳以上の国民全員が加入を義務づけられる国民年金・基礎年金（1階部分），サラリーマン等を対象とする厚生年金・報酬比例年金（2階部分）に分けられる（これら2階部分の上に，企業年金や退職年金，任意加入の個人年金等の私的年金が上乗せされることになる（3階部分））。サラリーマン等の場合には，厚生年金の被保険者（国民年金の第2号被保険者）

図表2　年金制度の仕組み

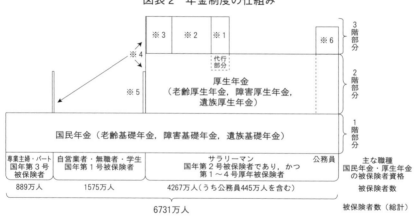

※1 厚生年金基金（139万人）※2 確定給付企業年金（818万人）
※3 確定拠出年金（企業型）（591万人）※4 確定拠出年金（個人型）（43万人）
※5 国民年金基金（40万人）※6 職域加算部分の経過措置＋年金払い退職給付　なお，被保険者数は
　　2016年度末のものである。

出典：注(5)52頁

(5)　田中秀一郎「3　年金保険」本澤巳代子＝新田秀樹編『トピック社会保障法（第15版）』（不磨書房，2021年）69-72頁。

として，厚生年金に報酬比例の保険料（労使折半）を保険者に納入すれば，第
2号被保険者の被扶養配偶者である第3号被保険者の国民年金保険料も含めて，
第2号・第3号被保険者の国民年金保険料をまとめて拠出されることになる。
ちなみに，2019年度における厚生年金保険（第1号）[6]老齢年金受給権者のう
ち65歳以上の男性の平均年金月額（基礎年金月額を含む）は17万1,305円，
女性の平均年金月額は10万8,813円であった[7]。この男女の年金格差は，従来，
出産・育児等による離職や短時間労働への移行などによって，男性に比べて女
性の勤続年数が短かったり，賃金が安かったりしたことが原因と考えられる。

　これに対し，国民年金の第1号被保険者，すなわち第2号・第3号被保険者
に該当しない者で，日本に居住する20歳以上60歳未満の者は，日本国内に居
住していれば（短期滞在を除く），国籍に関係なく，国民年金に加入しなければ
ならず，各自が被保険者として国民年金の保険料を保険者である国に納付しな
ければならない。自営業者や自由業者だけでなく，多くの非正規労働者や無職
者，親に扶養されている学生でさえも，国民年金の第1号被保険者として保険
料を支払わねばならない。これらの者は，保険料の支払い能力がない場合，保
険料の減免の手続きを取らなければ，保険料の滞納者として，少額年金や無年
金のリスクにさらされることになる[8]。ちなみに，2019年度末における公的年
金加入者の状況[9]によれば，国民年金の第1号被保険者1,453万人のうち，保
険料納付者は746万人にすぎず，法定免除・申請全額免除者348万人，学生納
付特例申請者および保険料納付猶予者235万人おり，保険料未納者も125万人
いるとのことである。また，2019年度末における国民年金のみの受給者は男
性162万9,806人，女性513万3,034人であり，それぞれの平均年金月額は男
性56,431円，女性51,042円であった[10]。単身高齢者の場合，この年金額で生
活費を賄うことはできないと思われる。

---

(6)　厚生年金保険（第1号）とは，2015年10月1日に公務員の共済年金が厚生年金に一
　　元化されたが，それ以前の厚生年金保険のことである。
(7)　厚生労働省年金局「令和元年度　厚生年金保険・国民年金事業の概況」（2020年12
　　月）12-13頁。
(8)　少額年金や無年金のリスクについては，田中・前掲注(5)76-78頁参照。
(9)　厚生労働省年金局・日本年金機構「公的年金制度全体の状況・国民年金保険料収納
　　対策について（概要）」（2019年）参照。
(10)　厚生労働省年金局・前掲注(7)30頁。

●単身高齢者の貧困と公的年金制度の改革●

高齢者の生活費については，公的年金をベースに私的年金や預貯金，場合によっては子どもや兄弟姉妹などからの支援（私的扶養）により賄うことになる（図表1）。それでも最低生活費に不足する場合には，生活保護の申請を考えねばならないことになる。厚生労働省が2021年3月3日に公表した「生活保護の被保護者調査（2019年度確定値）の結果」を見ると，2019年度の1か月平均の「被保護世帯数」は163万5724世帯，そのうち単身高齢者世帯が82万903世帯（50.4％）であり，単身高齢者世帯の占める割合は年々増加してきている。このような状況に対処するため，一方では短時間労働者に対する厚生年金の適用拡大が行われ，他方では年金を含めても所得の低い者に対する年金生活者支援給付金の支給が行われることになった。

短時間労働者に対する厚生年金の適用拡大は，①1週間あたりの決まった労働時間が20時間以上であること，②1カ月あたりの決まった賃金が8万8000円以上であること，③雇用期間の見込みが1年以上あること，④学生でないこと，⑤従業員数が501人以上の会社（特定適用事業所）で働いていること（2016年10月〜），または従業員500人以下の会社で働いていて，社会保険に加入することについて労使で合意がなされていること（2017年4月〜）の全ての要件を満たす短時間労働者を対象にしたものである。老齢基礎年金に上乗せする2階部分としての老齢厚生年金を少しでも増額できるようにしようとするものである。さらに，上記③の1年以上の雇用期間の見込みについてはこれを撤廃し，フルタイムの被保険者と同様に2カ月超えの要件を適用することとし（2022年10月施行），上記⑤の企業規模を2022年10月からは100人規模，2024年10月からは50人規模に縮小し，厚生年金の適用範囲を拡大することになっている[11]。こうした厚生年金の適用拡大は，前述したように，女性労働者が出産・育児等によって短時間労働に移行したりするため，高齢期に受給する老齢厚生年金の男女格差が生じていること，また国民年金の第2号被保険者の被扶養配偶者として第3号被保険者にとどまろうとするため，高齢期の生活費を賄うことのできない老齢基礎年金しか受給できない女性が多いことに対する対策として，一定の効果が期待されるところである。

---

(11)　厚生労働省『令和2年版　厚生労働白書』（2020年）301頁。

　老齢年金生活者支援給付金の支給要件は，①65歳以上の老齢基礎年金の受給者であること，②前年の公的年金等の収入金額とその他の所得（給与所得や利子所得など）との合計額が，老齢基礎年金満額相当（約78万円）以下であること，③同一世帯の全員が市町村民税非課税であることである。給付額は，保険料納付期間に基づく額と保険料免除期間に基づく額の合計額である。例えば，保険料納付済み期間が480月の場合には，老齢基礎年金6万5,141円に給付金5,030円を加えた7万171円（月額）が支給され，保険料納付済み期間240月，保険料免除期間240月の場合には，老齢基礎年金4万8,856円に給付金7,943円を加えた5万6,799円（月額）が支給されることになる[12]。いずれにしても，単身高齢者の場合には，これらの金額で生活費を賄うことはできないから，基礎年金の受給開始時期を遅くらせて少しでも長く働き続けるか，短時間労働をするなどして収入を得るとともに，厚生年金による上乗せを図るなどしなくてはならないであろう。

■参考文献■

厚生労働省「社会保険適用拡大特設サイト」https://www.mhlw.go.jp/tekiyoukakudai/index.html

厚生労働省「生活保護の被保護者調査（2019年度確定値）の結果」http://www.mhlw.go.jp/toukei/list/74-16.html（最終確認：2021年6月13日）

前田悦子「高齢者の所得格差と貧困問題」駿河台経済論集第27巻第2号（2018年）151-173頁

（本澤巳代子）

---

(12)　厚生労働省・前掲注(11) 304頁。厚生労働省のホームページには，社会保険適用拡大特設サイトが開設されている。

5　生活保護≒年金？
──生活保護受給者の高齢化と受給期間の長期化

●生活保護制度の役割・機能●

　Ⅳ-4において，単身高齢者世帯の貧困リスクの問題が取り上げられている。年金制度による所得保障が十分でなく，貧困状態での生活を余儀なくされている高齢者に対しては，それを補う形で，生活保護制度の適用が検討されなければならない[1]。生活保護制度は，現に貧困状態にある人々を救済し，憲法25条に規定された「健康で文化的な最低限度の生活」を保障することによって，基本的人権としての生存権を具体的に実現するための制度である。本項では，生活保護制度の機能や役割，コロナ渦中における制度の動向などについて確認するとともに，保護を受けている人々の高齢化や保護受給期間の問題，さらにはそこから見えてくる社会保障体系のあり方全般の問題について考えてみたい。

　ところで，貧困リスクというのは何も単身高齢者だけの問題ではない。このほか貧困リスクの高い層として，母子家庭や，Ⅳ-1で取り上げられているワーキングプアなどがよく指摘されるが，それ以外にもリストラや雇止め，病気やけが，障がい，さらに近時では引きこもりなども貧困のリスク要因として指摘されうる。要するに貧困というのは，程度の相違はあるにせよ，誰にでも顕在化しうる生活リスクなのである。だからこそ，憲法において生存権が基本的人権として保障されているのだと考えることもできる。

　生活保護制度については，社会的なスティグマ（制度利用に伴う否定的・差別的な感情）の問題が常に指摘される。しかし，貧困が誰にでも顕在化しうるリスクであることを考えれば，生活保護制度も誰もが利用する可能性があるし，誰もが憲法によってその権利を保障されている。貧困問題や，その救済策としての生活保護制度のあり方を考える際には，常にこのことを念頭に置いておく必要がある。

---

(1)　厚生労働省「2019年度被保護者調査」によると，生活保護受給者（被保護者）が公的年金を受給している場合の平均年金額（月額）は53,519円，このうち老齢基礎年金のみを受給している場合の年金額は33,938円となっており，いずれも最低限度の生活水準を大きく下回っている。

Ⅳ 「中流」が変わる

　生活保護制度は，このような考え方のもと，自分だけでは最低限度の生活を維持することが難しい人や世帯を対象に，「最低生活保障」と「自立助長」を目的として必要な給付を行うための制度である（生保1条）。社会保障の体系においても，生活保護制度には，「最後のセーフティネット」としての重要な役割と位置づけが与えられている。

●生活保護の動向●

　それでは，現在，生活保護制度は，どのような人々がどの程度利用しているのだろうか。まず保護を受けている人の数（被保護人員）については，平成初期のバブル経済崩壊以降，その社会情勢を反映して急激な増加を見せていたが，2015年3月ころをピークに現在は減少傾向にある。すなわち，2014年度の確報値で約216万人であったものが，2021年3月現在の速報値では約205万3,000人まで減少している[2]。

　これとあわせて注目しなければならないのが，保護を受けている「世帯」の数（被保護世帯数）である。生活保護は，世帯単位で行われることが原則だからである（生保10条）。被保護世帯数は，従来一貫して増加傾向であったものが，ここ2年ほどいったん減少に転じていたが，2021年3月の速報値では再び増加に転じている。その数は約164万世帯（ちなみに前年同月の2020年3月は約163万世帯）で，被保護人員がピークであった2015年3月の世帯数（約162万世帯）を大きく上回る水準となっている。その結果，被保護人員に対する被保護世帯数の比率が高まってきており，この傾向は2021年以降特に顕著となっている。これは，被保護世帯に「1人世帯」，すなわち単身世帯が圧倒的に多いことによるものである。

　このような動向の一方，2021年3月の保護の申請件数は22,839件，対前年同月比で1,809件（8.6％）の増加となっている。被保護人員だけをみると，コロナ禍による経済的困窮の影響は生活保護制度にはそれほど及んでいないとみることもでき，その理由を定額給付金の支給や各種資金貸付制度の拡充といった施策の効果に求める指摘もみられる。しかし，保護の申請件数の増加は，これらの施策だけではカバーしきれない経済的困窮が，コロナ渦の長期化と相

---

(2)　厚生労働省「被保護者調査」（以下，生活保護の統計データについて同様）。

まって，次第に拡大しつつあることを示しているようにも思われる。

　次に，被保護世帯を「高齢者世帯」「母子世帯」「その他世帯」に分類した「世帯類型別」の内訳をみてみると，高齢者世帯（65歳以上の者のみで構成されている世帯）が2019年度の確報値で55.1％，2021年3月の速報値では55.8％と，被保護世帯の6割に迫る勢いで漸次増加している。さらにこの確報値の内訳をみると，55.1％のうち単身世帯が50.4％，2人以上の世帯が4.7％となっており，被保護高齢世帯のほとんどは単身世帯であることがわかる。

　もう1つ，保護受給期間別世帯数の構成割合という重要なデータがある。被保護世帯がどのくらいの期間にわたって保護を受けているのか，というデータである。これによると，保護受給期間が「5～10年」と「10年以上」の世帯の割合の合計は2018年度で62.4％と，6割以上に達している。特に高齢者世帯の場合，「5～10年」が31.7％，「10年以上」が38.2％，合計69.9％で，実に4割近い世帯が10年以上保護を受け続けている。これらの動向からは，長期にわたって保護を受け続ける単身高齢者，というIV−**4**で指摘されたのと同様の受給者像が浮かび上がってくる。そして，その要因もなんとなく想像がつきそうであるが，このことについてはのちほど改めて検討することにしよう。

●現在の生活困窮者支援●

　先にも指摘したとおり，貧困リスクは，高齢者だけの問題ではない。

　世帯類型別被保護世帯数の「その他」の中の「その他」世帯の構成割合をみると，2008年に8.3％であったものが，3年後の2011年には18.4％まで急増した。この「その他」世帯には，失業などにより生活保護に至った世帯，すなわち稼働年齢層（主として20～50歳代）が多く含まれていると推定されており，貧困リスクが高齢者だけの問題ではない実態が示された（この比率はその後漸減し，2019年度の確報値では14.3％であったが，2021年3月の速報値では15.2％と，わずかながら再び増加傾向を示している）。

　このような状況を受け，2013年12月に，生活保護法の改正法と，生活保護に至る前の段階の自立支援の強化を主な目的とした「生活困窮者自立支援法」とが成立し，2015年度より施行されている。このうち生活保護法の改正は，現行法制定（1950年）以来初めてともいえる大がかりなもので，その内容は，健康・生活面等に着目した支援，不正・不適正受給者対策の強化，医療扶助の

適正化など多岐にわたるが，特に重要なのが，被保護者の就労による自立のための各種事業の実施を法定化した点である。これを通じて，被保護者の確実な就労による自立を図ると同時に，これらの事業は，対象者が被保護者でなくなった場合も想定し，同時に成立した生活困窮者自立支援法における各種事業と連携し，双方を一体的に実施するものとされている。

　稼働年齢層で生活困窮状態にある者に対しては，2011年の「求職者支援法」の制定をはじめとする就労支援策がすでに実施されてきてはいたが，決して十分なものとはいえなかった。そこで，従来の社会保障制度における「第1のセーフティネット（主として社会保険制度）」と，最後のセーフティネットとしての生活保護制度の間に，保護に至ることを防止するための新たな「第2のセーフティネット」を構築することを目的として制定されたのが生活困窮者自立支援法である。

　生活困窮者自立支援制度の中核的な事業である自立相談支援事業（必須事業）における相談件数は，2019年度に約24万8,000件であったものが，2020年度は4〜10月の間だけで約45万2,000件となっている。コロナ禍の影響により，雇用や生活，住まいなどに不安を抱える人びとが急増していることがうかがわれる。

　その他，同法や改正された生活保護法によって実施される各事業の詳細な内容について紹介する余裕はないが，これらの事業の主眼は「就労による自立の促進」にあり，その対象は主として稼働年齢層である。多くの事業において，対象者の年齢制限等は設けられていないが[3]，各事業の内容や趣旨からして，基本的に高齢者は対象として想定されていないといえる。生活困窮者自立支援制度における自立相談支援事業の新規相談者のうち，約2割が65歳以上であるという調査結果があるものの，相談が必ずしも就労そのものに結びついているわけではないのが現状である。現在の生活困窮者自立支援制度の事業内容やその運用実態からは，コロナ禍における稼働年齢層の生活不安や就労に向けた不安にいかに対応していくのか，という制度そのものの課題とともに，高齢者における第2のセーフティネットのあり方をどのように考えるべきか，という2つの課題が同時に浮き彫りにされている。

---

(3)　任意事業である「就労準備支援事業」のように，対象者を65歳未満としているものもある。

●高齢者における保護受給期間の長期化と第2のセーフティネット●

　もう1つ生活保護に関するデータを見てみよう。保護の廃止事由，すなわち保護を必要としなくなった事由に関するデータである。これによると，保護廃止事由のうち「死亡」が38.0％と最も大きな割合を占めている（2016年度における1か月の平均値）。しかもその大半は「高齢者世帯」（特に単身世帯）である。これは，高齢者世帯が一度保護に至ると，そこからの脱却が極めて難しい実態を示している。Ⅳ-4でも指摘されているとおり，高齢者の生活費は，公的年金をベースに，私的年金や預貯金，私的扶養により賄われることになる。ベースとなる公的年金が十分に機能しない場合，すなわち低年金や無年金の場合に，次のネットとして機能するものはほぼ生活保護制度のみであるといってよい。これが，現在の社会保障制度の実状であり，長期にわたって（時には最後まで）保護を受給し続ける高齢者を生み出す要因となっている。

　確かに，生活保護を受けることは私たち国民に認められた権利であり，必要としている人や世帯に保護が行われるのは当然である。しかし，上記のような状況が，生活保護の制度趣旨に照らして，果たして適合的といえるでだろうか。これはひとり生活保護のみならず，社会保障体系全体の問題であるといえる。

　この問題にかかわる論点は多岐にわたらざるを得ないが，本項との関係でまず問題となるのが，社会保障体系におけるいわゆる「第2のセーフティネット」のあり方であろう。

　先に紹介した生活困窮者自立支援制度や改正生活保護法による支援の内容が，高齢の保護受給者・生活困窮者に対応したものとはなっていないことはすでに指摘したとおりである。この点，生活困窮者自立支援制度の見直しについて検討した「社会保障審議会　生活困窮者自立支援及び生活保護部会報告書」（2017年12月）は，「高齢者に対する就労支援」として，「高齢者の自発的な就労ニーズが高いことを踏まえ，高齢期の就労の場の開拓，意欲と能力の活用を積極的に進める必要がある」としている（これは，逆にいえば，現行制度が高齢者の就労支援として不十分であることを指摘しているともいえる）。就労に向けた意欲と能力の高い高齢者については，これも1つの方向性であろう。事実，70歳までの就業確保のための措置（①70歳までの定年引上げ，②70歳までの継続雇用制度の導入，③定年の定めの廃止，④70歳まで継続的に業務委託契約を締結する制度の導入，⑤70歳まで継続的に社会貢献事業に従事できる制度の導入の5つの選択

IV　「中流」が変わる

肢が示されている）を講ずることを事業主の努力義務とすることを柱とする高年齢者雇用安定法の改正法が2021年4月から施行されており，コロナ禍の状況下でどれだけの実効性を持ちうるか，今後の動向が注視される。

　それでは，就労能力のない（あるいはやがて就労能力が低下してしまう）高齢者に関してはどのようなことが考えられるであろうか。やはり，低所得の高齢者を対象とした所得保障制度のあり方が，今後真剣に検討されざるを得ないように思われる。その過程では，いわゆるベーシックインカム論なども検討の俎上にのぼることになろう。しかしこれは，検討の方向性次第では年金制度や生活保護制度，さらには社会保障のあり方全般にも大きな影響を及ぼすことになる（特にベーシックインカム論のもとでは，社会保障制度は存在しえないことになっている）。就労支援のあり方とあわせ，超高齢社会における高齢者の生活をしっかり見据えた国民的な議論が求められることになろう。

■参考文献■

　『国民の福祉と介護の動向2020/2021』厚生労働統計協会，2020年
　『高齢社会白書　令和3年版』
　みずほ情報総研HP「生活困窮者自立支援制度の自立相談支援機関における支援実績の分析による支援手法向上に向けた調査研究事業報告書」（https://www.mizuho-ir.co.jp/case/research/konkyu2017-jisseki.html）
　厚生労働省HP「社会保障審議会　生活困窮者自立支援及び生活保護部会　報告書」（平成29年12月15日）http://www.mhlw.go.jp/file/05-Shingikai-12601000-Seisakutoukatsukan-Sanjikanshitsu_Shakaihoshoutantou/0000188339.pdf）
　朝比奈朋子「生活困窮者自立支援法における対象者把握に関する一考察——平成26年度モデル事業報告書及びアセスメントシート項目の分析から」東京成徳大学紀要24号（2017年）
　脇野幸太郎「10　生活保護」本澤巳代子＝新田秀樹編『トピック社会保障法〔第15版〕』（不磨書房，2021年）

（脇野幸太郎）

6　住宅政策と福祉政策
　　——マイホーム神話のいま

●住宅すごろく●

　かつて「住宅双六（すごろく）」という言葉があった（図表）。建築学者の上田篤が1973年に発表した作品は，当時のサラリーマンの住宅遍歴を描いたものとして話題を呼んだ。高度経済成長期に入り，若者を中心に地方から都市部への人口移動が進み，学生は下宿，社会人は就職先の寮や寄宿舎で生活をはじめ，木造のアパートで新婚生活をおくった。やがて子どもができると郊外の集合住宅に転居し，住宅ローンを組んでマンションや一戸建てをもつ。戦後の貧しい住宅事情の中で育った世代にとって，すごろくの上がりである「庭つき郊外一戸建住宅」に住むことはあこがれであった。

図表　現代住宅双六（構成：上田篤，イラスト：久谷正樹（1973年））

出典：朝日新聞1973年1月3日朝刊

IV 「中流」が変わる

　戦後日本の住宅政策では，公営住宅法による公営住宅は賃貸住宅として全国の低所得者，日本住宅公団法による公団住宅は賃貸および分譲住宅として大都市圏の中所得者，住宅金融公庫法による長期低利の住宅資金融資は全国の中高所得者をそれぞれ対象として，供給対象者の階層別に住宅が供給されてきた[(1)]。地方から都市部に大量に流入してきた勤労者の住宅ニーズに応えるため，国は1955年に日本住宅公団を設立し，都市郊外にニュータウンと呼ばれる大規模団地を建設し，大量の住宅を用意した（代表的な事例として東京の多摩，大阪の千里が有名である）。高度経済成長期はじめの住宅政策は，公営や公団住宅の供給に主力を置いていたが，その後は住宅金融公庫による融資に力点を置き始めた。そして，1970年代半ばには，住宅金融公庫の融資は景気対策の一環として位置付けられ，そのシェアはさらに拡大した。住宅金融公庫の融資[(2)]の拡大に背中を押され，勤労者の多くが占める大量の中間層が借家から持ち家に転換していった[(3)]。

●持家社会とマイホーム神話●

　住宅政策を研究する平山は，人々のマジョリティが住宅所有に価値があると判断し，持家取得を目指す社会を「持家社会」と呼び，多数の世帯が賃貸住宅から持家へ，小さな住宅から大きな住宅へ，マンションから一戸建住宅へと住み替える行動を「住まいの『梯子』」を登ると表現した[(4)]。平山によると，人々が持家を欲したのは，住まいの改善と安定，家賃支出の回避，不動産資産の保有といった暮らしの成り立ちを支えるセキュリティを得るためであったという。

　住宅社会学を提唱する山本の分析によると，こうした持家社会では，「住宅」と「家庭」の間に何らかの「等値関係」があるように語られていたとされ

---

(1)　本間義人『戦後住宅政策の検証』（信山社，2004年），山本理奈『マイホーム神話の生成と臨界』（岩波書店，2014年）55頁。

(2)　住宅金融公庫法は，1条で「住宅金融公庫は，国民大衆が健康で文化的な生活を営むに足る住宅の建設に必要な資金で，銀行その他一般の金融機関が融通することを困難とするものを融通すること」とその目的を規定している。

(3)　住田昌二「住まいの近代化の検証と展望」（住田昌二編『現代住まい論のフロンティア──新しい住居学の視角』（ミネルヴァ書房，1996年）所収）18頁，山本・前掲注(1) 57頁。

(4)　平山洋介『住宅政策のどこが問題か　＜持家社会＞の次を展望する』（光文社新書，2009年）7-8頁。

174

る⁽⁵⁾。1970 年前後という高度経済成長期末頃の住宅メーカーの広告には，「あなたの家庭に，幸せを招く，優雅な住い」といった宣伝文がみられた。こうした宣伝文は，「幸せな家庭」が望ましい存在であり，それは自分自身の「住宅の所有」によってもたらされるという観念の下，住宅購入という行為を，「家庭の幸福」は望ましいとする神話的な物語の世界のうちに帰属させるものであったと山本は分析する。

　多くの勤労者中間層が抱いた「住宅の所有は家庭の幸福」という見方それ自体は，高度経済成長期を通じて現れた都市化，核家族化といった日本社会の構造的な変容を背景とする，当時の社会のものの見方であったのであろう。その後，1980 年代中頃からのバブル景気のもとでは，土地の価格は上昇を続けた。多くの勤労者中間層は，賃貸住宅で家賃を毎月払い続けるよりも，住宅ローンを毎月返済しつづければ，やがては自身のもの＝資産になると考えるようになり，「家庭の幸福」のための住宅といった従来の価値に加え，自らの資産形成の価値も重視するようになった。しかし現実的には，住宅すごろくの上がりである持家取得はそれで「上がり」となるわけではなく，長期にわたる住宅ローン返済の始まりでもあった。この間，多くの勤労者中間層は，終身雇用と年功序列の日本型雇用と企業による手厚い住宅関連の法定外福利に守られ，住宅ローンの返済とともに働き続けたのである。

●マイホーム神話のいま●

　このようにわが国の住宅政策は，マイホーム神話とともに，中間層の持家取得を促進する仕組みづくりに注力してきた。そこで目指されたのは，「経済が拡大し，中間層が増え，持家が増加し，世帯の保有資産が増え，そしてメインストリームがいっそう拡大する，という道筋の敷設」⁽⁶⁾であった。しかしながら，その後，経済成長の鈍化，労働市場の流動化，家族規模の縮小，結婚観や子育て観の変容，住宅市場の不安定化などにより，マイホーム神話や持家社会を支えてきた社会環境は大きく変化している。

　住宅すごろくに参加し，見事「上がり」を手に入れた多くの勤労者中間層は，先行き不透明な雇用の中で長期の住宅ローンを払いつづけるが，この間に職を

（5）　以下，山本の分析につき，山本・前掲注(1)127-130 頁を参照。
（6）　平山・前掲注(4)11 頁。

失い，住宅ローンの返済が滞れば持家を手放すこともありうる。最近では，コ
ロナ禍で住宅ローン破綻予備軍が大量に発生している。そして長期の住宅ロー
ンを払い終わっても自らの資産となったわが家の資産価値は目減りし，老後に
売却をしたくても都心郊外の住宅は買い手がつかず，売るに売れない「負動
産」となる現実に直面している。こうした「負動産」はやがて空き家となり，
「家庭の幸福」の象徴であった住宅は地域の不良資産と化す。雇用の不安定化
と所得低下の今日の持家社会において，勤労者中間層は住まいを失うというリ
スクと生活困窮に陥るリスクを抱えながら生活をしている。生活困窮や経済格
差が社会に根付き，総中流意識が幻想であったことに人々が気付いた今日，マ
イホーム神話を基に住宅市場や個人の営みにより形成されてきた持家社会は岐
路に立たされて，住宅を基盤とした生活保障のための新たな政策が求められて
いる。

● 住宅政策と福祉政策の接近 ●

　戦後の住宅政策では，絶対的な住宅不足を背景に，中間層の持家取得に支援
を集中し，公営住宅の整備といった低所得者層の一部の住宅保障を除き，住宅
保障の必要性の認識はみられなかった。また，社会保障政策では，1950年社
会保障制度審議会勧告にみられるように，住宅保障は長らく社会保障の対象と
されてこなかった。わずかに，福祉政策として，生活保護法に基づく住宅扶助
による金銭給付または宿所提供施設での現物給付のほか，児童，身体障害者，
老人といった要保護者を対象とした措置制度に基づく施設入所を通じて，居所
の確保に関心を払っていたに過ぎなかった。これらの隙間を埋めるかのように，
企業が終身雇用と年功序列型賃金とともに，企業による社宅の整備や家賃補助，
住宅融資など住宅関連の法定外福利を整備し，企業の中で多くの勤労者中間層
の住宅のセキュリティを確保していた点は見落とすことはできないであろう[7]。
　しかし今日，住宅政策と福祉政策が分離していた時代と比べ，社会の諸条件
は大きく変化している。例えば，住宅政策では，経済成長が鈍化し，非正規雇
用が4割近くまで膨らみ，安定した雇用が不安視されている今日，住宅ローン
の長期借入れは大きな生活リスクとなることから，持家取得といった価値観そ

---

(7)　島田信義『労働法実務体系20 給与住宅・福利・共済』（総合労働研究所，1972年）
　　は，当時の福利厚生の住宅制度を法的な観点から論じるものとして貴重である。

のものが揺らいでいる。また，賃貸住宅では，公営住宅は家賃が市場価格より安価である代わりに，入居審査は厳しく，対象者は困窮層に限定されることと相まって，大都市圏の公営住宅では戸数が足りていないことから，高倍率化が常態化し，入居者もより困窮度の高い人に限られる現状にある。民間賃貸住宅を確保しようとしても，家賃支払能力や信用力が乏しい人は不利な立場に置かれることになる[8]。そして，これらの補完的な役割を果たしていた企業による住宅関連の法定外福利が減額されていくなかで，住宅手当の支給や社宅の提供による雇用を通じた居住の確保につなげる仕組みが縮小し，その補完的機能を享受できる者の割合は減少している。疲弊した中間層は重い家賃や住宅ローンにもがきながら自前での対応を求められているが，これは中間層から貧困層への転落の危険性を常にはらんでいるともいえる。

　いうまでもなく，住居は人間が生活を営むうえで衣食とともに重要な要素である。このような考えについては世界的な共通認識があり，例えば，国際人権規約の社会権規約（A規約）の11条では，「この規約の締約国は，自己及びその家族のための相当な食糧，衣類及び住居を内容とする相当な生活水準についての並びに生活条件の不断の改善についてのすべての者の権利を認める」（傍点筆者）と定め，住居を生活の基礎的要素として認識している。この点からすると，住居に関する問題は社会的性質をもつものであるが，これまでみてきたように，わが国では住宅は基本的には個人の問題であると考えられることが多く，社会的に解決すべき問題であるとの認識は少なかった。しかしながら，近年，住居は生存と福祉の基礎として捉え，人々が安全安心して暮らすために必要な居住環境のありようを追究する居住福祉学の展開がみられるようになった[9]。また，政策面でも，例えば，住宅セーフティネット法の制定や，住み慣

---

(8)　祐成は，社会学者J・ケメニーの類型を参照にしながら，日本型ハウジング・レジームの特質として，賃貸住宅の中に，民間・営利と公共・非営利という，全く異質な方式が併存している「デュアリズム」の特徴を有しており，本文のような状況が見られることを指摘している（祐成保志「住宅とコミュニティの関係を編み直す」宮本太郎編『転げ落ちない社会』（勁草書房，2017年）110-111頁参照）。
(9)　居住福祉学については，早川和男『居住福祉（岩波新書）』（岩波書店，1997年），早川和男・野口定久・武川正吾（編）『居住福祉学と人間』（三五館，2002年），早川和男・吉田邦彦・岡本祥浩（編）『居住福祉学の構築』（信山社，2006年），野口定久・外山義・武川正吾（編）『居住福祉学』（有斐閣，2011年）等を参照。

れた地域でできるだけ長く生活することができるように地域の社会資源を活用し，在宅生活を重視する考え方を実現する地域包括ケアシステムのように，住宅政策と福祉施策の接近がみられるようになった。

●住宅セーフティネット●

これまでの政策は中間層の持家取得に支援を注力してきたが，すべての人々が住宅を取得できるわけではなく，住宅にアクセスすることが困難な住宅困窮者の住宅保障が必要となる。わが国では，住宅政策の中で，住宅困窮者（「住宅に困窮する低額所得者」（公営住宅法1条））に対する公営住宅の供給が行われてきたが，持家取得の支援政策のもと，公営住宅供給は残余的な施策として取り扱われてきた[10]。しかし，1990年代半ば以降，国の政策は，住宅システムの市場化を進めるとともに，住まいのセーフティネットを形成する政策に舵を切った。2006年に制定された住生活基本法では，住宅が国民の健康で文化的な生活にとって不可欠な基盤であることにかんがみ，低額所得者，被災者，高齢者，子どもを育成する家庭その他住宅の確保に特に配慮を要する者の居住の安定の確保が図られることを施策の基本理念としている（住生活基本法6条）。

さらに，この理念を踏まえて，住宅確保要配慮者に対する賃貸住宅の供給の促進に関する法律（住宅セーフティネット法）が制定された。住宅セーフティネット法では，低額所得者，被災者，高齢者，障害者，DV被害者，子どもを育成する家庭等，住宅市場において独力では適切な住宅を確保することが困難であり，住宅の確保に特に配慮を要する人を「住宅確保要配慮者」と位置づけ，住宅セーフティネットの仕組みを各制度で整備するように定めている。

今日の住宅セーフティネットでは，その根幹は公営住宅であるとしながらも，民間賃貸住宅の有効活用が求められている。しかし，住宅市場では，家賃の不払いなどを懸念する家主により高齢者等が入居を拒まれるといった問題が指摘されていた。この点，2017年4月に改正された住宅セーフティネット法では，民間の空き屋・空き室を有効活用して，住宅確保要配慮者の入居を拒まない賃貸住宅の登録制度や，住宅確保要配慮者の居住支援，入居に際しての家賃滞納リスクへの不安の払拭をはかるための仕組みの創設など，重層的な住宅セーフ

（10） 公営住宅の残余的な位置づけを指摘するものとして，平山・前掲注(4)242頁などがある。

ティネット機能の強化を図っている。

　ただし，入居を拒まない賃貸住宅が住宅市場で供給されるとしても，経済的な家賃の負担能力によりその選択肢は大きく異なる。わが国の社会保障制度では，家賃補助をめぐる給付は他の給付と比べると限定的である。生活保護制度では，居宅保護を原則とし，住宅扶助が支給されるが，住宅扶助費の単給は制度上認められておらず，住宅扶助を受けられるのは生活保護受給者に限られている。また，住宅扶助費が支給される住宅の質（築年数，設備等）は原則問われない[11][12]。

　生活保護受給者ではない住宅に困窮する低額所得者は公営住宅への入居が可能であるが，供給戸数が不足しており，入居はきわめて狭き門である。こうした状況下では，民間賃貸住宅に住宅セーフティネットの機能を求めることになるが，生活保護受給者以外の者を対象とする家賃補助制度はわが国では限られている[13]。生活困窮者自立支援法では，主たる生計維持者が離職・廃業後2年以内である場合，もしくは個人の責任・都合によらず給与等を得る機会が離職・廃業と同程度まで減少している場合において，誠実かつ熱心に求職活動を行うなどを条件に，住居確保給付金として家賃相当額（生活保護法の住宅扶助基準額を上限）を支給する。ただし，給付金の支給期間は有期である。これまでは，離職・廃業後2年以内の者を支給対象としていたが，コロナ禍の状況を踏まえ，対象要件が前述のように緩和された。コロナ禍では柔軟な対応がなされているものの，生活保護受給者以外の者を対象とする家賃補助制度はわが国では未だ限定的である。この点，ヨーロッパ諸国では，社会住宅の供給の充実と普遍的な住宅手当の支給を組み合わせた住宅政策が展開されている。

---

(11)　2015年7月の生活保護の住宅扶助基準の改定により，単身世帯については，住居の床面積に応じた基準額が導入され，床面積の狭い住居の場合には基準額を原則減額する措置が採られている。

(12)　現実的には住宅扶助費を事実上の家賃の最低価格とし，空き屋やアパートなどの部屋を借り上げた劣悪・狭隘な住居で，生活困窮の高齢者の生活保護費を預かり，食事等のサービスを低額料金で提供する，いわゆる貧困ビジネスが問題となった。近年の社会福祉法の改正により，生活困難者を無料または低額な料金で受け入れる無料低額宿泊所（社福2条3項）に関する法定の最低基準を定め，劣悪な施設に改善命令を出せるようにするとともに，生活保護法の中で，一定の要件を具備した無料低額宿泊所を，被保護者に対して個別的・専門的な日常生活支援を行う日常生活支援住居施設としている。

(13)　単独施策として家賃補助を行ってきた自治体もあったが，縮小傾向にある。

● 地域包括ケアシステムと住宅 ●

　今日の社会保障改革において，地域包括ケアシステムが目指すべき中心的な概念として位置づけられていることについて異論はなかろう。地域包括ケアシステムとは，地域医療介護総合確保法では，「地域の実情に応じて，高齢者が，可能な限り，住み慣れた地域でその有する能力に応じ自立した日常生活を営むことができるよう，医療，介護，介護予防，住まい及び自立した日常生活の支援が包括的に確保される体制」（2 条 1 項）とされ，「高齢者は自らの意思で『住まい』を選択し，本人の希望にかなった『住まい方』を確保したうえで，心身の状態や『住まいと住まい方』が変化しても住み慣れた地域での生活を継続できるよう，『介護・医療・予防』『生活支援』という"支援・サービス"を柔軟に組み合わせて提供していく姿」[14]が想定されている。このように，地域包括ケアシステムでは，「住まい」を取り込んだ地域福祉の枠組みが提示され，ここに福祉施策から住宅施策への接近をみることができる。しかし，これらにいう「住まい」とは何を意味するのか，その「住まい」とはどのように確保され整備されるのかは必ずしも明らかではなく，むしろ「住まい」は「地域包括ケア以前の与条件」[15]としての位置づけのようにもみえる。

　これまでの福祉施策では，居住の場は，在宅／施設という二者択一的な思考であったが，養護老人ホームや特別養護老人ホームから，老人保健施設，グループホーム，在宅ケアサービス，地域密着型サービス，共生型サービスというように，時代の変化に伴い，福祉施策の中での「住まいとケア」は多様化している[16]。現在，増加傾向にあるサービス付き高齢者向け住宅は，生活支援サービス付きの高齢者向け住宅として，これまでの福祉施策における「住まいとケア」とは異なる新たな一面を有するが，家賃面に加え，提供されるサービスが事業者により異なり，課題も多いことが指摘されている。地域包括ケアシステムが描くこれからの地域生活の姿においては，「住まいとケア」の関係がこれまで以上に重要となる。

---

(14)　地域包括ケア研究会『地域包括ケアシステムを構築するための制度論等に関する調査研究事業　報告書』（2014 年）6 頁。

(15)　園田眞理子「地域包括ケアの基盤としての住まい」高橋紘士編『地域包括ケアシステム』（オーム社，2012 年）130 頁。

(16)　高齢者の「住まいとケア」をめぐる動向については，中田雅美『高齢者の「住まいとケア」からみた地域包括ケアシステム』（明石書店，2015 年）が詳しい。

■参考文献■

文中に掲げたもののほか，

高橋紘士編『地域包括ケアシステム』（オーム社，2012年）

中田雅美『高齢者の「住まいとケア」からみた地域包括ケアシステム』（明石書
店，2015年）

平山洋介『マイホームの彼方に』（筑摩書房，2020年）

〔付記〕 本章は，JSPS 科研費 JP15KT0002，JP16K03353 の助成を受けた研究成
果の一部である。

（原田啓一郎）

Ⅴ 医療・福祉が変わる

医療・福祉がどう変わったのか，変わるのか

■この章がどう変わったのか──初版，第2版との違い■

　この本の初版と第2版では，第Ⅴ章（医療が変わる）と第Ⅵ章（福祉の現場が変わる）の2つの章で，それぞれ変わりつつある医療と福祉現場の動きを論じてきた。この第3版では構成を変えて，医療と福祉を一体的に論じる章とした。

　なお，この第3版の第Ⅰ章（感染症で世界が変わる）では，COVID-19の流行にかかわる医療問題を取り上げている。Ⅰ-1では，自由の制限を伴う公衆衛生の法と倫理について論じ，また，Ⅰ-5では，医療崩壊の危機と言われる状況を生じたわが国の医療提供体制の構造について論じている。

■医療提供体制■

　図表1は，わが国の医療制度の概要である。医療制度が，医療提供体制と医療保障制度から成ることが分かる。

　わが国の医療提供体制の形成過程について，厚生労働白書は次の3つの時期に区分して説明する[(1)]。①医療基盤の整備と量的拡充の時代（おおむね1945年から1985年まで），②病床規制を中心とする医療提供体制の見直しの時代（おおむね1985年から1994年まで），③医療施設の機能分化と患者の視点に立った医療提供体制の整備の時代（おおむね1992年位以降）。

　その後，「急速な少子高齢化に伴う疾病構造の多様化，医療技術の進歩，国民の医療に対する意識の変化等，医療を取り巻く環境が変化」[(2)]した。このような状況の中，2014年に医療介護総合確保推進法が制定された。同法に基づき，病床機能の分化と連携が推進されるとともに，地域包括ケアシステムを構成する在宅医療・介護サービスの充実が図られている。また，地域医療体制（救急

---

(1)　厚生労働省編『平成19年版厚生労働白書』（2007年）4頁。
(2)　厚生労働省編『平成29年版厚生労働白書』（2017年）314頁。

図表1　わが国の医療制度の概要

【医療提供体制】

患者（被保険者）
患者負担5.1兆円
②受診・窓口負担
③診療

・75歳以上
　1割負担
　（現役並み所得者は3割負担）
・70歳から74歳
　2割負担
　（現役並み所得者は3割負担）
・義務教育就学後から69歳
　3割負担
・義務教育就学前
　2割負担

保険料21.4兆円
医療費43.4兆円
⑤支払
④請求
①保険料
保険者

病院：　　　　　　8,300
　　（病床数：1,529,215）
診療所：　　　 102,616
　　（病床数：90,825）
歯科診療所：　　68,500
薬局：　　　　　 59,613
※実数字は、令和元年10月1日時点
（出典：令和元年度医療施設（動態）調査）
※薬局は、平成30年3月末時点
（出典：平成30年度衛生行政報告例）

【医療保険制度】

行政機関

国

都道府県

市町村

公費負担

公費負担

各保険者

支援金

（主な制度名）	（保険者数）	（加入者数）
国民健康保険	1,716	約2,752万人
全国健康保険協会管掌健康保険（旧政管健保）	1	約3,940万人
組合管掌健康保険	1,391	約2,954万人
共済組合	85	約858万人

※保険者数及び加入者数は平成31年3月末時点

後期高齢者医療制度	47	約1,772万人

※加入者数は平成31年3月末時点

医師　　　　　 327,210人
歯科医師　　　 104,908人
薬剤師　　　　 311,289人
看護師　　　 1,210,665人
保健師　　　　　62,118人
助産師　　　　　39,613人
※医師・歯科医師・薬剤師は平成30年12月31日時点
（平成30年 医師・歯科医師・薬剤師統計）
※看護師・保健師・助産師は平成28年における
厚生労働省医政局看護課調べ

出典：厚生労働省HP「我が国の医療保険について」https://www.mhlw.go.jp/stf/
seisakunitsuite/bunya/kenkou_iryou/iryouhoken/iryouhoken01/index.html

医療，へき地医療，災害医療等）の整備も行われている。

　このように，医療提供体制において機能分化と連携が政策課題とされてきた背景には，わが国の医療提供体制の特徴の1つである自由開業医制（民間病院は施設基準を満たせば自由に開業することができる）の存在とともに，わが国の公的医療保険（以下「医療保険」と略）の特徴の1つであるフリーアクセス（患者が自由に医療機関を選ぶことができる）の存在がある。

▌医療保険制度▌

　医療制度のもうひとつの柱は医療と医療費の保障である。わが国では医療保険を中心としている。患者（医療保険の被保険者）は保険医療機関（医療保険を使うことができる病院や診療所等）の窓口に被保険者証を提示することで，保険診療（保険を使った診療）を受けることができる（図表1②③の矢印）。また，保険診療を行った医療機関は，保険者に対して診療報酬（診療の対価）の支払いを請求する（図表1④⑤の矢印）。

　診療報酬は，個々の治療・検査・薬剤等を1点10円で点数化して計算する。この点数は診療報酬点数表に定められている。診療報酬点数表が定める個々の治療・検査・投薬等の点数は固定的なものではなく，厚生労働大臣の諮問機関である中央社会保険医療協議会での議論を経て，通常2年ごとに評価され改定される。この改定には，医療にかかわる技術・社会・経済状況の変化が反映されることになる。それでは，本稿執筆時点での直近の改定では，どのような変化が反映されているのであろうか。

■ 2020（令和2）年度の診療報酬の改定 ■

　図表2は2020年度の診療報酬改定の概要である。4つの基本的視点が示されている。このうち，基本的視点の1（患者・国民にとって身近であって，安心・安全で質の高い医療の実現）において，治療と仕事の両立に資する取組の推進が内容のひとつに掲げられている。V-1では，医療と労働の接点となる，治療

図表2　令和2年度診療報酬改定の基本方針

改定に当たっての基本認識
- ▶ 健康寿命の延伸、人生100年時代に向けた「全世代型社会保障」の実現
- ▶ 患者・国民に身近な医療の実現
- ▶ どこに住んでいても適切な医療を安心して受けられる社会の実現、医師等の働き方改革の推進
- ▶ 社会保障制度の安定性・持続可能性の確保、経済・財政との調和

改定の基本的視点と具体的方向性

1　医療従事者の負担軽減、医師等の働き方改革の推進【重点課題】
【具体的方向性の例】
- ・医師等の長時間労働などの厳しい勤務環境を改善する取組の評価
- ・地域医療の確保を図る観点から早急に対応が必要な救急医療体制等の評価
- ・業務の効率化に資するICTの利活用の推進

3　医療機能の分化・強化、連携と地域包括ケアシステムの推進
【具体的方向性の例】
- ・医療機能や患者の状態に応じた入院医療の評価
- ・外来医療の機能分化
- ・質の高い在宅医療・訪問看護の確保
- ・地域包括ケアシステムの推進のための取組

2　患者・国民にとって身近であって、安心・安全で質の高い医療の実現
【具体的方向性の例】
- ・かかりつけ機能の評価
- ・患者にとって必要な情報提供や相談支援、重症化予防の取組、治療と仕事の両立に資する取組等の推進
- ・アウトカムにも着目した評価の推進
- ・重点的な対応が求められる分野の適切な評価
- ・口腔疾患の重症化予防、口腔機能低下への対応の充実、生活の質に配慮した歯科医療の推進
- ・薬局の対物業務から対人業務への構造的な転換を推進するための所要の評価の重点化と適正化、院内薬剤師業務の評価
- ・医療におけるICTの利活用

4　効率化・適正化を通じた制度の安定性・持続可能性の向上
【具体的方向性の例】
- ・後発医薬品やバイオ後続品の使用促進
- ・費用対効果評価制度の活用
- ・市場実勢価格を踏まえた適正な評価等
- ・医療機能や患者の状態に応じた入院医療の評価（再掲）
- ・外来医療の機能分化、重症化予防の取組の推進（再掲）
- ・医師・院内薬剤師と薬局薬剤師の協働の取組による医薬品の適正使用の推進

出典：厚生労働省資料「令和2年度診療報酬改定の概要」[3]

---

(3)　https://www.mhlw.go.jp/content/12400000/000603942.pdf

と仕事の両立支援について論じている。この背景には，働き方改革（→Ⅲ働き方が変わる）の存在がある。

　また，基本的視点の3（医療機能の分化・強化，連携と地域包括ケアシステムの推進）において，地域包括ケアシステムが主題として掲げられている。この背景には，人口の高齢化と疾病構造の変化がある。Ⅴ-2では，医療と福祉の接点となる，地域包括ケアシステムについて論じている。

■ 高齢化の進展と疾病構造の変化 ■

　わが国の疾病構造は，第二次世界大戦後，大きく変化してきた。すなわち，生活環境の改善や医学の進歩によって感染症が激減した。それとともに，「高齢化の進展に伴う高齢者の慢性疾患の罹患率の増加により疾病構造が変化し，医療ニーズについては，病気と共存しながら，生活の質（QOL）の維持・向上を図っていく必要性が高まってきている。一方で，介護ニーズについても，医療ニーズを併せ持つ重度の要介護者や認知症高齢者が増加するなど，医療及び介護の連携の必要性はこれまで以上に高まっている」[4]との状況にある。このことを背景に，現在，地域包括ケアシステムが推進されている。

　この地域包括システムの推進を図る際，解決する必要があるのが，介護業務に従事する人材不足の問題である。Ⅴ-6では，介護の担い手の問題を取り上げ，介護職員の処遇改善，キャリアアップ，外国人介護人材の導入の，現状と課題について論じている。

　高齢化の進展と疾病構造の変化は，医療・福祉の提供体制のあり方とともに，提供される医療の内容にも影響を及ぼす。Ⅴ-3では，本人の意思がはっきりしない高齢者の終末期医療を取り上げ，本人による意思表示，終末期医療を支える医療制度，患者の家族との関係について論じている。また，Ⅴ-4では，生活習慣病予防や介護予防等の，予防を重視する制度改革のあり方を取り上げ，その特徴と問題点を論じている。

■ 福祉サービスの提供方式 ■

　Ⅴ-5とⅤ-6では，福祉の現場で生じている問題を取り上げている。わが

---

(4)　厚生労働省編『令和3年版厚生労働白書』（2021年）336頁。

国の福祉サービスの提供方式は，2000 年代に入り，社会福祉基礎構造改革によって「措置から契約へ」と転換した。措置制度とは，「市町村の行政庁（措置権者）が，自らの判断・決定により，在宅福祉サービスや福祉施設への入所を必要とする者に対して，それらのサービスの提供（あるいは社会福祉法人等への提供委託）を行う制度のことである。（略）行政庁が相手方の申請を必要とせず職権でサービス提供の可否・内容等を決定する職権主義に特徴があり，費用は，公費（租税）のほか，利用者本人と家族（扶養義務者）からの所得に応じた費用徴収（徴収者は行政庁）により賄われる」[5]方式である。

　現在では，「措置から契約へ」の転換により，措置制度は一部存続しているものの，福祉サービスの提供方式は，事業者と利用者との契約に基づく方式が中心となっている。Ⅴ-5 では，施設内虐待の問題を取り上げ，契約当事者である事業者と利用者は対等で平等な立場であるということを再確認することの必要性や，社会的弱者の尊厳が保障される「住まい」の確保のあり方について論じている。

　この章の各論稿は，医療と福祉の制度政策の動向や現場で生じている諸問題を，それぞれの執筆者の視点から検討している。読者の皆さんがこれからの医療と福祉のあり方を考えるときの手掛かりとなれば幸いである。

■参考文献■

　本文中に掲げたもののほか，
　村上陽一郎『人間にとって科学とは何か』（新潮社，2012 年）

（増田幸弘）

---

(5)　本澤巳代子＝新田秀樹編『トピック社会保障法 2021〔第 15 版〕』（不磨書房，2021 年）197 頁〔新田秀樹執筆〕。

1　白衣を着たうさぎ
——治療と仕事の両立支援

●チョッキを着た白うさぎ●

　1865年にイギリスで刊行された『不思議の国のアリス』の白うさぎはチョッキを着ている。イギリス服飾史の研究者である坂井妙子によると，「白うさぎは昼間の外出のためにカジュアルに装い，侯爵夫人を訪問する際には正装に着替えている。彼の服装や服飾小物はそれぞれが紳士的なだけではなく，着替えの点でもリスペクタブルなのである。『リスペクタブル』とは尊敬に値するという意味で，19世紀のイギリス中産階級の人々が賞揚する価値観だった」[1]という。アリスはヴィクトリア朝時代のイギリスの中産階級の家庭の子である。そして，白うさぎも中産階級のジェントルマン文化を体現するキャラクターであった。

　この『不思議の国のアリス』が刊行された2年後の1867年，イギリスでは「工場法の適用対象を一挙に拡大した」[2]工場法の改正が行われた。大森真紀は，1867年の改正法について，「19世紀イギリス工場法史において画期を成すとされる1878年統合工場法よりも，工場法史上ではあまり注目されない，1867年法（1864年法の適用業種を拡大），やはり炭鉱法を前例とする1883年（鉛白）工場法，高温・多湿の規制とともに工場内の空気清浄の基準を定めた1889年綿布工場法等，個別業種を対象とした諸法こそ危険業種規制を進める歩みであった」[3]と評価する。

　イギリスで中産階級の人々が「リスペクタブル」な価値観を賞揚し，アリスの白うさぎがチョッキを着ていたこの時期，労働者階級が生産に従事する現場では労働者の安全と健康を守るための法規制が少しずつ進められていた。なお，

---

(1)　坂井妙子『おとぎの国のモード』（勁草書房，2002年）91頁。

(2)　武田文祥「イギリス工場法思想の源流（その2）——工場監督官レナード・ホーナーの思想について」三田学会雑誌73巻4号（1980年）102頁。

(3)　大森真紀「イギリスにおける労働安全衛生基準の形成——トマス・オリバー編『危険業種』（1902年刊）を手がかりとして」早稲田大学社会科学総合研究8巻2号（2007年）25頁。

わが国で工場法が制定されたのは，1911（明治44）年のことであった[4]。

●白衣を着た白うさぎ●

　時は流れて2017年。平成の日本に，白衣・スーツ・作業着を着たうさぎの
キャラクターが登場した。その名を「ちりょうさ」という。ちりょうささんは，
働き方改革実行計画（働き方改革実現会議2017年3月28日決定）が掲げる「治
療と仕事の両立支援」の，イメージキャラクターである（図表1）。なるほど右
の耳に「ちりょう」，左の耳に「しごと」と書いてある。

　この働き方改革実行計画によると，「病気を治療しながら仕事をしている方
は，労働人口の3人に1人と多数を占める。病気を理由に仕事を辞めざるを得
ない方々や，仕事を続けていても職場の理解が乏しいなど治療と仕事の両立が
困難な状況に直面している方々も多い」との状況にある。

　この問題への解決について，働き方改革実行計画は次の3つの方策を挙げた。
①会社の意識改革と受入れ体制の整備，②トライアングル型支援等の推進，③
労働者の健康確保のための産業医・産業保健機能の強化。図表2は②のトライ
アングル型支援のイメージ図である。

図表1　治療と仕事の両立支援のイメージキャラクター「ちりょうさ」

出典：厚生労働省委託事業「治療と仕事の両立支援ナビ」ホームページ

---

(4)　更にその10年後の1921（大正10）年に，日本女子大学校に社会事業学部女工保全科
　　が設置されている。当時の女工保全科のカリキュラムには，「工場法」や「女工使用問
　　題」等の講義があった。この社会事業学部を前身とする現在の日本女子大学社会福祉学
　　科では，労働法の講義が学科の必修科目のひとつとなっている。

　ここでは，医療と労働の接点となる，治療と仕事の両立支援のあり方について見て行こう。

●トライアングル型支援──主治医・産業医（企業）・患者（家族）をつなぐ●

　図表2には白衣を着た医師が2人描かれている。主治医と産業医である。白衣を着たちりょうささんは，主治医と産業医であろうか。厚生労働省のガイドラインが示す，治療と仕事の両立支援の望ましい流れを見ると，主治医と産業医の連携が重要となることが分かる[5]。次の①から⑤の流れである。

①　両立支援を必要とする労働者が，支援に必要な情報を収集して事業者に提出。労働者からの情報が不十分な場合，産業医等又は人事労務担当者等が，労働者の同意を得たうえで主治医から情報収集することも可能。

②　事業者が産業医等に対して収集した情報を提供し，就業継続の可否，就業上の措置および治療に対する配慮に関する産業医等の意見を聴取。

図表2　トライアングル型支援のイメージ

病気の治療との両立に向けたトライアングル型支援のイメージ

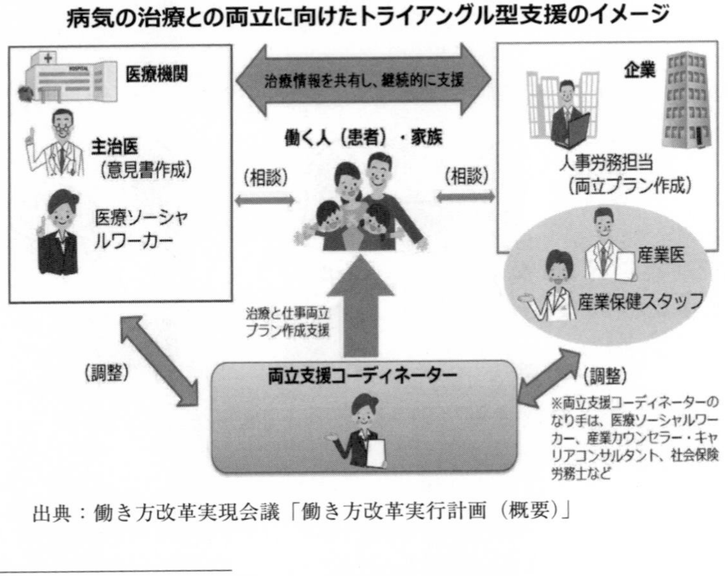

出典：働き方改革実現会議「働き方改革実行計画（概要）」

---

(5)　厚生労働省「事業場における治療と仕事の両立支援のためのガイドライン　2022年3月改定版」2002年，6頁。

③　事業者が，主治医及び産業医等の意見を勘案し，就業継続の可否を判断。

④　事業者が労働者の就業継続が可能と判断した場合，就業上の措置および治療に対する配慮の内容・実施時期等を事業者が検討・決定し，実施。

⑤　事業者が労働者の長期の休業が必要と判断した場合，休業開始前の対応・休業中のフォローアップを事業者が行うとともに，主治医や産業医等の意見，本人の意向，復帰予定の部署の意見等を総合的に勘案し，職場復帰後の就業上の措置及び治療に対する配慮の内容・実施事項等を事業者が検討・決定し，実施。

　このように，治療と仕事の両立にあたっては，本人と主治医と産業医との連携が重要となる。しかし，産業医と主治医とでは，その立場の違いから同じ患者（労働者）への向かい合い方が異なっている。主治医は病気の治療という観点から患者と向かい合い，産業医は労働の現場における安全・健康への配慮という観点から患者としての労働者に向かい合うという違いがある[6]。また，患者やその家族は，病気による不安を抱える中，「まず病気のこと，どんな治療・予後なのか，それに伴う手続きなど，わからないことがたくさんあ」るという状況に置かれる[7]。

　そこで，「働き方改革実行計画」では，「治療と仕事の両立に向けて，主治医，会社・産業医と，患者に寄り添う両立支援コーディネーターのトライアングル型のサポート体制を構築する」[8]ことが提唱された。両立支援コーディネーターとは，「労働者（患者）やその家族からの依頼を受けて労働者（患者）に寄り添いなら相談支援を実施し，また労働者（患者），主治医，企業・産業医のコミュニケーションのサポートを行う者」であり，「病気にかかった労働者（患者）がスムーズに職場復帰（復職）できるように，または，仕事を理由として治療を中断することなく継続治療できるように，医療機関に受診を始めた早期の段

(6)　厚生労働省の「治療と職業生活等の支援に関する検討会報告書」（2012年8月）は，「医療機関は，病気を治療することを第一に治療を行っており，患者を『職業生活を送る者』ととらえておらず，治療方針の決定に際し，職務内容や勤務時間などの患者の就業状況を十分に考慮していないことが多い」（7頁）とする。
(7)　独立行政法人労働者健康安全機構「仕事と治療の両立支援コーディネーターマニュアル」2020年，3頁。
(8)　「働き方改革実行計画」20頁。

階から対象者の依頼を受けて介入する新たな職種」である[9]。

　この両立支援コーディネーターは，「医療や心理学，労働関係法令や労務管理に関する知識を身に付け，患者，主治医，会社などのコミュニケーションのハブとして機能することが期待され」[10]ている。両立支援コーディネーターは国家資格ではない。独立行政法人労働者健康安全機構では，「将来的には，治療と仕事の両立支援体制が確立できるよう，治療就労両立支援事業の一環として，研修事業を実施し，両立支援コーディネーターの養成を図ること」[11]とし，2017 年より研修事業を実施している。

●産業医の職務──労働の現場で活動する白衣を着たちりょうささん●

　治療と仕事の両立支援に関するもうひとつの施策として，働き方改革実行計画は産業医・産業保健機能の強化を挙げる。具体的には，働き方改革関連法の施行に伴う労働安全衛生法の改正（2009 年 4 月 1 日施行）等により，産業医の活動環境の整備（産業医の独立性・中立性の強化，産業医への権限・情報提供の充実・強化，産業医の活動と衛生委員会との関係の強化）と，健康相談の体制整備が図られるとともに，健康情報の適正な取扱いの推進が図られた[12]。ここでは産業医の活動について見てみよう。

　わが国では 1938（昭和 13）年の工場法改正により，従業員 500 人以上の職工を使用する工場に工場医の選任が義務づけられた。工場医は 1947（昭和 22）年の労働基準法の施行に伴い工場医は廃止された。その後，1972（昭和 47）年に施行された労働安全衛生法が産業医を規定した。

　企業で働く医師というと，企業が福利厚生施設として設置する企業内診療所の医師を連想するかもしれない。産業医が企業内診療所の医師を兼務し，患者の診療にあたることもある[13]。しかし，それは産業医としての職務として診療

---

(9)　労働者健康安全機構前掲注(7)5 頁。

(10)　「働き方改革実行計画」21 頁。

(11)　独立行政法人労働者健康安全機構ホームページ　https://www.johas.go.jp/ryoritsumodel/tabid/1015/Default.aspx。

(12)　概要につき，厚生労働省パンフレット「『産業医・産業保健機能』と『長時間労働者に対する面接指導等』が強化されます」を参照（https://www.mhlw.go.jp/content/000497962.pdf）。

(13)　産業医の前身となる工場医の「実態は工場医局という形で，医師が工場内で診療を

を行っている訳ではない。それでは，産業医の職務とは何であろうか（以下の記述は神尾真知子＝増田幸弘＝内藤恵『フロンティア労働法［第2版］』（法律文化社，2014年）156-168頁［増田幸弘執筆］の記述と一部重複する）。

　労働安全衛生法は事業者に対して，政令で定める規模の事業場ごとに，一定の要件を満たした医師を産業医として選任し，労働者の健康管理等（「労働者の健康管理その他の厚生労働省令で定める事項」）を行わせることを義務づけている。同法はまた，事業者はまた，一定の事業場について専属の産業医を選任することを義務づけている。

　選任された産業医は，事業者（使用者）が従業員（労働者）に対して負う労働契約上の安全配慮義務の履行補助者として位置づけられる。産業医は事業者との間の契約に基づき，この履行補助者としての職務を行うことになる。つま

図表3　産業医の職務

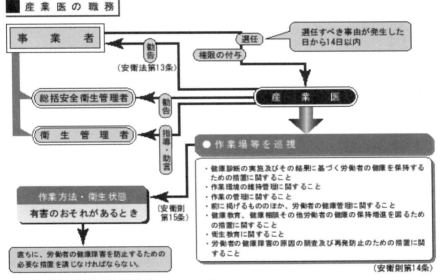

出典：厚生労働省群馬労働局ホームページ

行うという，プライマリ・ケア的な専門家として発展してきたといえる」（大久保利晃「産業医と勤労者医療」日本職業・災害医学会誌51巻2号［2003年］，95頁）ものであった。

り，産業医として職務を行っている医師と事業場の労働者との間に何らかの契約関係がある訳ではない。先に述べた企業内診療所で診療にあたっている医師は，産業医を兼務していたとしても，診療の場面では「患者としての労働者」との間の医療契約に基づき臨床医としての職務を行っているものである。

　産業医としての具体的な職務の内容は，産業医と事業者との契約によって定まることになる。図表３は，労働安全衛生法および労働安全衛生規則が定める産業医の職務の説明図である。

●勧告・助言・意見の尊重──労働の現場で活動する白衣を着たちりょうささんの権限等●

　産業医が意見を言っても事業者に聞き流されたり，意見を言ったためにクビになったりしてしまうというのでは困る。ちりょうささんが自由に意見を言えなくなってしまう。そこで，前述のように産業医の権限等が強化された。

　産業医には現在，次のような権限が与えられている。①労働者の健康管理等に関して事業者に勧告を行う権限，②労働者の健康障害の防止に関して，衛生管理者等に勧告・指導・助言を行う権限，③事業者や衛生管理者等に意見を述べる権限。④労働者の健康管理等を実施するために必要な情報を労働者から収集する権限，⑤労働者の健康を確保するため緊急の必要がある場合において，労働者に対して必要な措置をとるべきことを指示する権限，⑥衛生委員会に対して必要な調査審議を求める権限。

　ただし労働安全衛生法は，事業者等が産業医の勧告に従うべき義務や，従わなかった場合の罰則規定はない。その意味では産業医の勧告には強制力がないとも言えるかもしれない。しかし，事業者が産業医の勧告を尊重せず，また必要な措置を講じないことは，刑事責任や民事責任が追求される場面において事業者に不利に作用する（違法状態を知りながら法令違反を続けていたことが発覚した場合の刑事責任の追求，業務災害が発生した場合の民事責任の追求)[14]。

　また，事業者は勧告・助言・指導をしたことを理由に，産業医を解任その他不利益な取扱いをしないようにしなければならず，産業医が辞任したときや産業医を解任したときには遅滞なくその旨を衛生委員会等に報告しなくてはならない。加えて事業者には，産業医から勧告を受けたとき，①勧告の尊重，②勧

---

(14)　保原喜志夫編著『産業医制度の研究』（北海道大学出版会，1998年）47頁［保原喜志夫執筆］。

告の内容等の記録および保存，③衛生委員会等への報告が義務づけられている。更に事業者には，労働者の健康管理を適切に実施するため，産業医の業務内容を周知するとともに，産業医等が健康相談に応じ適切に対応するための体制整備についての努力義務が課せられた。

●情報の共有と個人情報の保護●

前述のように現在，治療と仕事の両立支援策として，①会社の意識改革と受入れ体制の整備，②トライアングル型支援等の推進，③労働者の健康確保のための産業医・産業保健機能の強化が図られている。本稿では②と③を取り上げた。今後，①を含め諸施策が定着することが望まれる。

その際，情報の共有とともに秘密保持にも留意する必要がある[15]。トライアングル型支援に際して主治医と産業医等が両立支援コーディネーターを介して密接な連携を行い，また，産業医活動に際して産業医が事業主や衛生管理者等

図表4　わが国の産業保健における健康情報の利用

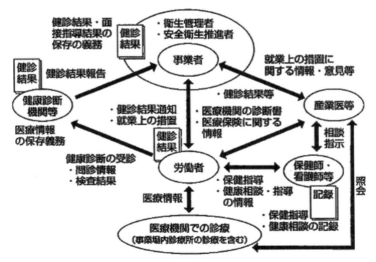

出典：産業医科大学産業生態科学研究所編『産業医学版　個人情報の保護と活用の手引き』（法研，2007年）49頁

---

(15)　「治療と職業生活等の支援に関する検討会報告書」前掲注(6)はこの点を指摘する。

に勧告・指導・助言を行うことは，当該労働者に関する情報を多くの関係者の間で共有することにつながるためである（図表4）。

　このことに関して，(a)業務に従事する産業医に対して，労働安全衛生法（105条108条の2），じん肺法（35条の4），刑法（134条1項）等が秘密保持義務を課している。また(b)事業者が労働者の健康情報を取扱う際には，その事業者に対して，労働安全衛生法やじん肺法等の規定とともに，個人情報保護法の規定が適用される。

　なお，図表5は，産業保健スタッフによる労働者の健康情報の取扱い方である。

図表5　産業保健スタッフによる労働者の健康情報の取扱い方

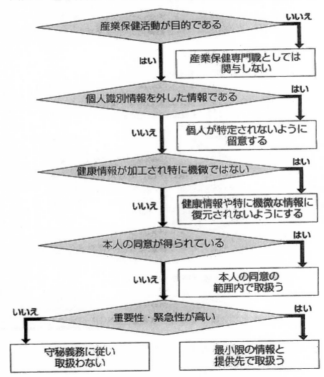

出典：産業医科大学産業生態科学研究所編『産業医学版　個人情報の保護と活用の手引き』法研，2007年，71頁

196

● 治療と仕事の両立支援から産業ソーシャルワークへ ●

　ここまで，医療と労働の接点となる，治療と仕事の両立支援について述べて
きた。ちりょううささんがお目見えすることになった働き方改革実行計画を契
機に，トライアングル型支援を支える新たな職種として両立支援コーディネー
ターが設けられ，また，産業医・産業保健機能が強化された。先に述べたよう
に，個人情報の保護に留意しながら，着実に施策を進めていくことが望まれる。

　筆者は，これをもう一歩進め，（仕事と治療の両立に特化してソーシャルワーク
的な機能を果たす職種である）両立支援コーディネーターの登場を契機に，わが
国でも，治療と仕事の両立にとどまらない・すべての「働く人の支援」を行う
産業ソーシャルワーク（industrial social work）または労働ソーシャルワーク
（occupational social work）の専門性を確立し，社会の中に定着させることが必
要ではないかと考えている[16]。丸目真弓は2010年の論稿において産業ソー
シャルワークについて次のように述べている[17]。

　　医療ソーシャルワーク，コミュニティソーシャルワーク，学校ソーシャル
　　ワークなどのように特定の領域において，独自に発展しているソーシャル
　　ワークの一つとして，近年，産業ソーシャルワークという新たなカテゴリー
　　が誕生しつつある。文字通り，産業分野で行われるソーシャルワークであり，
　　クライエントである雇用主や企業と契約を結んだうえで，主にそこで雇用さ
　　れている従業員やその家族に対して福祉的援助（ソーシャルワーク）を行う
　　ものである。

　また，前廣美保は2017年の学会発表の抄録において次のように述べてい
る[18]。

　　アメリカでは「産業」あるいは「職場における」ソーシャルワークはすで
　　に1880年代から始められていたという。その目的は女性と移民男性につい

(16)　なお，労働（者）福祉（worker's welfare）の考え方については秋元樹「労働者福祉
　　論のススメ――今の日本の社会福祉はおかしい」社会福祉40号（1999年）に詳しい。
(17)　丸目真弓「我が国における産業ソーシャルワークの萌芽，その展望と課題――働く
　　女性の子育て，介護支援を中心とした新たな役割を担う産業ソーシャルワーカーの固有
　　性に着目する」近畿医療福祉大学紀要11巻1号（2010年）58頁。
(18)　前廣美保「産業ソーシャルワーカーの必要性――働く人のためのメール相談」日本
　　社会福祉学会第65回秋季大会抄録集（2017年）30頁。

ての倫理の構築と社会化であり，当時のアメリカの職場としての工業・産業にとっては，比較的新しい概念であった。130 年後，今の日本においても，女性の抱える生活課題，外国人労働者の権利や労働環境に関する課題は，いまだ顕著に存在している。ソーシャルワーカーである社会福祉士と精神福祉士の専門的技能を活用して，企業で働く人や個人事業主，あるいは家庭を運営する主婦などからの「相談」を通して，重篤な問題を予防することができるのである。労働者の就労を継続することは，貧困や孤立の予防につながる。働く人々を日本社会全体で守る体制を築いていくために，ソーシャルワークの関係調整の力が求められている。

このような産業ソーシャルワーク（または労働ソーシャルワーク）について，読者の皆さんはどのように考えるだろうか。

■ 参考文献 ■

文中に揚げたもののほか，

厚生労働省「事業場における労働者の健康情報等の取扱規程を策定するための手引き」（2019 年）

Maiden, R.P. (ed), *Global Perspectives of Occupational Social Work*, The Haworth Press, 2001.

Mor Barak, M. and Bargal, D. (ed), *Social Services in the Workplace: Repositioning Occupational Social Work in the New Millennium*, Routledge, 2000.

（増田幸弘）

2　地域のお年寄りを支えるのは誰？
―― 地域包括ケアシステムの構築

● 地域包括ケアシステムとは ●

　高齢者の医療・福祉の分野では，現在「地域包括ケアシステムの構築」ということが盛んに言われている。「地域包括ケアシステム」とは，高齢者が，可能な限り，住み慣れた地域で自立した日常生活を営むことができるよう，医療，介護，介護予防，住まい，日常生活の支援を包括的・一体的に提供する体制のことで，国は，団塊の世代が75歳以上になる2025年をめどにその実現を目指している（図表1）。ケアの範囲をもう少し広げれば，医療・看護，介護・リハビリテーション，保健・予防，生活支援・福祉サービス，住まい・住まい方まで含めることもできるだろう。

　地域包括ケアシステムの実現が急がれるのは，いうまでもなく急速な少子高齢化の進行に伴って介護を必要とする高齢者が急増することが見込まれる一方で（図表2），それを費用面やサービス面で支える現役世代が減っていくことが懸念されているからだ。なかでも認知症の高齢者への対応は急務とされている。

図表1　地域包括ケアシステムのイメージ

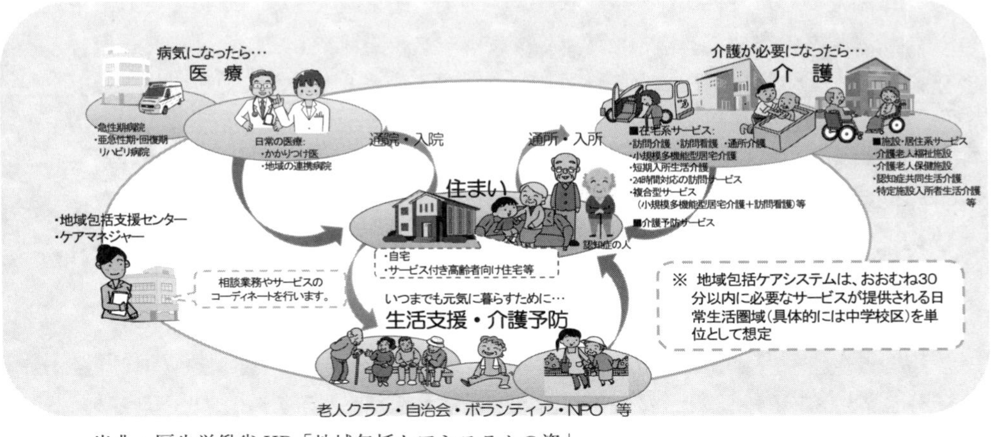

出典：厚生労働省HP「地域包括ケアシステムの姿」

図表2　要介護・要支援高齢者数の推移

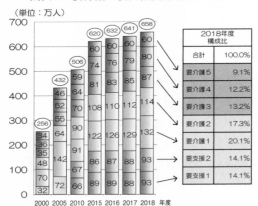

出典：厚生労働省「平成30年度介護保険事業状況報告（年報）」

● 地域包括ケアシステムの仕組み ●

　地域包括ケアシステムについては，一義的には，介護保険の保険者である市町村が，それぞれの地域により異なる高齢者のニーズと医療や介護を始めとするケアを提供できる主体（組織や担い手）を適切に把握して，その地域にあった体制づくりをし，それを都道府県が施設整備や人材育成も含め様々な形で支援していくこととされている。

　このため，市町村は，地域包括ケアシステムを構築する基本単位とされる中学校区程度の圏域ごとに，地域包括支援センターを設置している。市町村直営だけでなく，社会福祉法人等へ業務を委託することも可能だ。地域包括支援センターには，保健師又はベテランの看護師・ベテランのケアマネージャー（主任介護支援専門員），社会福祉士の3種の専門職が配置され，図表3に掲げた基本的機能のほか，認知症高齢者の総合的支援その他のさまざまな機能・事業を担っており，地域包括ケアシステムを構築し推進していくためのまさに中核的機関として位置づけられている。

　市町村における地域包括ケアシステム構築の基本的なプロセスは，市町村が中心となっての，①地域の課題の把握と社会資源の発掘 ⇨ ②地域の関係者による対応策の検討 ⇨ ③対応策の決定・実行を繰り返していくというものだが（図表4），その中核的な手法が，地域包括支援センターと市町村という2つの

図表3　地域包括支援センターの基本機能

共通的支援基盤構築	地域に，総合的，重層的なサービスネットワークを構築する。
総合相談支援・権利擁護	高齢者の相談を総合的に受け止めるとともに，訪問して実態を把握し必要なサービスにつなぐ。虐待の防止など高齢者の権利擁護に努める。
包括的・継続的ケアマネジメント支援	高齢者に対し包括的かつ継続的なサービスが提供されるよう，地域の多様な社会資源を活用したケアマネジメント体制の構築を支援する。
介護予防ケアマネジメント	介設予防事業，新たな予防給付が効果的かつ効率的に提供されるよう，適切なケアマネジメントを行う。

出典：厚生労働統計協会編『国民の福祉と介護の動向 2017／2018』（厚生労働統計協会，2017 年）160 頁

図表4　市町村における地域包括ケアシステム構築のプロセス（概念図）

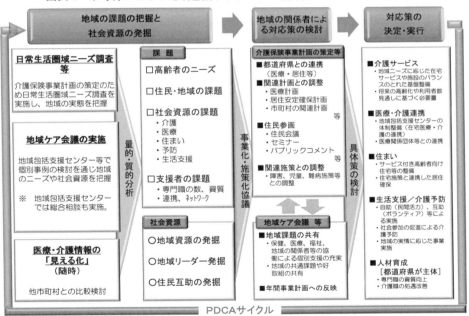

出典：厚生労働省 HP「市町村における地域包括ケアシステム構築のプロセス（概念図）」

レベルで開催する地域ケア会議である。

　このうち，地域包括支援センターごとに開催される地域ケア会議においては，医療や介護分野の多くの専門職（医師，歯科医師，薬剤師，看護師，理学療法士，作業療法士，管理栄養士，介護福祉士，介護支援専門員（ケアマネージャー）等）や介護事業者，民生委員，地域包括支援センター職員などの関係者が協働して，生活上のさまざまな困難を抱えた高齢者の個別課題の解決を図るととともに，そのプロセスを通じて，①関係者による地域支援ネットワークの構築，②介護支援専門員のケアマネジメント実践力の向上（ケアマネジメント支援），③当該地域に共通した課題の明確化などを行う。

　そして，市町村レベルで開催される地域ケア会議においては，関係者の代表が集まって，地域包括支援センターでの地域ケア会議において発見・把握された地域課題などを踏まえて，課題への対応とそれに必要な社会資源の開発や地域づくりの方策について検討・協議を行い，市町村介護保険事業計画に位置付けるなどの政策形成につなげていくこととされている。

　近年は，地域包括ケアシステムに関わる各領域の連携の重要性が改めて強調されるようになっている。医療と介護の連携については，2015年度から，都道府県・保健所の支援の下，市町村が中心となって，地域の医師会等と緊密に連携しながら，地域の医療・介護の関係機関の連携体制の構築を推進する在宅医療・介護連携推進事業が進められている。また，2019年の法改正により，高齢者に対する保健事業と介護予防事業を一体的に実施するための仕組みが整えられた（→Ⅴ-4）。こうした事業や地域ケア会議の枠組み等を適切に活用し，医療・介護に携わる多職種の顔の見える関係づくり，多職種合同の事例研究や研修等の機会の増加，地域連携パスの構築，情報通信技術（ICT）を活用した連携環境の整備等を推進していくことが求められている。

● 地域包括ケアを支える個々のサービスの提供者 ●

　地域包括ケアシステムが提供するケアのうち，生活の基盤として必要な住まいが整備されていることは，システムが適切に機能する前提となる（→Ⅴ-6）。そして，医療，介護，それから介護予防の一部については，図表1で見たように，病院・診療所や介護保険法に規定されている介護サービス事業者・施設（訪問介護事業者（ホームヘルパー派遣事業者），デイサービスセンター，特別養護

老人ホーム，老人保健施設，グループホームなど）によって提供され，それらの
サービスは，主として医師，看護師，介護福祉士などをはじめとする医療・福
祉の専門職が提供を担うことが想定されている。一方，生活支援（具体的には，
見守り，安否確認，外出支援，家事支援など）や多くの介護予防サービスについ
ては，老人クラブや自治会・町内会，ボランティア団体，特定非営利活動法人
（NPO法人）などに所属する高齢者自身や地域住民，ボランティアなどをはじ
めとする多様な担い手によって提供されることが期待されている。また，そう
したさまざまなサービスを，それぞれの高齢者にフィットした形で提供できる
ようコーディネートする役割（ケアマネジメント）を担う専門家が，介護支援
専門員（ケアマネージャー）ということになる。

このうち，生活支援や介護予防については，その担い手となる組織や人材の
多くをこれから発掘・育成していかなければならない。この点に関し，国は，
「高齢者等地域住民の力を活用した多様な生活支援・介護予防サービスを充実
していく」，「NPO，ボランティア，地縁組織，協同組合，民間企業，社会福
祉法人，シルバー人材センター等による生活支援・介護予防サービスの開発，
ネットワーク化を進める」，「生活支援・介護予防サービスを提供するボラン
ティアとなるための研修を継続的に実施するなど，高齢者も含めた生活支援・

図表5　多様な主体による生活支援・介護予防サービスの重層的な提供

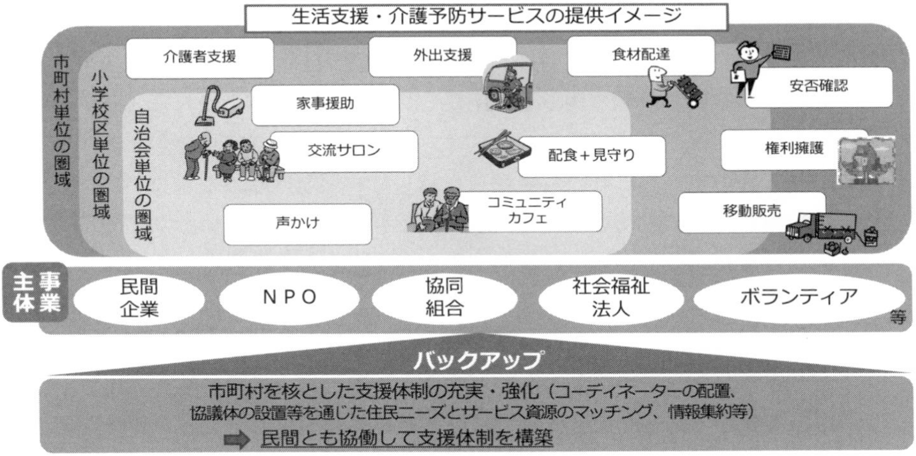

出典：厚生労働省HP「多様な主体による生活支援・介護予防サービスの重層的な提供」

介護予防サービスを提供したいと考えている者と地域における生活支援のニーズをマッチングしていく」などといった方針を示している（図表5）。

● 地域包括ケアシステム構築にあたっての課題 ●

　地域包括ケアシステム構築にあたっての最大の課題は，システムを担う人材を確保できるかどうかということに尽きる。

　医療・介護については専門職が中心となって提供することが想定されていると述べたが，①休日勤務や夜間勤務が多いことも含め労働時間が長い，②医療事故や介護事故のリスクにさらされる，③厳しい労働の割には（特に介護分野では）賃金が低い，④非常勤など身分が不安定な職も多い，といった労働条件の悪さから，看護師，介護福祉士などの専門資格を取得してもそれにかかわる業務に就かない潜在的有資格者や，いったん就職しても比較的短期間で離職する人が実際には多い。このため看護職や介護職では，特に都市部を中心に慢性的な人手不足の状態が続いており，それが個々の職員の業務量の増加等の労働条件の悪化を招くという悪循環も生じている。また，介護福祉士による業務独占とされていない介護職については，人手不足を少しでも補うために資格の有無を問わず求人を行っているが，そのことが介護サービスの質の低下を招くことも懸念されている。国は人材不足を解消しようと，介護報酬や看護についての診療報酬の引上げや潜在的有資格者の掘り起こし等の施策を講じているが，介護報酬・診療報酬の財源が社会保険料と税金であるという財政的制約もあって，なかなか効果が上がっていない。少子高齢化がますます進行する中で，医療や介護を担う働き手が今後さらに不足していくことが懸念される（→Ⅴ-6）。

　また，生活支援や介護予防については，既に述べたように，その担い手となる組織や人材の多くをこれから発掘・育成していかなければならない。国は，人材の発掘・育成に成功したモデル事例の紹介などに努めているが，地域ごとに高齢者のニーズや社会資源の状況が異なることから，結局，各市町村が自分の地域に合った施策を考えていかざるを得ない。その場合には，自分たちが住む街のケアは自分たちが支えるのだという自覚を住民その他の関係者が共有できるかどうかがキーポイントになるだろう。このため，従来の業務の中心が法令の忠実な執行であった市町村職員には，分析力や企画力といった新たな能力も求められようになってきている。

　そして，以上のような個々のケアサービスの提供者の協働をコーディネートしながら地域包括ケアシステムを構築・推進していく中心的な役割が地域ケア会議とそれを主宰する地域包括支援センターに求められているわけであるが，地域包括支援センターの機能・業務が前述（図表3）のとおり多岐にわたる一方で，中核となる専門職は多くのセンターで3人体制にとどまっており，現在でも職員の業務負担が過重になっていると指摘され続けている[1]。また，もともとが介護保険法に基づき設置された機関であるため，保健・医療や権利擁護までをも含んだ包括的なシステムづくりを主導するのにはやや無理があることも否めない。今後地域包括ケアシステムがより本格的に展開していくことから，地域包括支援センターの体制強化ということが盛んに言われているが，ここでも人材や財源の不足がネックとなっている。

●地域包括ケアシステムの展望●

　一言でいえば，地域包括ケアシステムは，現役世代の減少に伴い労働力や公的財政についての制約が強まる中で，認知症への対応も含め増大し多様化する高齢者ケアのニーズに応えるために，公私を問わず地域の社会資源を総動員することでその地域を何とか維持しようとする試みである。

　したがって，①その地域の限られた社会資源をどこまで効率的に連携できるか，また，②住民も含めた地域の関係者がどこまで地域ケアの当事者であるとの意識を持てるか，そして，③各市町村が，地域の特性を踏まえてそうした方向に向けての施策を立案し展開できるかが，地域包括ケアシステムを構築できるか否かの鍵になるだろう。

■参考文献■

　　文中に掲げたもののほか，
　　厚生労働省HP「地域包括ケアシステム」（http://www.mhlw.go.jp/stf/seisakunitsuite/
　　　bunya/hukushi_kaigo/kaigo_koureisha/chiiki-houkatsu/）の頁に掲載された
　　　各種資料・文献
　　「介護予防・日常生活支援総合事業のガイドラインについて」（平成27年6月5日
　　　老発0605第5号・各都道府県知事宛厚生労働省老健局長通知）。

（新田秀樹）

---

(1)　阿部和光「第16章　高齢者・養護者の地域生活支援」日本社会保障法学会編『新・講座 社会保障法 第2巻 地域生活を支える社会福祉』（法律文化社，2012年）317-320頁。

3　自分らしい最期の迎え方
──終末期医療における高齢者と家族

● 「終活」ブームと医療 ●

　「死」は誰しも迎えるものであり，死なない人はこの世にはいない。折しも，超高齢社会の現在は，「終活」ブームである。エンディングノートと呼ばれる，自分の財産のありかや葬儀の内容，病気になったときの治療の方針などを記すノートを書くことが流行している。自分の死，自分の最期について考えることは，自分の生を考えることでもあり，家族や友人のためでもあるという認識が，少しずつ広がってきているとも言える。

　しかしながら，高齢者の救急搬送は年を追うごとに増えており（図表1），令和元年の搬送者の6割は高齢者となっている。そして，近年目立つのは，介護施設に入所している高齢者の急変による，救急搬送だとの指摘もある。その場合，医師が患者やその家族の意思に沿わない処置を行ってしまった結果，植物状態となり，あらゆる機器を身体に接続した状態（いわゆる「スパゲティ状態」）

図表1　年齢区分別の搬送人員数と構成比の5年ごとの推移

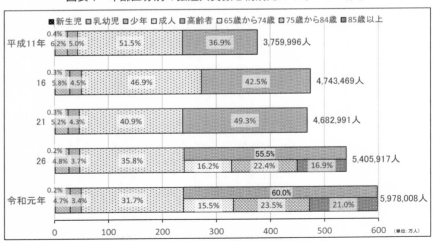

出典：総務省報道資料「『令和2年版　救急・救助の現況』の公表（令和2年12月25日）」

になってしまう等，高齢者本人や家族が望む最期からは，ほど遠くなってしまったなどの事例も聞かれるようになった。救命救急の医師としてはすべきことをしているのだが，結果として，高齢者の QOL を低下させるとともに，高齢者およびその家族の意に沿わない処置に対し，多額の医療費を費やす結果となってしまっている。この状況は，高齢者にとって，あるいは家族にとって，社会にとって，望ましいと言えるのだろうか。

● 意に沿う最期 ── 尊厳死と平穏死 ●

　人は最期を迎えるにあたり，こうありたいといった気持ちが出てくる。例えば，痛い治療はしないで欲しい，自宅に帰りたい，家族にそばにいて欲しいなどである。こうした願いを権利というかどうかは別として，その願いを叶える方策として，尊厳死という考え方がある。日本尊厳死協会の定義によれば，尊厳死とは，「不治で末期に至った患者が，本人の意思に基づいて，死期を単に引き延ばすためだけの延命措置を断わり，自然の経過のまま受け入れる死のこと[1]」とされている。そして，同協会では，この尊厳死を実現するために，リビングウィル（終末期医療における事前指示書）を作成することを推奨している。ただ，このリビングウィルは，本人の意思がはっきりしている場合には有効であるが，そうでない場合も多々ある。

　本人の意思がはっきりしていない場合に，「平穏死」という言葉も聞かれるようになった。平穏死は，介護度の高い高齢者が多く入居する特別養護老人ホームの医師・石飛幸三氏が提唱した考え方であり，同医師・弁護士等からなる研究会では，平穏死を「加齢により老衰・認知症となり，中枢機能障害から嚥下機能障害を起こして口から物が食べられない状態で回復が望めず，栄養補給をしても長く生きられなく，本人の意識がない場合に，家族が延命を望まないケース[2]」として想定されるものとしている。この場合であれば，本人の意思能力が低下しているケースでも，高齢者に限って，積極的な延命措置や胃ろうなどの栄養補給をせず，死を受け入れることも可能である。

　NHK が 2014 年におこなった，全国の 16 歳以上の男女 2,470 人に対する日

---

(1)　日本尊厳死協会 HP（http://www.songenshi-kyokai.com/question_and_answer.html）。

(2)　石飛幸三『「平穏死」という選択』（幻冬社，2012 年）163 頁。

本人の生命倫理に関する調査によれば，延命治療に関して，「希望しない」，「どちらかと言えば希望しない」を合わせると71％にものぼる。尊厳死については，「認められる」，「どちらかと言えば認められる」とする割合が，84％であった。世論としては，延命治療の拒否や尊厳死について，ある一定程度の理解が得られていることがわかる。

●死ぬに死ねない事情●

　とは言いつつも，実際に死を目前にして，あっさりと死ぬこともまたできない事情もある。その原因として挙げられるのは，1つめに，現在の医療制度の問題がある。目の前に苦しんでいる人がいたら，助けようとするのが医師であり，それが使命だと思っている医師も多いだろう。そもそも医師は，診療の求めがあれば，それを拒んではいけないという応召義務が課せられているが（医師法19条），必ずしも本人が望まない医療をする義務はないだろう。しかしながら，本人が望んでいるかいないかがわからないような場合には，医師が人工呼吸器や胃ろうなどを行う可能性を否定できない。そうなると，そうした処置にかかる医療費も増えて行くことになる。実際に，高齢者にかかる医療費は，

図表2　年齢階級別にみた入院料おそびDPCの診療回数（延べ）

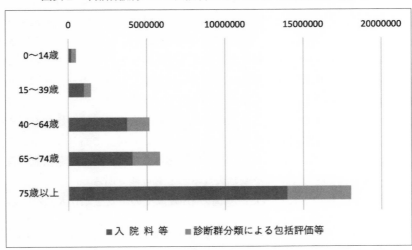

出典：厚生労働省「令和2年社会医療診療行為別統計の概況」より筆者作成

国民医療費全体の半分を占めている。加えて，厚生労働省が示している「令和2年社会医療診療行為別統計の概況」によれば，75歳以上の入院及びDPCの延べ診療回数は，他の年齢層の3倍近くとなっている（図表2）。診療回数が多いということは，それだけ費用がかかっており，特に後期高齢者医療の切実さを物語っている。

　なお，診断群分類別包括評価（DPC）とは，2003年に導入された仕組みであり，「退院時に入院期間の治療内容を振り返ってみて『医療資源を最も投入した傷病名』による診断群分類によって全入院期間の医療費が決まるシステムで，包括部分と出来高部分があり，包括部分は病名に応じて1日当りの点数が決まり，短いと増額され，長く入院すると減額され，医療機関ごとに補正して診療報酬点数が決まる支払いシステム[3]」である。そこで，各医療機関は，入院患者をできるだけ減らし，在宅での療養を進めることになる。加えて，高齢者もどこで死を迎えたいかという問いに対して，自宅という割合が半数を超えている（図表3）。つまり，自宅での療養は，医療機関にとっても，高齢者自身にとっても，利点があるとも言える。

　こうした二者の思惑に応えるべく，自宅での死に対応できる，病院や診療所による往診や訪問診療の対応件数は増えている（図表4）。厚生労働省が行った2017年医療施設調査によれば，病院のうち3割が，診療所のうち6割弱が往診を行っている。しかしながら，厚生労働省の平成28年人口動態統計によれば，自宅で死亡する割合は全体の15％程度にとどまり，この傾向はここ20年ほど変わらず，圧倒的に病院の死亡が多くなっている。

　加えて，看取る家族の側にも問題がある。在宅医療ともなれば，24時間の診療体制が整っている病院とは違って，家族の負担はかなり大きくなる。加えて，終末期の場合，痛みを和らげる場合が多いが，家族がその痛む様子を見ていられるか，という問題もある。そんなに苦しむのならば，もっと楽にしてあげたいという気持ちや，苦しまない方法はないのだろうかという気持ちを家族が持つことも考えられる。また，十分に意思表示ができない高齢者の場合には，家族が意思決定を代行することになるだろうが，果たしてそれが，高齢者の利益になっているのかどうかはわからない。加えて，死んで欲しくないという気

（3）　小林弘祐「知っておきたい新しい医療・医学概論 DPC（診断群分類別包括評価）」日本内科学会雑誌96巻11号（2007年）198頁。

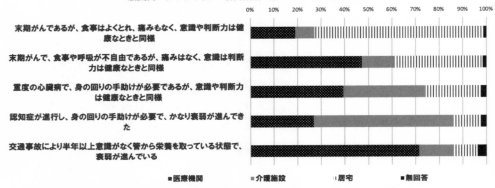

図表3　最期を迎えたい場所

一般国民における「人生の最終段階を過ごしたい場所」(n＝2,179)

出典：終末期医療に関する意識調査等検討会「人生の最終段階における医療に関する意識
調査報告書（平成 26 年 3 月）」30 頁より筆者作成。

図表4　訪問診療を行う医療機関数の推移

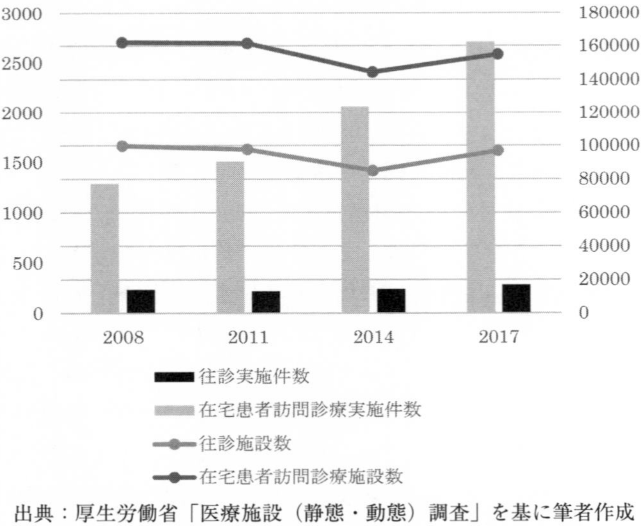

出典：厚生労働省「医療施設（静態・動態）調査」を基に筆者作成

持ちや，もっと長生きして欲しいという気持ちは，家族として芽生えて当然の気持ちであろうから，やはり延命治療をした方がいいのではないか，といった判断も生まれてこよう。

　さらに，社会的に問題となっている事例として，親の介護のために仕事を失ったため，親の年金だけを頼りに生きているケースがある。こうした場合には，高齢者本人が拒否しているにもかかわらず，家族は延命治療を希望することになる。

　以上を見ても，高齢者本人の最期は，高齢者本人のみの最期にあらず，ということが言えるであろう。

●人生の最期を決めるのは自分●

　このような状況のなかで，高齢者本人が迎えたい最期を迎えられるようにするためにはどうしたらよいだろうか。先に述べたように，リビングウィルや延命治療，尊厳死などに一定の理解があっても，いざという時に，自分で自分自身の最期について決められるだろうか。

　先に掲げた「人生の最終段階における医療に関する意識調査」では，リビングウィルに賛成をし，自分自身で書面を作成したとして，その書面をどのように扱って欲しいかを尋ねた質問がある。この書面にしたがって治療して欲しいという人が25.6％，「書面に記載した希望を尊重しつつ，家族等や医師又は医療・ケアチームの判断も取り入れながら，治療してほしい」[4]が65.3％であった。つまり，自分の意思を貫徹するというよりは，家族や専門家の判断に委ねるという人が多いということである。この点で，医療機関において，本人自身の意思を尊重するプロセス形成は重要だということができる。

　現在日本においては，2007年（2015年改訂）に厚生労働省が示した「終末期医療（現在では人生の最終段階における医療）の決定プロセスに関するガイドライン」や2012年に日本老年医学会が示した「高齢者ケアの意思決定プロセスに関するガイドライン人工的水分・栄養補給の導入を中心として」などがある。さらに，2018年3月には，厚生労働省のガイドラインが改訂される見通しであり，アドバンス・ケア・プランニング（ACP：通称「人生会議」）という考え

---

(4)　終末期医療に関する意識調査等検討会「人生の最終段階における医療に関する意識調査報告書（平成26年3月）」23頁。

方が採用されている。すなわち，多職種の医療・介護の専門家と本人・家族が都度話し合うことで，本人が迎えたい最期を迎えられるような仕組みの形成を推進している。こうした基準にしたがいながら，その人らしい最期を迎えられるよう，制度を整えていく必要があるように思われる。

■参考文献■

文中に掲げたもののほか，

金子直之「救命救急センターからみた高齢者救急搬送の現状と問題点」日本老年医学会雑誌 48 巻 5 号（2011 年）478-481 頁

厚生労働省「第 4 回　人生の最終段階における医療の普及・啓発の在り方に関する検討会」（http://www.mhlw.go.jp/stf/shingi2/0000191281.html）

厚生労働省「令和 2 年社会医療診療行為別統計の概況」（http://www.mhlw.go.jp/toukei/list/26-19c.html）

河野啓＝村田ひろ子「日本人は"いのち"をどう捉えているか──『生命倫理に関する意識調査』から」39-40 頁

終末期医療に関する意識調査等検討会「人生の最終段階における医療に関する意識調査報告書（平成 26 年 3 月）」（http://www.mhlw.go.jp/file/05-Shingikai-10801000-Iseikyoku-Soumuka/0000041847_3.pdf）

角由佳『救急医驚異の判断力』（PHP 研究所，2016 年）

総務省報道資料「『令和 2 年版　救急・救助の現況』の公表（令和 2 年 12 月 25 日）（https://www.fdma.go.jp/pressrelease/houdou/items/c941509de3f85432709ea0d63bf23744756cd4a5.pdf）

宮本顕二＝宮本礼子『欧米に寝たきり老人はいない──自分で決める人生最後の医療』（中央公論新社，2015 年）

（三輪まどか）

4　健康づくり・介護予防と社会保障
—— 予防重視型システムのあり方を考える

● 予防への関心の高まり ●

　少子高齢社会が直面する様々な問題は，人々の健康と密接にかかわる。国民医療費は 1985 年度には 16.0 兆円であったが，右肩上がりで上昇を続け，2018 年度には 43.3 兆円となり，人口一人当たりの国民医療費は 34.3 万円となった（「平成 30 年度国民医療費の概況」）。病気やケガのリスクは加齢とともに高まるため，高齢者人口が増えることで医療費の総額も増加することは避けられない一面はあるが，日本の平均寿命の延伸はこうした医療費に支えられてきた側面があることは否めない。

　近年，健康に関するひとつの指標として，「日常生活に制限のない期間の平均」を示す「健康寿命」が注目されるようになってきた。2016 年時点の健康寿命は，男性が 72.14 年，女性が 74.79 年とされている（図表）[1]。一方，同時点の平均寿命は男性 80.98 年，女性 87.14 年であるから，男性で 8.84 年，女性で 12.35 年が健康上の問題で日常生活に何らかの影響がある期間となる。平均寿命の延伸に伴い，健康寿命との差が広がれば，医療や介護を必要とする期間が長くなり，その費用も増大することになる。この期間を健康づくりや介護予防により短縮できれば，個人の生活の質（QOL）の低下を防ぐとともに，社会保障の負担の軽減も期待できるとされる[2]。そこで近年の医療・介護制度改革では，介護保険法における介護予防の展開や，医療制度における生活習慣病予防活動の重視にみられるように，予防重視型システムへの転換が進められている。

---

(1)　厚生労働省・第 11 回健康日本 21（第二次）推進専門委員会資料（2018 年 3 月 9 日開催）。

(2)　医療経済学の専門家からは，メタボ健診によって短期的な医療費を削減するというデータは散見されるものの，長期的には医療・介護費を抑制できるという根拠はない，との指摘がある（例えば，二木立『地域包括ケアと地域医療連携』（勁草書房，2015 年）202 頁以下，康永秀生『経済学を知らずに医療ができるか!?』（金芳堂，2020 年）118 頁以下などを参照）。

図表　平均寿命と健康寿命の差（2016年時点）

出典：前掲注(1)を基に筆者作成

● 医療保険制度における予防・健康づくりの推進 ●

　近時の改革では，予防・健康づくりの促進による医療費適正化の推進がひとつの柱に掲げられ，医療保険者が加入者の予防・健康づくりに関与する仕組みが導入されている。例えば，2006年の医療制度改革では，生活習慣病の予防に向けて特定健康診査と特定保健指導（以下，「特定健診等」とする。）を導入するとともに，各医療保険者の特定健診等の実施率により，当該保険者の後期高齢者支援金の額を加算または減算する仕組みを導入している。

　また，2015年の医療保険制度改革では，予防・健康づくりのインセンティブを高める取組みが導入されている。ひとつは，保険者に対する予防・健康づくり活動へのインセンティブである。具体的には，重症化予防の取組みを含めた医療費適正化等に係る都道府県や市町村の取組みを評価・支援するために国保の「保険者努力支援制度」を創設するとともに，後期高齢者支援金の加算・減算制度については，保険者種別それぞれの特性に応じたインセンティブ制度を設けている。いまひとつは，個人に対する予防・健康づくりに向けたインセンティブの推進である。医療保険各法は，加入者に対する予防・健康づくりのインセンティブの提供を医療保険者の努力義務として規定し，その実施を求めている。具体的には，予防・健康づくりに取り組む加入者にヘルスケアポイントを付与し，ポイントを健康グッズ等に交換できるようにするなど，各保険者の創意工夫により，インセンティブを提供する取組みを保健事業として実施している。

●介護保険制度における介護予防の推進●

2000年4月にスタートした介護保険制度では，要支援状態区分に該当する
ものを「要支援状態」と位置づけ，これについて予防給付を行うことにした。
しかし，制度創設後，要支援，要介護1といった軽度者が大幅に増加し，なか
でも「廃用症候群」による下肢機能の低下や生活動作能力の低下がきっかけで
要介護状態になっていることが浮き彫りとなった。そこで2005年の介護保険
法改正では，介護予防の視点に立ったサービス提供を行うことで，制度全体を
予防重視型システムへと転換した。同改正では，要支援・要介護状態にならな
い，あるいは重度化しないという点を重視し，生活機能の維持・向上に資する
サービスの提供をふまえた新予防給付の創設（予防給付の見直し），地域支援事
業の創設を行った。その後の政策動向としては，地域包括ケアシステムの構築
が急務とされ，2015年の介護保険法改正により，地域支援事業を多様化して，
生活支援サービスを充実させるとともに，機能回復訓練などの高齢者本人への
アプローチだけではなく，地域づくりなどの高齢者本人を取り巻く環境へのア
プローチも含め高齢者の社会参加を促進して介護予防にもつなげてゆくことが
重視されている。具体的には，これまで保険給付であった予防給付のうち介護
予防訪問介護と介護予防通所介護を，地域の実情に応じた取り組みができるよ
うに，市町村が運営する地域支援事業のうち「介護予防・日常生活支援総合事
業」に移行している。

近年では，保険者機能に着目し，自立支援・重度化防止や介護予防・健康づ
くりの取組みを支援するために，保険者機能強化推進交付金（2018年度から）
と介護保険保険者努力支援交付金（2020年度から）が設けられている。交付金
により保険者に財政的なインセンティブを付与することで，介護保険の保険者
の役割として，介護予防・健康づくり等の取組みやその支援を促している。

また，近年の介護報酬改定の議論でも介護予防の視点は重視され，自立支援
や重度化防止が重点課題として取上げられており，「科学的介護」の推進や多
職種連携の強化が介護報酬の側面からも進められている。

●高齢者の保健事業と介護予防の一体的実施●

高齢者は疾病予防・重症化予防と生活機能の維持の両面にわたるニーズを有
しているにもかかわらず，後期高齢者医療制度における保健事業は健康診査が

中心であり，高齢者の特性を踏まえた保健事業の実施や介護保険制度の介護予防事業との連携は十分ではなかった。そこで，2019年の法改正で，高齢者の保健事業と介護予防を一体的に実施することになった（2020年4月より施行）。実施にあたっては，保健事業では疾病予防・重症化予防，介護予防では生活機能の改善をそれぞれ根幹に据えて，高齢者の医療・介護データの解析を行いながら，市町村が一体的に実施していくかたちが想定されている。

●健康・医療・介護情報の利活用●

　近年では，健康・医療・介護情報を利活用した健康づくり・介護予防の取組みが進められている。例えば，保険者によるデータ分析に基づく保健事業（データヘルス），個人の健康・医療・介護に関する情報やデータであるPHR（パーソナル・ヘルス・レコード）を本人自身が予防・健康づくり等で利活用することができる仕組みの構築，介護の科学的分析のためのデータベースの情報を基に改善率の高い介護サービスの根拠を明確にする「科学的介護」の推進等がみられる。

　こうした健康・医療・介護情報の利活用は，個人レベルでは，ICT・IoTやナッジ理論を活用した健康づくり・介護予防の促進に役立つことが期待されるが，それには，根拠（エビデンス）となる情報の収集やその利活用のあり方のルール化，医療情報のプライバシー保護，情報セキュリティ対策の徹底が欠かせない。

●予防重視型システムの特徴●

　わが国の社会保障制度において，予防という考え方は近年新たに登場してきたものではない。例えば，戦後の健康保険の展開の中で，医療保険の保険給付の範囲として取り扱われてはこなかったにせよ，疾病の予防という観点から予防の重要性は論じられていたし，老人保健法のもとでは保健事業として予防はひとつの柱であった。また，労災関係では，業務災害による負傷の予防は労災保険による補償とともに重要である。こうした従来の予防に対して，近年の医療・介護制度改革にみられる予防活動は，個人に対してより積極的に健康づくりや介護予防を促すものになっている。そこで，ここでは，近年の医療・介護制度改革にみられる予防を重視する制度改革の傾向をふまえ，今日の医療・介

護システムを予防重視型システムとして捉え⁽³⁾，その特徴をいくつか指摘しておこう。

　第1に，予防重視型システムの下では，疾病対策の段階別モデルを採用し，「健康日本21」に代表されるように，疾病対策の中心が治療中心の医療（3次予防）から健康づくり（1次予防）に移行してきた点である。この移行には，身体的・精神的・社会的にも高齢者各人の有する能力を活かし，また能力を高めることを通じて高齢者が活動的に暮らせることが望ましく，その実現のためには，これまでの生活習慣病予防に加え，生活機能低下の予防，生活機能の維持・向上に着目した介護予防などを連携させていく必要があるという，これからの高齢者像を踏まえた考え方が背景にある。

　第2に，従来，健康づくりや予防活動は，地域保健の一環として主として市町村を中心に実施されていたが，予防重視型システムの下では予防活動の実施主体として医療・介護保険者の役割が大きくなったという点である。このことは，地域住民の生活に対する責任から国家が手を引きはじめ，健康づくりや予防活動の責任主体の管理監督という役目に自らを限定しつつあるようにもみえる。

　第3に，予防重視型システムでは，予防活動が保険給付として行われるものと，保健事業あるいは地域支援事業として実施されるものがある点である。医療保険制度では，特定健診等は保険給付としてではなく，保険者による保健事業として位置づけられている（健保150条1項）。また，介護保険制度の予防活動については，予防給付（介保52条）が保険給付として位置づけられているものの，一部は地域支援事業（介保115条の45）の介護予防・日常生活支援総合事業として位置づけられている。

　これらの特徴を有する予防重視型システムは，これまで市町村が実施してきた保健事業を，社会保険の財源の一部を用いて政策的に保険者が実施しているものとして割り切って理解することも可能かと思われるが，他方で社会保険のあり方が変容している一端とみることもできなくはない。いずれにせよ，少な

（3）　雇用や労災，生活困窮者支援等でも，要保障事由に対する給付に加え，予防に関連する給付や相談援助を重視する姿がみられる。以下，本節の指摘につき，原田啓一郎「医療・介護保険制度における予防重視型システムへの転換と自立支援」菊池馨実編『自立支援と社会保障』（日本加除出版，2008年）294頁以下を参照。

くとも，予防重視型システムでは，予防活動の位置づけが制度的に大きく変化しており，保険事故の発生による給付対象者（受給権者）のみを対象とするのではなく，その前段階にある保険給付の受給可能性のある加入者全てに保険者が関心をもつようになったことは間違いない。そして，このことは，社会保障費の適正化ないし抑制という財政的な戦略と結びついていることも確認しておきたい。

●健康の自己責任論と予防重視型システム●

　予防重視型システムの下では，介護予防と疾病予防が広い意味での国民の健康の目標とされ，健康管理を積極的に個人に求めることが重要な政策課題となった。その理由として，平均寿命の延伸下での健康課題の多様化と疾病構造の変化，健康観の転換など，健康にかかわる客観的状況の変化が起こっていることを見逃すことはできない。しかし，他方で，福祉国家の再編の中で，伸びゆく社会保障費の抑制が政策課題となり，疾病予防や介護予防，健康への自助努力を要請するための概念として，生活習慣の変容に重きを置いた健康目標が登場したとみることもできよう。

　こうした健康自己責任社会ともいえる時代の到来の背景には，様々な危険因子（体質・環境・年齢等）の複合的作用により病気を発症すると理解し，危険因子を減らすことで病気になる確率が減少すると考える確率論的病因論の出現がある[4]。それまでは疾病にはそれぞれ特定の病因があるとする特定病因論が支配的であったが，確率的病因論の出現により，疾病観・健康観が変容することとなる。「健康」は価値となり，その実現を可能にする「健康に望ましい健康習慣」が求められ，「健康に望ましい健康習慣を実行することが健康そのもの」であるとする理解が広まった。それとともに，危険因子と疾病との統計的相関性が医学的因果性に変換されて医学的原因とされ，病気の発症の原因はその個人の日常生活にあるという論理構造が成立するようになる。自己責任によって疾病や要介護となる危険因子を避けるという判断は，自由で合理的な選

---

(4)　同様の指摘をする論考は数多いが，最近のものでは，佐々木洋子・中川輝彦「病者と患者」中川輝彦・黒田浩一郎編『〔新版〕現代医療の社会学──日本の現状と課題』（世界思想社，2015年）83頁以下を参照。なお，以下の本節の考察は，原田・前掲注(3) 302頁以下を再度検討し，あらためて加筆・修正したものである。

択に見えるが，どのようなものを危険因子とみなし，どこまでが自己責任の範囲とみなされるかは，社会的価値観によって規定される[5]。

　こうした社会では，これまで平均的に把握されていた個人は個々のデータにより個別的に把握され，コストや効率との関連で，社会的な個人を目標とし，集合的要請に訴えるかたちで，個人の行動を支配しようとする[6]。そのような下では，医療・介護保険集団内での医療費・介護費の適正化のために，予防活動や要介護度の重度化の改善への積極的な参加が要請され，強制性の端緒としてこれらの活動に参加しない場合には何らかの不利益が与えられることも，医療・介護保険集団の集合的要請という名の下に正当化されうる。かくして，保険給付を得る資格を有する加入者が保険集団の一員として位置づけられる以上，保険集団内の連帯を維持するために加入者個人の健康管理に注視することが保険集団の要請として存在し，保険者の実施する予防活動に加入者が参加する義務があるとされうる。ここでは，予防活動は本人の健康の維持・増進といった個人レベルの側面よりも，「健康であること」ないし「要介護状態にないこと」といった社会的価値観とともに，保険集団内の連帯の維持や給付の適正化といった社会的な個人の側面が重視されることになる。ただし，今日の予防重視型システムの下では，保険集団内で自律的な保険者機能を発揮し，各保険者の加入者の特性に合った様々な予防・健康づくりへのインセンティブを高めるような予防活動の取組みを通じて，「保険集団の要請」あるいは「社会の要請」を加入者個人に緩やかに訴えかけるかたちがみられるのみである。例えばヘルスケアポイントのようなものをインセンティブとして活用し，予防活動の意識を高め，個人単位での自発性にゆだねながら緩やかに個人責任として健康の増進を社会の中に位置づけてゆく。予防重視型システムは，「健康であること」ないし「要介護状態にないこと」といった社会的価値観を，「保険集団の要請」あるいは「社会の要請」として緩やかに個人に求める社会的装置であるともいえる。

---

(5)　美馬達哉「『リスクの医学』の誕生──変容を強いられる身体」今田高俊編『リスク学入門4　社会生活からみたリスク』（岩波書店，2007年）75頁。

(6)　ピエール・ロザンヴァロン『連帯の新たなる哲学　福祉国家再考』（勁草書房，2006年）225頁参照。

●予防重視型システムの行き着く先？──社会保障財源としての悪行税（Sin tax）●

　疾病の自己責任論は，単独で語られるものではなく，その背景には医療費や介護費の削減という命題が横たわっている。つまり，医療費や介護費が右肩上がりの社会において，病気を招くような生活態度を続けた結果，病気になった者の医療費を社会が負担しなければならないのはおかしく，自らの生活態度が招いた病気の医療費はその者が負担すべきである，ということである。このような発想は珍しいものではなく，傷病の発症との潜在的発生原因に着目する負担（アルコール飲料やソフトドリンクに対する税）は欧米諸国ではみられる。こうした負担は，悪行税（sin tax）と呼ばれている。悪行税をめぐっては，わが国でも，2035 年までに日本を健康先進国とすることを目標とする厚生労働省の有識者会議「保健医療 2035 策定懇談会」が 2015 年 6 月にまとめた提言書に，次のような議論がみられる。公費（税財源）の確保については，「既存の税に加えて，社会環境における健康の決定因子に着眼し，たばこ，アルコール，砂糖など健康リスクに対する課税，また，環境負荷と社会保障の充実の必要性とを関連づけて環境税を社会保障財源とすることも含め，あらゆる財源確保策を検討していくべきである」とする。

　悪行税をめぐる議論は，次のようないくつもの仮定の上に成り立っている[7]。①特定の疾病が特定の病因によって引き起こされるということ，②その病因が当人の意思の力によって制御可能であること，③疾病罹患を回避するための最善の方策を当人が知り得ていること，④疾病を回避しようとする意思の発現を妨げる外的要因が見当たらないこと，⑤当人がその疾病に罹患するリスクをすすんで受け容れたうえで人生の選択を行っていること。しかしながら，社会疫学やいわゆる健康格差の問題で指摘されているように，たばこやアルコール，砂糖の摂取は，長時間残業や夜勤などの労働条件，経済的状況から生まれるストレスといった現代社会のあり様に起因しているとすれば，単純に生活習慣をあらためない本人の生活態度を責めることにどれほどの妥当性があるかは疑問である。また，ここでの問題は，たばこやアルコール，砂糖の摂取について禁欲的な意思や態度をとらない当人の姿勢ないし努力不足なのか。この場合，当

（7）　以下の指摘は，服部健司「健康を増進する義務」生命倫理 16 巻 1 号（2006 年）182頁による。

人の意思の力が及ばない社会的諸要因や生物学的個体特性は斟酌しなくてもよいのか[8]。

　健康という表現は，美徳や社会的平穏，究極の幸福と同義語になった場合に，濫用される[9]。社会のセキュリティにかかる費用をコントロールするという名目で，将来的には「衛生的に正しい」社会へと陥り，喫煙や飲酒が厳罰化される恐れがあり，さらにその先は，食事は健康の根本要因との理由で食事の規制にまで行き着くのではないか，というフランスの社会学者ピエール・ロザンヴァロンの危惧[10]を想起するのは杞憂であろうか。

■ 参考文献 ■

　　文中に掲げたもののほか，
　　NHK スペシャル取材班『健康格差　あなたの寿命は社会が決める』（講談社現代新書，2017 年）
　　高尾将幸『「健康」語りと日本社会　リスクと責任のポリティクス』（新評論，2014 年）
　　リサ・F・バークマン＝イチロー・カワチ他編『社会疫学（上）（下）』（大修館書店，2017 年）

〔付記〕　本章は，JSPS 科研費 JP15H01920 の助成を受けた研究成果の一部である。

　　　　　　　　　　　　　　　　　　　　　　　　　　　　　（原田啓一郎）

---

(8)　ただし，「保健医療 2035 策定懇談会」の提言書では，「所得などの社会経済的要因と生活習慣は関係性が認められると言われており，低所得者層の生活習慣等の改善の機会を提供することが同時に求められることに十分留意する必要がある。」としている（35-36 頁）。

(9)　Daniel Callahan, The WHO Definition of health, *The Hastings Center Studies*, Vol.1, No.3, 1973, p.84.

(10)　ピエール・ロザンヴァロン・前掲注(6)226 頁参照。

5　施設は安全・安心な住まいか？
——福祉施設の役割変化と利用者支援

● 障害者施設で起こった悲劇 ●

　2016年7月26日に神奈川県相模原市「津久井やまゆり園」で発生した障がい者の大量殺害・傷害事件（19人の殺害と24人の傷害）は，重度障害者および重度の重複障害者の安楽死を企図した元職員による犯行であったこともあり，社会に大きな衝撃を与えた。2017年8月24日には，同園の再建構想案が公表された。現場となった相模原市および現在生活をしている横浜市に居住棟を12棟建設した上で，他のグループホームを含め，入所者の意思確認をし，全入所者130人分の居室の確保を目指すとのことである。なお，本件は横浜地方裁判所刑事部での裁判員裁判の結果，2020（令和2）年3月16日に死刑判決が言い渡され[1]，判決は確定している。

　ここまで極端な事件ではなくとも，施設設置者が施設入所者に対する職員の暴力を黙認したり隠蔽したりする事件も後を絶たない[2]。どうして，障がい者や認知症高齢者の生活する福祉施設で，入所者の人権が守られない状態が生じてしまうのであろうか。その原因として考えられるのは，福祉現場・介護現場における過酷な労働と低賃金はもちろんのこと，世話する側とされる側の力関係の不均衡および意思疎通の難しさがあるのではないだろうか。

● 福祉施設における当事者の法律関係 ●

　高齢者や障がい者の入所施設は，原則として契約施設となっている。例外的に，「精神保健及び精神障害者福祉に関する法律（精神保健福祉法）」による精神病院への措置入院，「高齢者虐待の防止，高齢者の養護者に対する支援等に

---

(1)　判例時報2482号105頁。

(2)　例えば，神戸市の精神科病院で，入院患者を虐待したとして準強制わいせつなどの罪に問われた元看護助手に対し，2020年10月12日，懲役4年の実験判決が言い渡された。また，愛知県東浦町の知的障害者施設では，2019年7月，非常勤職員が入所者に大けがを負わせ死亡させた事件も起きている（9月に病院から県警に通報，2020年12月に傷害容疑で逮捕）。

関する法律（高齢者虐待防止法）」による被虐待高齢者の緊急保護のための特別養護老人ホームへの措置入所などはある。しかし，精神障がいや知的障がいがあるとしても，また認知症などを患っているとしても，障がい者や高齢者本人が何処に住みどのような生活を営みたいかについて自らが意思決定することを前提に，障がい者関係施設も高齢者関係施設も契約施設とされている。ただし，本人の判断能力が不十分であるときのために，成年後見制度の利用が予定されており，特に自宅を出て施設に入所する際に市町村等の行政の一方的判断によることがないように，社会福祉関係各法には市区町村長申立の規定が設けられている（老人福祉法32条，知的障害者福祉法28条，精神保健福祉法51条の11の2）。これらは，介護保険制度の導入を初めとする社会福祉基礎構造改革の中で，障がい者や高齢者本人の意思を尊重するという基本理念のもと，行政決定（措置）から本人の意思決定（契約）への方向転換を図ったものである。

　しかし，行政決定（措置）によって営まれていた福祉施設の利用が，障がい者や高齢者の意思を尊重する契約制度に切り替わったからと言って，目に見える形で大きな変化があった訳ではない。現に介護保険制度導入時に既に入所している高齢者については，特に本人の意思確認をすることもなく，自動的に措置から契約に移行するなどと法律的にはありえないことを明記した厚生省介護保険制度実施推進本部老人福祉局企画課長通知（平成12年3月28日）が出されたほどである。介護保険法施行が差し迫った2000年3月末時点で，判断能力の不十分な高齢者のための成年後見制度の施行が間に合わないこともあり，既に入所施設に措置入所していた高齢者については，居住継続の意思確認を一人一人取ることができないため，苦し紛れの通知が出されたものと推察される。

　国の厚生行政の当事者がこのような考えでいたのであるから，地方自治体職員，福祉施設の設置者や施設職員の考え方も急に変わるはずもない。介護保険導入時に，多くの民間企業の参入が予想されたにもかかわらず，特に要介護高齢者の入所を前提とした福祉施設関係は，従来通り社会福祉法人が経営するし，施設監査も入るから問題がないと考えられたのであろう。その結果，福祉施設の設置者や職員の意識は措置時代の名残をそのまま残すことになったのではないか？福祉行政においても，福祉施設においても，入所者を自由・対等・平等な契約当事者としてではなく，在宅で家族に面倒をみてもらえない社会的弱者を施設に入所させ，世話してやっているという措置時代の上から目線で見てい

るからこそ，入所者に対する施設職員の暴言や虐待・暴力などが生じるように思えてならない。単なる福祉現場の過重労働や低賃金だけの問題ではない。

●障害者虐待防止法による障害者虐待の調査結果●

　こうした障害者福祉施設における施設側と入所者との関係を窺い知ることができるものとして，障害者虐待防止法に従って毎年公表される調査結果がある。2021年3月26日に公表された2019（令和元）年度の調査結果によれば，職員による障害者虐待の相談・通知件数は，前年度から6％増加したが，虐待判断件数は8％減少している（図表1）。相談・通報者の種別では，本人による届出が18％と最も多く，次いで当該施設の設置者・管理者その他の職員が14％，家族・親族が13％となっている。被虐待者の障害種別は，知的障害が79％と最も多く，次いで身体障害21％，精神障害12％であった（複数回答）。これに対し，虐待者の職種は，生活支援員が42％，その他の従事者が9％，世話人が8％，サービス管理責任者と管理者が7％であった。また，虐待行為の類型は，身体的虐待が53％と多く，次いで心理的虐待40％，性的虐待13％，経済的虐待10％，放棄・放置が7％であった（複数回答）。ちなみに，虐待による死亡事例は2人であった。

図表1　障害福祉施設従事者等による障害者虐待

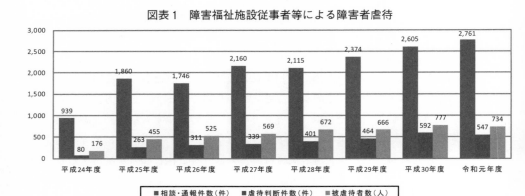

出典：令和元年度都道府県・市区町村における障害者虐待事例への対応状況等（調査結果）

●高齢者虐待防止法による施設内虐待の調査結果

　高齢者福祉施設における施設側と入所者との関係については，高齢者虐待防止法に従って毎年公表される調査結果がある。2020年12月20日に公表された2019（令和元）年度の調査結果によれば，要介護施設従事者等による高齢者虐待の相談・通報件数と虐待判断件数は年々増加してきている（図表2）。相談・通報者2,642人のうち「当該施設職員」が628人（23.8％）で最も多く，ついで「家族・親族」が499人（18.9％）であった（複数回答）。虐待の発生原因（市町村の任意・自由記載の集計）は「教育・知識・介護技術等に関する問題」が366件（56.8％）で最も多く，ついで「職員のストレスや感情コントロールの問題」170件（26.4％）であった（複数回答）。虐待の事実が認められた施設・事業所の種別は「特別養護老人ホーム」が190件（30.9％）で最も多く，「有料老人ホーム」178件（27.6％），「認知症対応型共同生活介護（グループホーム）」95件（14.8％），「介護老人保健施設」72件（11.2％）であった。

　被虐待高齢者は総数1060人のうち女性が741人（69.9％），年齢は85～89歳が249人（23.5％），90～94歳が206人（19.4％）であった。要介護度は3以上が803人（75.8％）を占め，「認知症高齢者の日常生活自立度Ⅱ以上」は804人（75.8％），「要介護認定者のうち障害高齢者の日常生活自立度（寝たきり度）A以上」は610人（57.5％）であった。

図表2　養介護施設従事者等による高齢者虐待の相談・通報件数と虐待判断件数の推移

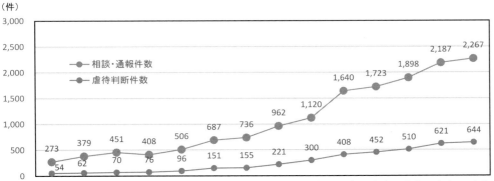

出典：厚生労働省「令和元年度高齢者虐待の防止等に関する調査結果」

　これに対し，虐待者の性別は「男性」437人（52.3%），「女性」361人（43.2%）であった。介護従事者全体（介護労働実態調査）に占める男性の割合が20.5%であることからすると，虐待者に占める男性の割合が高いということになる。また，虐待者に占める「30歳未満」の男女割合が27.7%と13.6%，介護従事者全体に占める「30歳未満」の男女割合が13.0%と6.1%であることを踏まえると，本調査での虐待者のうち男性は「30歳未満」の割合が高く，女性は「30歳未満」および「50歳以上」の割合が高くなっている。

　こうした要介護施設従事者等による高齢者虐待を減らすためには，施設従事者の研修や待遇改善だけでなく，施設従事者のカウンセリングや施設全体での取組なども必要であるが，介護施設と入所者との関係が対等・平等な人間関係であること，すなわち措置時代の支配・服従関係ではないことを社会全体で改めて確認することが必要である。その上で，介護施設は要介護者の収容施設ではなく，生活の場であるということを再確認する必要があろう。

● 入所施設は「住まい」ではないのか？ ●

　障がい者や高齢者は，日常生活支援や介護が必要だからと言って，収容施設として整備されてきた福祉施設に，自らの意思で入所したいと本当に望んでいるのであろうか？単身であるがゆえに，あるいは家族介護者の心身の負担の重さや経済的負担ゆえに施設に入所せざるを得ないケースはないのであろうか？施設入所者は，地域社会で家族や友人・知人と交流することを望んでいないのであろうか？むしろ，日常生活や介護を必要とする障害者や高齢者は，自らの意思で「住まい」を選択できるようにするべきではないか？包括的にケアを提供する特定の入所施設のみを施設介護として報酬面で優遇し，同じように包括的にケアを提供していても，入所施設ではない特定施設であるとか，訪問介護の対象施設であるとか，ケアを提供する側の論理で複雑化させているとしか思えない。人間の尊厳は，衣食住が保障されて初めて護られるのではないか？

　そのような観点から地域包括ケアシステムの構想図を見てみると，その中心に「住まい」として自宅やサービス付き高齢者向け住宅（サ高住）が位置づけられ，日常生活支援や介護が必要となった場合でも，居宅介護サービス等を利用しつつ「住まい」に住み続けられるが，要介護度が重くなった場合には，特別養護老人ホームや認知症グループホームなどに住み替えることになっており，

特別養護老人ホームや認知症グループホームは，生活の場としての「住まい」ではないということになっている。むしろ，これらの入所施設も「住まい」として位置づけ，要介護高齢者や障がい者が尊厳をもって生活できる「住まい」を保障された上で，必要な日常生活支援や介護の提供を受けると考えるべきではないだろうか？そうであるならば，要介護高齢者や障がい者の施設入所は，地域社会における住み替えにすぎないことになる。

　しかし，厚生労働省は，サ高住が基本サービス以外に，食事や掃除などの日常生活支援サービスなどを1つでも提供していれば，有料老人ホームとして老人福祉法が適用されるとし，有料老人ホームの設置運営標準指導指針に従うべきものとした（老健局長平成30年4月2日通知）。すなわち，一般的なサ高住は「住まい」ではなく，地方自治体の指導を受ける施設になったのである。これに対し，サ高住の業界団体である高齢者住宅協会は，2019年，基本サービスと外付けサービスを明確に区別し，利用者が外付けサービスの事業者を選択・変更できる権利を守ることなど，サ高住の品質向上のための行動規範を策定した。この行動規範の遵守宣言を事業者が自主的に行うとともに，協会が実態をケアプランでチェックして遵守宣言確認書を発行し，当該事業社名を協会のホームページで公表するというものである。サ高住が，本来の多様な「住まい」と外付けサービスを高齢者に提供しつつ，高齢者の権利を守るものになることを期待したいところである。

●住宅確保要配慮者の「住まい」●

　地域社会において，介護高齢者や障がい者の「住まい」を確保するため，サ高住と同じく，国土交通省の住宅政策の一環として，新たな住宅セーフティネット制度が2017年に開始された。具体的には，①住宅確保要配慮者の入居を拒まない賃貸住宅の登録（都道府県等による登録と情報提供），②セーフティネット住宅等に対する支援措置（国等による改修費補助），③住宅確保要配慮者等に対する居住支援（都道府県による居住支援法人指定，生活保護の住宅扶助費等の代理納付手続き，国による家賃債務保証業者の登録・情報提供，住宅金融支援機構による家賃債務保証保険の提供）が企図されている。

　しかし，この制度は，元々は空き家対策として構想されたものであり，賃貸人側の不安を取り除くための施策に重点が置かれているように思われる。障が

い者や高齢者などの住宅確保要配慮者の視点から見ても，賃貸住宅の契約や重要事項説明だけでなく，家賃債務保証契約ないし家賃債務保証保険契約など，法律知識なしでは対応できないものとなっており，消費者保護的・権利擁護的視点からの支援が必要になる。さらに，高齢者のみを対象とするサ高住とは異なり，住宅確保要配慮者の対象は低額所得者・高齢者・障害者・母子家庭・被災者・外国人など非常に幅広く，厚生労働省のみならず地方自治体の福祉関係部局においても，その対象者が複数の担当課に分かれることになる。特に，社会福祉の対象とされてきた社会的弱者の尊厳が保障される「住まい」が確保され提供されるように，今後の展開を注視していく必要がある。

■ 参考文献 ■

新井誠＝秋元美世＝本沢巳代子編著『福祉契約と利用者の権利擁護』（日本加除出版，2006 年）

神奈川新聞「新施設 21 年度開設へ　やまゆり園再生基本構想案」（2017 年 8 月 25 日付記事）

厚生労働省 HP「令和元年度高齢者虐待の防止，高齢者の養護者に対する支援等に関する法律に基づく対応状況等に関する調査結果」
（https://www.mhlw.go.jp/stf/houdou/0000196989_00003.html）

厚生労働省 HP「令和元年度都道府県・市区町村における障害者虐待事例への対応状況等（調査結果）」
（https://www.mhlw.go.jp/stf/houdou/0000189859_00005.html）

セーフティネット住宅情報提供システム
（https://www.safetynet-jutaku.jp/guest/index.php）

原田啓一郎「高齢者の住まいと高齢者ケアをめぐる現状と法的課題」古橋エツ子＝床谷文雄＝新田秀樹編『家族法と社会保障法の交錯』（信山社，2014 年）

本澤巳代子監修・消費生活マスター介護問題研究会著『サ高住の探し方』（信山社，2015 年），『サ高住の決め方』（信山社，2017 年），『サ高住の住み替え方』（信山社，2019 年）

矢田尚子「低所得高齢者の居住の保障をめぐる法的課題」週刊社会保障 2959 号（2018 年）

（本澤巳代子）

6 「介護はきつい」は本当？
──介護の担い手の多様化

●福祉・介護人材をめぐる状況●

　高齢者や障害者の介護業務に従事する福祉・介護職員の不足が叫ばれて久しい。2019年度の介護職員数は約211万人であったが，いわゆる団塊の世代が後期高齢者となる2025年度には，243万人の介護職員が必要となると推計されており，それまでに約32万人を追加で確保していく必要がある。これに対し，2019年度までの直近3年間の増員数は年平均で3.7万人にとどまっており，このまま推移すると2025年度の時点で約10万人の需給ギャップが生じると推測されている。この需給ギャップの推計値は，本書第2版の本項で紹介した約38万人からは大幅に改善されているものの，依然として深刻な状況に変わりはない。

　このような福祉・介護人材不足の要因はさまざま考えられるが，最も大きいのは賃金等の処遇の問題であろう。「令和元年度　介護労働実態調査」によると，介護事業所における新規職員の採用が困難である原因として最も多いのが「同業他社との人材獲得競争が厳しい」で57.9％，以下「他産業に比べて，労働条件等が良くない」が52.0％，「景気が良いため，介護業界へ人材が集まらない」が40.9％となっている（いずれも複数回答）。実際に，賃金水準をはじめとする介護職員の労働条件は，他の産業と比べても決して良いとはいえず，これは，以前から指摘され続けてきた問題である。

　他方，同じ調査における，介護事業所に勤務する職員の「仕事（職種）に関する希望」の結果をみてみると，「今の仕事を続けたい」という回答が，正規職員で51.4％，非正規職員では59.3％と，いずれも半数以上を占めている。「従業員が不足している理由」という事業者側への質問でも，「採用が困難である」が実に9割を占め，「離職率が高い」は18.4％にとどまっている（図表1）。データ上も，平成30(2019)年度の介護職員の離職率は15.4％で，全産業の14.6％をやや上回っているが，生活関連サービス業や宿泊，飲食サービス業な

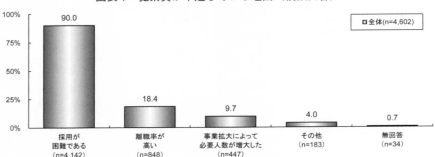

図表 1　従業員が不足している理由（複数回答）

出典：介護労働安定センター「令和元年度　介護労働実態調査」

どとの比較でみても，介護職員の離職率が突出して高いわけではない[1]。

　このように，社会が介護職に対して有する「賃金が安い」「仕事がきつい」といったイメージと，実際に現場で働く介護職員や事業所の認識との間には，いささかの乖離がみられる。仕事の意義や正確な実態が十分に理解されないまま，介護職員に対するイメージのみが先行し，それがそのまま福祉・介護業界の評価として定着してしまっている側面のあることは否定できない。実態を伝える努力，理解する努力の双方が求められているといえよう。

●介護職員の処遇改善とキャリアアップ●

　福祉・介護人材確保に関しては，古くは 1995 年の福祉人材確保法の制定以降，さまざまな施策が講じられてきた。その中心となるのが，介護職員の処遇改善と，その土台となるキャリアアップのしくみ（キャリアパス）の構築である。

　まず処遇の改善については，これまでにも介護保険制度における「介護職員処遇改善加算」などを通じて賃金の上積みが図られてきた。これにより，介護職員全体の平均賃金は，ここ数年で全産業平均の 2 倍を上回る上昇率をみせているが，それでも全産業平均賃金とは 10 万円近い開きがある。

　そこで，2017 年 10 月に閣議決定された政府の 2 兆円規模の経済政策パッケージでは，さらに 1000 億円規模の財源を投入して，勤続 10 年以上となる介

---

(1)　ただし，上記実態調査によると，事業所別にみた場合の介護職員の離職率には大きなばらつきがみられる。これは，介護という職種そのものとは異なる問題であろう。

護福祉士について，月額平均8万円程度の賃上げを図っていくことが決定され，2019年10月より「介護職員等特定処遇改善加算」として実施されている。

この加算は，勤続10年以上のキャリアを持つ，いわゆる現場のリーダー級の介護職員を対象に，従来の介護職員処遇改善加算に上積みする形で行われる。これにより，「長く働いても賃金が上がらない」という介護業界に対するイメージを払拭し，人材の確保と定着につなげていくねらいがある。

このことは，介護職員のキャリア形成，キャリアアップの問題とも密接に関係している。

一般に「介護職員」と聞いてまず想起するのは，国家資格である「介護福祉士」であろう。しかし，介護福祉士はいわゆる名称独占資格であり，現場での介護業務自体は，たんの吸引・経管栄養等の医療的ケアを除いては，資格を有していなくても行うことができる。実際，介護現場では，介護福祉士，介護職員初任者研修修了者（以前のホームヘルパー2級程度に相当），実務者研修修了者（同1級程度に相当）等の有資格者のほか，資格のない職員も大勢働いている。これを介護職員の「多様化」と評するかどうかはともかく，こうした状況が，介護という職種の評価の向上を阻んでいる側面のあることは否定できない。

この際，特に問題となるのが，現場で介護福祉士とそれ以外の職員で明確な業務分担がなされているケースが少なく，国家資格としての介護福祉士の社会的評価が高まっていないという点である。このことに鑑み，厚生労働省は，介護福祉士をチームケアのリーダーとして位置づけ，その担うべき役割を明確化すること，さらに一定のキャリアを積んだ介護福祉士を介護実践の専門職・ネジメント職として位置づけることを核とした，「介護人材のキャリアパス」（キャリアアップの道筋）を示している。上記の「特定処遇改善加算」も，処遇面からキャリアアップを底支えするための施策であるといえる。このような施策が介護職員，特に専門資格としての介護福祉士の評価の向上や，賃金等の処遇面の改善にどれほど寄与しうるか，今後見守っていく必要がある。その際，上記の特定処遇改善加算の効果や意義も，改めて検証されることになろう。

ところで，現在，介護福祉士資格の取得方法には，「養成施設ルート（大学・短大・専門学校等の「養成施設」で国家試験受験資格を得る）」「福祉系高校ルート」「実務経験ルート」の3種類があるが，このうち介護職員初任者研修修了者や無資格者を対象とした実務経験ルートでは，3年以上の現場での実務経験

に加え，「実務者研修」（受講時間等は資格により異なる）を受講したうえで国家試験に合格する必要がある。この際，研修の受講や費用が大きな負担となっていることが指摘されている。介護人材の底上げを図るという意味では，このような面での支援も重要となってこよう。

　これらの課題に対応するため，2021年度の介護報酬改定では，処遇改善加算の見直しや特定処遇改善加算の介護職員間の配分ルールの柔軟化，これら加算の算定要件の一つである職場環境等要件の見直しなどにより，介護職員の離職防止・職場への定着促進のための取り組みの促進が図られている。

●外国人介護人材の導入──EPA・技能実習生・「特定技能」●

　次に，介護の担い手の多様化という観点から，近年日本において実施されている，公的な枠組みでの外国人介護人材の導入について触れておきたい。

　冒頭にも触れたとおり，今後さらに介護人材の不足が見込まれることから，外国人を介護従事者として受け入れる動きが数年前から活発化している。現在，外国人を介護職員として雇用できる制度は，①諸外国との経済連携協定（EPA）に基づく介護福祉士候補者の雇用，②日本の介護福祉士養成校を卒業した，在留資格「介護」を持つ外国人の雇用，③「外国人技能実習生」制度に基づく雇用，④在留資格「特定技能１号」を持つ外国人の雇用の大きく４種類に分けられる。

　このうち①と②は日本の介護福祉士資格取得を前提とした，「専門職」としての受入れ制度であるのに対し，③④はいわゆる「非熟練労働者」としての外国人労働者の受け皿として機能しており，④は出入国管理法の改正により，2019年４月より新たに実施されたものである。法務省・厚生労働省は，これらの制度により，同年以降５年間で最大６万人の介護人材の受入れを見込んでいる。このほか，⑤身分に基づく在留資格（日本人の配偶者等），⑥資格外活動（留学生のアルバイト等）によるものもあり，医療・介護分野での就業者数でみると，⑤の身分に基づく在留資格による従事者が全体の約半数を占めている。

　まず，①の経済連携協定（EPA）に基づく外国人看護師・介護福祉士候補者の受入れであるが，これは，インドネシア・フィリピン・ベトナムの各国と日本との間で締結された協定に基づき，2008年にまずインドネシアとの間で開始されたものである。次いで2009年にはフィリピンから，2014年にはベトナ

図表2 外国人介護人材受入れの仕組み

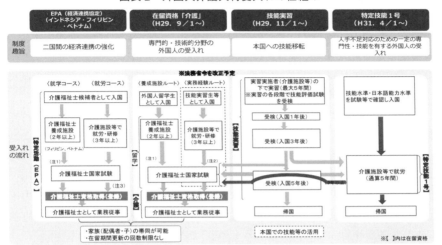

（注1）平成29年度より、養成施設卒業者も国家試験合格が必要となった。ただし、令和3年度までの卒業者には卒業後5年間の経過措置が設けられている。
（注2）「新しい経済対策パッケージ」（平成29年12月8日閣議決定）において、「介護分野における技能実習や留学中の在留資格外活動による3年以上の実務経験に加え、実務者研修を受講し、介護福祉士の国家試験に合格した外国人に在留資格を認めること」とされており、法務省において法務省令の改正に向けて準備中。
（注3）4年間にわたりEPA介護福祉士候補者として就労・研修に適切に従事したと認められる者については、「特定技能1号」への移行に当たり、技能試験及び日本語試験等を免除。

ムからもそれぞれ受入れを開始している。

　4年ないし5年にわたる就労・研修の間に介護福祉士国家試験を受験し，合格すれば引き続き日本国内での就労が可能となる。受入れ事業所側には，介護技術の指導をはじめ，日本語の習得や日本文化の理解，介護福祉士に合格させるための学習指導，生活面でのケアなど，多岐にわたる対応が求められる。このような労力と賃金の支払い等の費用負担を考え合わせると，事業者側に求められる負担はかなり大きいといえる。2020年10月現在，この制度により3155人が在留し，このうち資格取得者は782人となっている。しかし，国家試験に合格し，日本国内の事業所に雇用されても，母国や他国でのより有利な就労条件を求めて，数年で日本を離れるケースも多い。

　③の「技能実習制度」は，技能，技術または知識の開発途上国等への移転を図り，開発途上国等の経済発展を担う「人づくり」に協力することを目的として，1993年に導入されたものである。開発途上国の外国人を一定期間（最長5年間）受け入れ，企業等での実習（職業訓練）を通じて技術を移転するというもので，現在，約25万人の技能実習生が在留している。対象となる職種・作

業は，農業，漁業，建設関係，食品製造関係，繊維・衣服関係，機械・金属関係など数10種類が指定されているが，2017年11月に新たに「技能実習法」が制定されたのに合わせ，上記の職種に「介護」が追加された。その1年後の同制度による認定件数（来日者数）は247件とごく少数にとどまっていたものの[2]，2019年3月時点では1823件，2020年3月時点では8967件と，他の制度に比べても大幅な伸び率を示している。

　これらの制度については，日本における介護人材不足を補うことへの期待や，逆にそれを否定する見解など，さまざまな議論が行われている。しかし，これらの制度はいずれも，もともと不足する労働力を補うことを目的としたものではない（はず）という点に注意が必要である。例えば，EPAによる看護師・介護福祉士候補者受入れ制度については，国は，「看護・介護分野の労働力不足への対応ではなく，二国間の経済活動の連携の強化の観点から，EPAに基づき，公的な枠組みで特例的に行うもの」[3]である旨を明言している。

　その意味では，この制度における候補者の国家試験合格率が低いことや，合格しても短期間で母国へ帰国してしまうことなど，従来この制度に対してなされてきた批判は，必ずしも妥当とはいえないはずであった。技能実習制度についても，それが開発途上国への技術移転を目的とするものである以上，同様のことがいえる。

　しかし，ここへきて国は，EPA介護福祉士候補者として4年間の就労や研修を行った者，加えて，介護分野の技能実習2号（3年間）を良好に修了した者に対する，「特定技能」の要件である技能試験および日本語能力試験の免除，在留資格「介護」の要件である介護福祉士資格の取得の猶予など，在留資格を取得しやすくし，より長期間の就労が可能となる施策を相次いで打ち出している。これにより，外国人介護人材の国内への定着を図るねらいであるが，その場合，本来の制度趣旨との整合性が問われることになろう。

　これに対し，2019年4月から新たに設けられた④の新たな外国人材の受入れ制度（在留資格「特定技能」の創設。介護は「特定技能1号」に該当）は，「真に受入れが必要と認められる人手不足の分野に着目し，一定の専門性・技能を

(2)　「東京新聞」2018年12月2日付朝刊。
(3)　厚生労働省「経済連携協定（EPA）に基づく外国人看護師・介護福祉士候補者の受入れ概要」（2018年）1頁。

234

有し即戦力となる外国人材を受け入れるため」のものとされており[4]，他の制度とは趣旨や位置づけが大きく異なっている。この制度では，入国前に現地で介護技能評価試験および介護日本語評価試験が行われ，これらに合格することが必要となる。

　同制度による在留期間は 1 年，6 か月，または 4 か月ごとの更新で，最大 5 年間となっている。また，この間に介護福祉士の資格を取得すれば，在留資格「介護」に変更し，永続的に滞在することが可能となる。なお，この「特定技能 1 号」では，訪問系サービスの事業に従事することはできない。

●今後に向けて●

　日本の介護現場に外国人介護人材を導入することの是非については，さまざまな観点や立場からの議論がなされているが，主な課題は以下の諸点に整理できよう。

　第 1 に，「今後 5 年間で 6 万人の介護外国人材確保」を掲げる中で，各制度による現時点での受入れ数がこの程度で足りるのか，という点である（ただし，この「6 万人」の積算根拠も必ずしも明確ではない）。

　この点，コロナ渦による影響も懸念されたものの，意外にもその影響は小さく，受入れ者数はむしろ増加傾向にあり，その要因として，日本の介護関連職種の有効求人倍率が依然として高水準で推移していることや，国の施策が奏功したことが指摘されている[5]。

　ただ，同じ外国人人材受入れ制度間でも，「技能実習（介護）」による受入れが突出した伸び率を示す一方で，「特定技能」は当初の想定ほど増加していないなどの離齬もみられ，今後も外国人人材の増加や定着を図っていくとするならば，これらについての詳細な要因分析も必要となってこよう。

　第 2 は，受け入れる人材の質の確保の問題である。介護現場では，介護技能，語学力の双方に高いスキルが求められることから，受け入れる人材のスキル

(4)　法務省入国管理局「新たな外国人材の受入れに関する在留資格「特定技能」の創設について」（2018 年 12 月）2 頁
(5)　矢澤朋子「コロナ下でも，外国人人材は増加」大和総研経済分析レポート（2021 年 6 月）https://www.dir.co.jp/report/research/economics/japan/20210611_022333.html （2021 年 6 月 28 日閲覧）

アップや，実際に人材を受け入れる介護事業所の支援をいかにして図っていくかは喫緊の課題であるといえよう。

　第3は，上記第1で指摘した点とも重複するが，外国人人材受入れに関する制度が複数存在する中で，それぞれの位置づけや役割，あるいはそれぞれの関係をどのように考えていけばよいかという点である。前述のとおり，国は，各制度により受け入れた人材の定着を図るための施策に力を入れており，その意味では制度ごとの意義や機能分担が不明確になりつつある。受け入れる事業所の側が，どの制度をどのように活用していけばよいかも含め，各制度の機能や役割，目的について，より明確に示していく必要があろう。

　第4は，なぜ日本においてこれほど介護人材が不足しているのかという，そもそもの前提となる視点である。日本人の人材が集まらないから外国に人材を求める，という安易な発想だけでは，根本的な問題解決には至らないであろう。そのためには，日本人介護職員の処遇のあり方についても，さらなる検討が必要である。冒頭にも紹介したとおり，今後も今の仕事を続けたいと思っている日本人介護職員は決して少なくない。また，外国人介護人材についても，「真面目で仕事熱心」，「コミュニケーション能力が高い」などその能力を評価する声も多い。「賃金が安い」「仕事がきつい」と言われ続けている介護現場（実際楽な仕事ではない）で彼らが真の「やりがい」をもって働き続けていくためのはどのようなことが必要か，介護職員不足や外国人材受入れのあり方の問題を考えるカギは，このあたりにあるように思われる。

■参考文献■

　　文中に挙げたもののほか，

　　日本介護福祉学会「介護福祉の危機　緊急討論会」「介護福祉の危機討論会
　　　part2」資料（2017年）

　　介護労働安定センターHP「令和元年度介護労働実態調査結果について」（2019）

　　秋葉丈志，嶋ちはる，橋本洋輔「外国人介護人材受け入れの動向〜拡大・分化
　　　する制度のもとで」国際教養大学アジア地域研究連携機構研究紀要1-14頁
　　　（2019年）

　　于洋「わが国における外国人介護人材の受け入れ政策の展開と課題」城西現代
　　　政策研究13巻2号1-17頁（2020）

（脇野幸太郎）

VI　地域が変わる

地域がどう変わったのか，変わるのか

■ 5 つの論稿が取り上げる問題 ■

　はじめに，この章の 5 つの論稿が取り上げる諸問題を見てみよう。エイジフレンドリーシティ・グローバルネットワーク（→Ⅵ-1），自然災害の発生・復旧・復興過程で生じるニーズと対応する制度（→Ⅵ-2），高齢者と家族の孤独・孤立（→Ⅵ-3），地域における居場所づくり施策（→Ⅵ-4），元受刑者の社会的支援（→Ⅵ-5）。5 つの論稿が取り上げる問題は，このように多岐にわたっている。

　これらに共通しているのは，公と私の中間に位置する集団である地域コミュニティが，問題の解決や施策の実施において重要な役割を果たしているという点である。

■ 地域コミュニティの定義・分類・機能 ■

　地域コミュニティについては，総務省のコミュニティ研究会第 1 回研究会（2007 年）の配布資料「地域コミュニティの現状と問題（未定稿）」の定義と分類が参考になる。この資料は次のように説明している。「ここでは『コミュニティ』を，『（生活地域，特定の目標，特定の趣味など）何らかの共通の属性及び仲間意識を持ち，相互にコミュニケーションを行っているような集団（人々や団体）』を指すものとして用いる。この中で，共通の生活地域（通学地域，勤務地域を含む）の集団によるコミュニティを特に『地域コミュニティ』と呼ぶ」[1]。

　図表 1 は，この資料が示すコミュニティの分類である。この資料はまた，「公私の中間に位置する地域コミュニティが果たす機能」として，次の 3 つを

---

(1)　コミュニティ研究会（総務省）第 1 回研究会（2007 年 2 月 7 日）配布資料「地域コミュニティの現状と問題（未定稿）」1 頁。https://warp.da.ndl.go.jp/info:ndljp/pid/283520/www.soumu.go.jp/menu_03/shingi_kenkyu/kenkyu/community/pdf/070207_1_sa.pdf

VI 地域が変わる

図表1 コミュニティの分類

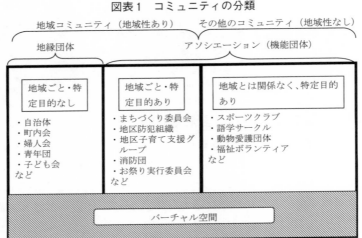

注 上記コミュニティの分類は概念的なものであり、その境界は曖昧であることが多い。
出典：注(1)「地域コミュニティの現状と問題（未定稿）」1頁。

挙げている[2]。①生活に関する相互扶助（冠婚葬祭，福祉，教育，防災等），②伝統文化等の維持（工芸，祭，遺跡等），③地域全体の課題に対する意見調整（まちづくり，治安維持，山林保全，防災等）。

■ 地域コミュニティの担い手の変化 ■

　地域コミュニティは，公と私の中間に位置する集団として，このような機能を果たしてきた。しかし，その担い手となる地縁団体のあり方は，次の理由から変わりつつある。それは，都市部への人口集中（地方からの人口の流出），人口の高齢化，都市部における近隣関係（地縁関係）の希薄化，ライフスタイルの変化（単身世帯・共働き世帯・就労する高齢者の増加）等の存在である。加えて，2020年から本稿執筆時点まで続くCOVID-19の流行により（➡Ⅰ感染症で世界が変わる），対面による集団活動が制約されているという事情もある。

　その結果，現在，都市部では「一般にコミュニティ意識が希薄であり，地方部と比較して自治会・町内会等の加入率が低く，地縁による共助の担い手は乏しい。他方で，NPO，企業等の多様な主体が存在しており，（略）多様な主体

(2) 同2頁。

238

が地域社会を支える担い手として役割を果たしていくための環境整備が重要である」との状況にあり，地方部では「一般にコミュニティ意識は高く，地縁による共助の支え合い体制の基盤が存在する地域が多い。（略）他方で，こうした取組の担い手の減少により，共助の支え合い体制の基盤が弱体化しつつあり，加えて，今後，ほぼ全ての市町村において15〜74歳人口が減少し，その一部では75歳以上人口も急速に減少することが見込まれている」との状況にある[3]。

　この章の各論稿が取り上げる諸問題の背景には，地域コミュニティにおけるこのような状況の変化がある。

■ **地域コミュニティにかかわる組織や人の活動** ── 自然災害への対応 ■ ──

　Ⅵ−2では，自然災害への対応について取り上げている。自然災害の発生から復旧・復興に至る過程では，予防，応急，復旧・復興のそれぞれの段階において，国や自治体が法に基づき種々の施策を実施する。被災者のニーズを充足するためには，国や自治体による公的な施策とともに，予防・応急・復興のそれぞれの段階における，地域コミュニティにかかわる組織や人（町内会等の自治会，青年団，婦人会，消防団，自主防災組織，民生委員，児童委員，ソーシャルワーカー等）による活動が重要となる。Ⅵ−2では，自然災害の発生から復旧・復興過程において生じるニーズと，それに対応する制度のあり方を論じている。

■ **社会的孤立から生じる問題** ── ゴミ屋敷問題への対応，元受刑者の社会的支援 ■ ──

　Ⅳ−3とⅥ−5は，社会的孤立から生じる問題に焦点を当てる。Ⅵ−3では，いわゆるゴミ屋敷問題を取り上げている。これは，近隣関係の希薄化やライフスタイルの変化等に伴う地域コミュニティの変化とかかわる問題と位置づけられる。ゴミ屋敷問題の当事者について，「その多くは高齢で独居である場合，または老々介護状態にある場合である。知人・友人がなく，親族等とも疎遠で，地域住民から完全に孤立している」とされているためである。Ⅴ−3では，ゴミ屋敷問題の実態，自治体による対応，マンションの管理組合による対応およ

---

(3)　第32次地方制度調査会「2040年頃から逆算し顕在化する諸課題に対応するために必要な地方行政体制のあり方等に関する答申」（2020年6月26日）10頁。

び今後の支援体制について論じている。

　また，Ⅵ-5では，元受刑者である高齢者や知的障害者の出所後の支援について取り上げている。65歳以上の高齢者による窃盗等の犯罪が増加している。加えて，受刑者の2〜3割は知的障害者との統計がある。高齢者や知的障害者が犯罪を行う背景には，「家族との関係が切れ，暮らしている地域でも近所づきあいがない」という，社会的孤立の問題がある。出所後，「刑務所の他に行き場所もなく」，再び犯罪を行う者もいるという。Ⅵ-5では，出所後の元受刑者に対する社会的支援の制度，現状および課題について論じている。

■ **地域コミュニティと社会的包摂** ── 多様な「居場所」の創出 ■ ─────

　近年，「地域コミュニティにおける活動として，『子どもの居場所』，『高齢者の居場所』等の『地域の居場所』が注目されている」（総務省の地域コミュニティに関する研究会第1回研究会配布資料）[4]。Ⅵ-4では，この居場所づくりの施策について取り上げ，子どもと高齢者に関する居場所づくり事業の事例，居場所づくりの特徴と意義，今後の課題について論じている。この施策は，「社会的に排除され『居場所がない』人たちの社会的包摂を進めていくという意義」を持つ。また，地域コミュニティのあり方との関係では，今後，行政の主導または行政による支援の下，NPOや企業等の多様な主体が地域コミュニティにおける「居場所」の創出の担い手となることが期待されよう。

■ **エイジフレンドリーシティの構想** ■ ──────────────

　Ⅵ-3，4，5で取り上げた問題は，いずれも何らかの形で生活地域における高齢者の「居場所」の問題にかかわっている。それでは，高齢者に「居場所」があり，その生活の質（QOL）と尊厳が保たれるような生活地域の環境とは，どのようなものであろうか。Ⅵ-1では，WHOが提唱するエイジフレンドリーシティ構想と，その構想に賛同する世界各国の地方政府を結びつける国際ネットワークについて取り上げ，内容を説明するとともにその特徴について論じている。

---

(4)　地域コミュニティに関する研究会（総務省）第1回研究会（2021年7月12日）配布資料「地域コミュニティの現状及び本研究会について」https://www.soumu.go.jp/main_sosiki/kenkyu/chiiki_community/dai1kai.html

　この章の各論稿は，地域コミュニティにかかわる現在の諸問題を，それぞれの執筆者の視点から検討している。読者の皆さんがこれからの地域コミュニティのあり方を考えるときの手掛かりとなれば幸いである。

■ **参考文献** ■

　文中に掲げたもののほか，
　名和田是彦『コミュニティの法理論』（創文社，1998 年）

（増田幸弘）

1　国境をこえた学び合い
—— WHO のエイジフレンドリーシティ・グローバルネットワーク

● ある日の新聞から ●

はじめに，ある日の新聞記事を見てみよう（川崎桂吾「『自由さ』で新風　若者魅了」毎日新聞 2021 年 7 月 26 日付朝刊）。

　今回の東京オリンピックでは，スケートボードなどの「アーバンスポーツ」（都市型競技）が新競技として採用された。（略）

　ストリートカルチャーから出発したスケボーには，自由や独創性を尊ぶ気風がある。スポーツ化が進む近年では，五輪などの大舞台で便宜的にコーチをつけることもあるが，その役割は大会での戦術的なアドバイスなどにとどまる。ほとんどの場合，指導者は存在せず，練習はスケーターの自主性に任せられている。

　そんなスケボーの世界では，スケーター同士が教え合い，つながっていく文化がある。（略）先輩や後輩，指導者と教え子という「縦」の軸を中心とする競技も多い中で，都市部の「遊び」から出発したスケボーは「横」に広がるイメージだ。

　朝刊の 1 面に掲載されていたこの記事を読み，筆者はエイジフレンドリーシティ・グローバルネットワークのことを連想した。この記事に書かれている，「教え合い」や「『横』に広がるイメージ」というところが，エイジフレンドリーシティ・グローバルネットワークのイメージと重なったのである。

　Ⅵ－1 では，このエイジフレンドリーシティ・グローバルネットワークについて見て行こう。なお，以下の記述は，坏洋一＝神尾真知子＝黒岩亮子＝増田幸弘「社会福祉政策としてのエイジフレンドリーシティ」社会福祉 60 号（2019 年），および，増田幸弘「WHO のエイジフレンドリーシティ・グローバルネットワークにおけるアフィリエイト」日本社会福祉学会第 68 回秋季大会（2020 年）ポスター発表の記述と一部重複する。

●エイジフレンドリーシティズ・アンド・コミュニティズ●

エイジフレンドリーシティは，正式には「エイジフレンドリーシティズ・アンド・コミュニティズ（Age-friendly Cities and Communities）」という。「高齢者に優しい都市」と訳されることもあるが，ここでは「AFCC」ということにしよう。

AFCC は，世界保健機関（WHO）が提唱する都市・コミュニティのあり方のことである。具体的には，AFCC とは「人々が年を取る過程で生活の質（QOL）と尊厳が保たれるために，健康と社会参加と安全の機会が最適化されるような，インクルーシブでアクセシブルなコミュニティの環境である」と説明されている[1]。WHO が考える AFCC の構想は，2007 年に発表した「グローバルエイジフレンドリーシティズ：ガイド」[2]において示されている（以下では「GAFCC ガイド」という）。

GAFCC ガイドによると，AFCC のアイデアは，WHO が2002 年に発表した報告書「アクティブ・エイジング——政策枠組」で示したアクティブ・エイジングのフレームワークを基礎としている[3]。GAFCC ガイドが依拠する2002年の報告書は，アクティブ・エイジングの決定要因として「ジェンダー」と「文化」という分野横断的な決定要因とともに，6 つの決定要因（①保健・社会サービス，②行動的要因，③個人的要因，④物理的環境，⑤社会的要因，⑥経済的要因）を掲げている[4]。

●建造物や交通の問題だけではない──AFCC の 8 つの主題領域●

この GAFCC ガイドで，「WHO は AFCC の政策枠組を世界中のどの地域にも適用しやすい包括的・抽象的な形で提示」[5]している。そして，「その具体的

---

(1) World Health Organization(WHO), *Measuring the Age-friendliness of Cities: A Guide to Using Core Indicators*, WHO, 2015. p.3。日本語訳は WHO 健康開発総合センター資料（ローゼンバーグ恵美作成）「WHO の高齢化と健康への取組み〜Age-friendly City の背景と概要〜」による。
(2) WHO, *Global Age-friendly Cities: A Guide*, WHO, 2007.
(3) Id., p.5.
(4) WHO, *Active Ageing: A Policy Framework*, WHO, 2007.
(5) 坏洋一＝神尾真知子＝黒岩亮子＝増田幸弘「社会福祉政策としてのエイジフレンドリーシティ」社会福祉 60 号（2019 年）179 頁。

VI　地域が変わる

図表 1　「尊重と社会的包摂」のチェックリスト

敬意のある包摂的なサービス（Respect and inclusive services）
・高齢者が，公的，ボランタリー及び商業的なサービス機関から，高齢者により良く応対する方法についての意見を求められている（Older people are consulted by public, voluntary and commercial services on ways to serve them.）.
・公的及び商業的なサービス機関は，高齢者のニーズや好みに合ったサービスや製品を提供する.
・サービス機関に，高齢者に対応する訓練を受けた，親切で礼儀正しいスタッフがいる.

エイジングに関するパブリックイメージ（Public images of ageing）
・メディアは，公共の映像に高齢者を含め，ステレオタイプなしに肯定的に描く（The media include older people in public imagery, depicting them positively and without stereotype.）.

世代間及び家族間のふれあい（Intergenerational and family interactions）
・コミュニティ全域の環境，活動及び催物は，年齢特有のニーズと好みに応えることによって，全ての年齢の人々をひきつける（Community-wide settings, activities and events attract people of all ages by accommodating age-specific needs and preferences.）.
・高齢者が，「家族」のためのコミュニティ活動に特別に包摂される（Older people are specifically included in community activities for "families".）.
・お互いの楽しみと豊かさのために多世代が一緒に行う活動が，定期的に開催される（Activities that bring generations together for mutual enjoyment and enrichment are regularly held.）.

公教育（Public education）
・初等及び中等学校のカリキュラムに，エイジング及び高齢者に関する学びが含まれる.
・高齢者が，地元の学校の活動に子どもたちや教員と一緒に積極的かつ定期的に関わる.
・高齢者に，その知識，歴史及び経験を他の世代と分かち合う機会が提供される.

コミュニティへの包摂（Community inclusion）
・高齢者が，自分たちに影響を及ぼすコミュニティの意思決定に，完全なパートナーとして包摂されている（Older people are included as full partners in community decision-making affecting them）.
・高齢者が，現在の貢献と同様に過去の貢献によってもコミュニティに認められている（Older people are recognized by the community for their past as well as their present contributions.）.
・隣人の絆と支援を強めるコミュニティ活動に，高齢の住民が重要な情報提供者，助言者，当事者及び受益者として含まれる.

経済的包摂（Economic inclusion）
・経済的に不利な立場にある高齢者が，公的，ボランタリー及び私的なサービスとイベントを利用できる.

出典：圷洋一＝神尾真知子＝黒岩亮子＝増田幸弘「社会福祉政策としてのエイジフレンドリーシティ」社会福祉 60 号（2019 年）172 頁

な取組内容の立案やアウトカムの評価等の実施については各国の地方政府のイニシアティブに委ね」⁽⁶⁾る形がとられている。すなわち，WHO は GAFCC ガイドにおいて，アクティブ・エイジングを促進するような望ましい環境のあり方を包括的・抽象的な形で提示し，各国の地方政府はそれを参考にしつつ各地域の事情に応じてそれぞれ具体的な取り組みを行うという形である。

GAFCC ガイドには 8 つの主題領域（topic areas）が提示されている。この 8 つの領域とは，①屋外空間と建造物（outdoor spaces and buildings），②交通（transportation），③住宅（housing），④社会参加（social participation），⑤尊重と社会的包摂（respect and social inclusion），⑥市民参加と雇用（civic participation and employment），⑦コミュニケーションと情報（communication and information），⑧コミュニティサポートと保健サービス（community support and health services）である。社会のあり方にかかわる，幅広い内容が含まれていることが分かる。

この 8 つの領域は，WHO が実施した 33 都市における高齢者とその関係者を対象とした調査結果から抽出されたものである。GAFCC ガイドでは 8 つの領域ごとに，この調査の結果から得られた知見に基づいて「それぞれ望ましい状況や対策事例が示されて」⁽⁷⁾いる。また，セルフアセスメントのためのチェックリストも掲げられている。図表 1 はそのうちのひとつの，尊重と社会的包摂のチェックリストである。本書の初版と第 2 版で取り上げたテーマのひとつである世代間交流（多世代交流）はここに位置づけられている⁽⁸⁾。

●エイジフレンドリーシティ・グローバルネットワーク●

それでは，WHO は AFCC の構想（すなわち，WHO が考えるところのインクルーシブでアクセシブルなコミュニティの環境のあり方）を，どのような方法で世界各国の都市やコミュニティに普及させようとしているのであろうか。

WHO が採用したのは，世界中の地方政府が国境をこえて情報を共有したり

(6) 同上。
(7) 狩野恵美「健康の社会的決定要因と格差対策のための世界保健機関（WHO）による指標とヘルス・マネジメント・ツールの開発」，医療と社会 24 巻 1 号（2014 年）24 頁。
(8) 増田幸弘「高齢者の『同居人』や『お隣さん』となる若者たち──高齢者と若者の世代間交流」本書初版および第 2 版所収。

交換したりするネットワークを作る，という方法であった。また，このネットワークへの参加やネットワークでの活動について，国家は関与しない形とした。このネットワークの名称は，エイジフレンドリーシティ・グローバルネットワーク（Global Network for Age-friendly Cities and Communities）である。ここでは「GNAFCC」ということにしよう。

WHO は GNAFCC について次のように説明する。GNAFCC は，何をどのようにできるかを示すことで変化を触発し（inspiring change by showing what can be done and how it can be done），情報・知識・経験の交換を促進するために世界中の都市とコミュニティをつなぎ，イノベーティブで根拠に基づく適切な解決を見つけ出すよう都市およびコミュニティを支援することによって，メンバーがよりエイジフレンドリーとなることを支援するよう努める（seeks to support members more age-friendly）ものである[9]。

また，GNAFCC への参加について，WHO の資料「Global Network of Age-friendly Cities and Communities（エイジフレンドリーシティーズ・アンド・コミュニティーズのグローバルネットワーク）への参加について」は，次のように述べている[10]。

　新たなメンバーには自動的に作成される参加証明書が発行される。この証明書は，参加主体が，よりエイジフレンドリーな環境をつくるためのプロセスへの参加したことを証明するものであって，WHO がその業績を認めたり，エイジフレンドリーコミュニティーとして認証を与えたと証明するものではない。

　GNAFCC のメンバーは第三者に対し，「WHO を代理」して，又は「WHO を代表」すると称してはならない。

2010 年に創設された GNAFCC は 11 のメンバーから始まった。GNAFCC は，本稿執筆時点で 1,114 のメンバーを数える（図表2）。後述のように，GNAFCC

(9)　WHO, *The Global Network for Age-friendly Cities and Communities: Looking back over the last decade, looking forward to the next*, WHO, 2018, p.5.

(10)　WHO「Global Network of Age-friendly Cities and Communities（エイジフレンドリーシティーズ・アンド・コミュニティーズのグローバルネットワーク）への参加について」日本語版 https://www.who.int/ageing/age-friendly-environments/GNAFCC-membership-jp.pdf。

図表2 GNAFCC のメンバー数の推移

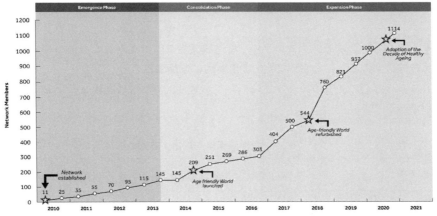

出典：Rémillard-Boilard, S., Buffel, T. and Phillipson, C., "Developing Age-Friendly Cities and Communities: Eleven Case Studies from around the World", Int. J. Environ. Res. Public Health, 18(1), 2021, p.135.

への参加資格にはアフィリエイト（affiliate）という資格もある。

わが国では 2011 年に秋田市が GNAFCC のメンバーとなり，2015 年に宝塚市がメンバーとなった。その後，2017 年に神奈川県内の 19 市町村がメンバーとなった（本稿執筆時点では神奈川県内の 22 市町村）。なお，神奈川県はアフィリエイトとして GNAFCC に参加している。

●GNAFCC のメンバー●

GNAFCC のメンバー（member）は，地域における政策の立案や実施について権限を有する地方政府に限られている。すなわち，メンバーとしての参加資格は次の 3 つである[11]。① WHO 加盟国に所在すること，②法律で定義された特定の地域内において，市民に公共財やサービスを提供する一連の権限を有する，直接選挙されたもしくは委任を受けた行政機関であること，③部門を越えた協力体制の主導や，ベースライン評価の実施，また管轄地域をよりエイジフレンドリーにするための行動計画の策定，実施及びモニターする権限と能力を

(11)　前掲注(10)WHO 資料日本語版，同英語版，WHO 資料「グローバルネットワークのメンバーおよびアフィリエイトに関するガイドライン」による。

有すること。

　また，メンバーとしての参加要件は次の3つである[12]。①WHOのエイジフ
レンドリーシティ・コミュニティアプローチの要となる価値と原則を共有し促
進すること，②エイジフレンドリーな地域環境を創出するための4つのステッ
プを実施すること，③GNAFCCに積極的に参加すること。

　このうち②の4つのステップについて，WHOの資料は図表3のように説明
している[13]。

図表3　エイジフレンドリーな地域環境を創出するための4つのステップ

ステップ	ステップの説明	期待される成果
関与と理解	孤立している，あるいは支援が届きにくい高齢者も含め，多くの関係者を巻き込んで，高齢者のニーズや嗜好，及び健康で活力ある高齢化のバリアや機会になっていることの理解を促進することが，地域のニーズや優先事項に対応した，よりエイジフレンドリーな取組みを行うための鍵である。	参加型のエイジフレンドリー評価
計画	戦略的に計画することで，全ての関係者が共通のビジョンを掲げ，優先すべき行動に合意し，市町村やコミュニティが課題にどのように取り組むかを計画，資源配分することが可能になる。	行動計画
行動	エイジフレンドリーな市町村とコミュニティ構築の中核にあるのは，行動計画の実施である。エイジフレンドリーな市町村を構築するためのガイド及びAFCCハンドブックには，実施可能な取組みが数多く掲載されている。	エイジフレンドリーの実践
評価	エイジフレンドリーなアプローチの実施，及びそれが人々の生活へもたらす影響に関するエビデンスを収集することは，市町村やコミュニティがよりエイジフレンドリーな取り組みを継続し，成功させる上で不可欠である。進捗をモニター評価することで，成果と課題を特定し，地域の関係者へ結果を伝え，その後の優先事項を決めるための根拠ができる。	モニタリングおよび評価報告書

　出典：WHO資料「Global Network of Age-friendly Cities and Communities（エイジフレ
　　ンドリーシティーズ・アンド・コミュニティーズのグローバルネットワーク）への参加
　　について」日本語版より筆者作成

（12）　同上。

（13）　前掲注（10）「Global Network of Age-friendly Cities and Communities（エイジフレ

　GNAFCC への参加が承認されると，行動計画の策定が求められる。関与と理解（参加型のエイジフレンドリー評価）→計画（行動計画）→行動（エイジフレンドリーの実践）→評価（モニタリングおよび評価報告書）のサイクルは，一巡するのに5年ほどかかるとされている。

●国境をこえた学び合いのネットワーク●

　また，参加要件③の「GNAFCC に積極的に参加する」について，この資料は「メンバーの活動は多様であり，ネットワークのメンバーのニーズと関心に合わせて調整できる」と述べ，図表4の内容を示す。共有・協力・参加が含まれていることが分かる。
　このように，AFCC の構想を世界各国の都市やコミュニティに普及させる方法として，WHO は国家を関与させる方法や，公式の認証制度を作る方法は

図表4　GNAFCC のメンバーの活動

活動の区分	内容
必須要件となる活動	進捗状況（評価報告書，行動計画等）及び成果（エイジフレンドリーの実践，モニタリング及び評価報告書等）を他のメンバーと共有することにより，知識の発展に貢献する。
同	関連するガイドライン，ツール及び実施例をメンバーと共有する。
同	Web サイト（"Age-friendly World"）上のメンバー紹介ページが常に更新されているように努める。
希望すればできる活動	活動している行政のレベル（例：都道府県，市町村等）でネットワークメンバーのための会議を開催し，他の行政レベルで活動している既存の参加組織もこれに協力する。
同	ネットワークが運営するオンラインセミナーを主催，もしくはこれに参加する。
同	他のネットワークメンバーと，公式あるいは非公式に，メンター及びその指導を受ける立場という関係を構築する。
同	最新のエイジフレンドリーの取組みやイベントをネットワークで共有する。
同	メンバー間による共同プロジェクトの機会を提供する。

出典：図表3と同じ

ンドリーシティーズ・アンド・コミュニティーズのグローバルネットワーク）への参加について」日本語版。

採用しなかった。そのような方法ではなく，AFCC というアクティブ・エイジングの考え方に基礎づけられた望ましい都市・コミュニティの構想に賛同し，その形成に取り組む各国の地方政府を結びつける，「国家が関与しない・国境をこえた学び合いのネットワーク」を創設した。このネットワークは，各国の地方政府による政策のトランスナショナルな相互参照の場ということができるかもしれない[14]。

　WHO が採用した「国家が関与しない・国境をこえた学び合いのネットワーク」の形成という方法は，グローバル・ソーシャルポリシーのあり方という観点から見て，興味深いものがある。

●GNAFCC のアフィリエイト●

　興味深い点は他にもある。そのひとつが，アフィリエイト（affiliate）の存在である。前述のように GNAFCC のメンバーは地方政府に限られているが，メンバー以外の団体等も，申請と審査を経てアフィリエイトとして GNAFCC に参加することができる。アフィリエイトとしての参加資格の基準は，①国・地方政府・市民団体・研究機関であり，② WHO 加盟国と認められる国に拠点を置き，③合法的な組織で，④2 年以上にわたりエイジフレンドリーな環境や関連する分野での取り組みを続けている，⑤ネットワークの窓口となる担当者を指定できるものである。

　図表 5 は，本稿執筆時点のアフィリエイトである。民間団体に加え，政府もアフィリエイトになっていることが分かる。わが国では神奈川県がアフィリエイトとなり，同県内の GNAFCC のメンバー（市町村）の支援を行っている[15]。アフィリエイトの具体的な活動内容は規定されていない。それぞれの国や地域の事情に応じた活動を展開している。

---

(14)　政策の相互参照につき，秋吉貴雄ほか『公共政策学の基礎［第 3 版］』（有斐閣，2020 年）262 頁参照。

(15)　神奈川県ホームページ「エイジフレンドリーシティの取り組み」https://www.pref.kanagawa.jp/docs/mv4/globalstrategy/age-friendlycity.html。

(16)　https://extranet.who.int/agefriendlyworld/network-affiliates/

図表 5　GNAFCC のアフィリエイト

名称	活動する国
AARP Network of Age-friendly Communities	アメリカ合衆国
Age-friendly Ireland	アイルランド
AGE Platform Europe	
Centre for Ageing Better	英国
UK Network of Age-friendly Communities	英国
Covenant for Demographic Change	
Government of New Zealand	ニュージーランド
Government of Singapore	シンガポール
Government of Western Australia	オーストラリア
International Federation on Ageing	
Kanagawa Prefectural Government	日本（神奈川県）
Municipalité Amie des Aînés（MADA）	カナダ（ケベック州）
National Institute of Social Services for Retirees and Pensioners	アルゼンチン
Pan-Canadian Age-friendly Communities Initiative	カナダ
Réseau francophone des villes amies des aînés	
Servicio Nacional del Adulto Mayor（SENAMA）	チリ
Spanish National Programme on Age-friendly Cities	スペイン

※活動する国が空欄のアフィリエイトは複数の国で活動を行っている。
出典：WHO ホームページ「Age-friendly World」[16]より筆者作成

●独自のネットワークを形成するアフィリエイト──フランスの RFVAA を例に●

　アフィリエイトには，神奈川県のように国内で活動を行うものもあれば，複数の国で活動を行うものもある。ここでは，独自のネットワークを形成し国際的に活動しているアフィリエイトである，エイジフレンドリーシティ・フランス語圏ネットワーク（Réseau francophone des villes amies des aînés。以下では RFVAA と略）を紹介しよう[17]。

　RFVAA は民間団体（association）であり，本部はフランスのディジョン市にある。2019 年 9 月にお話を伺ったところによると，RFVAA のスタッフは 5

---

(17)　RFVAA の概要およびディジョン市における AFCC の取り組みにつき，神尾真知子「ディジョン市と WHO『エイジフレンドリーシティ』のアプローチ」女性空間 37 号（2020 年）参照。

名で，地方自治，老年学，社会学，労働法等の専門家で構成されている。RFVAA の代表はディジョン市長，副代表はリヨン市長である。また，理事会は RFVAA のメンバーとなっているコミューン（市町村）の副市長や議員等で構成されている。運営費は年間約 35 万ユーロで，そのうち 3 分の 1 は RFVAA のメンバーからの会費，3 分の 1 は会議や出版物や研修等からの収入，3 分の 1 は企業や地方自治体からの寄付である。

　これまで RFVAA が担ってきた役割は，助言，評価，情報交換・情報発信，国とのパイプ役（国の法律案に対する意見の提出，国の会合への参加等。2016 年に国の連帯保険省とパートナー協定を結んだが更新されていない）等である。また，具体的な活動内容は，①シンポジウムの企画・実施，②研修会の実施，③コミューン（市町村）やそのパートナーのイニシアティブを促すためのコンクールの開催，④メンバーの活動を強化するための『経験の共有』という冊子の配布，⑤フランスの AFCC に関する書籍の出版等である。

　2020 年 9 月時点の RFVAA のメンバー数は 156 であり，フランス語圏の諸国（フランス，ベルギー，スイス，アンドラ）にメンバーがいる。また，RFVAA には GNAFCC のメンバー（すなわち地方政府）だけではなく，各種の団体も参加している。

　たとえば，労働組合であるフランス民主労働同盟（CFDT）の退職者団体（CFDT-retraite）も RFVAA のメンバーとして活動している。2019 年 9 月に CFDT-retraite の担当者に RFVAA のメンバーとしての活動内容を伺ったところによると，GNAFCC のメンバーとなっているコミューンの議会に行き提案をする，GNAFCC のメンバーとなっていないコミューンに参加の勧誘をする，RFVAA から派遣される講師による教育や訓練を行う，高齢者の部屋を若者に安く貸す等の活動を行っているとのことであった。

● 新聞の記事からの連想 ●

　筆者が冒頭に紹介した新聞の記事から GNAFCC のことを連想したのは，記者が書いた次の部分が GNAFCC のイメージと重なったためであった。「スケーター同士が教え合い，つながっていく文化がある」，「先輩や後輩，指導者と教え子という『縦』の軸を中心とする競技も多い中で，（略）スケボーは『横』に広がるイメージだ」という部分である。

もちろん，これはイメージの比較からの連想に過ぎず，事実の比較としては正確さを欠く。たとえば，スケーター同士の自然発生的なネットワークとは異なり，GNAFCC は WHO が創設した組織的なネットワークである。また，GNAFCC に参加するには審査を要し，かつ積極的な参加が求められている（いくつかのネットワーク活動は必須とされている）。更に，GNAFCC のメンバーには行動計画の策定と，エイジフレンドリーな地域環境を創出するための 4 つのステップを実施することが求められており，活動が完全に自主性に委ねられているという訳ではない。

しかし，目標を同じくする者同士が「教え合い，つながっていく」という相互参照のイメージや，「『横』に広がる」という情報共有・情報交換のイメージは，両者に共通しているように思う。そして，このような GNAFCC は，グローバル・ソーシャルポリシーのひとつのあり方として，興味深いものがある。

ところで，今回の東京オリンピックのスケートボード競技では，10 代の選手たちの活躍が目立ったという。選手たちが高齢者となる 2070 年代に，日本の，そして世界各国の生活地域は，どこまで「人々が年を取る過程で生活の質（QOL）と尊厳が保たれるために，健康と社会参加と安全の機会が最適化されるような，インクルーシブでアクセシブルなコミュニティの環境」となっているのであろうか。

■ 参考文献 ■

文中に掲げたもののほか，

中田知生（2017）「元気な高齢者政策としての Age-Friendly City」北星論集 54 号（2017 年）

WHO 編著（日本生活協同組合連合会医療部会訳）『WHO「アクティブ・エイジング」の提唱：政策的枠組みと高齢者にやさしい都市ガイド』（萌文社，2007 年）

〔付記〕本稿は JSPS 科研費 18K02169 および 21K02054 の助成を受けた研究成果の一部である。

（増田幸弘）

2　国としてのもしものときの備え
——災害に関わる制度と社会保障制度

● 平成の災害 ●

　令和という新たな時代を迎え，改めて平成の31年間の歴史を振り返ってみると，大きな地震，風水害などの災害（以下「自然災害」）が思い起こされ，なかでも，2011年東日本大震災は，筆者自身の経験とも相まって，未だ忘れることのできない自然災害である[1]。自然災害から○○年という報道も，折に触れてなされるが，そのたびに辛い思いとともに，私たちの心に強く防災や減災を意識づける。

　防災・減災をいくら心がけ，準備したとしても，自然災害は容赦なくやってくる。そのとき，どのような課題が生じ，解決してきたのか。本稿ではまず，それらを避難前，避難時，避難後，災害後から数年経過という4つの段階に分けて振り返り，その時々に指摘された課題やニーズを浮き彫りにしたい。次に，それらに対する支援と既存の社会保障制度の関係について概観した上で，最後にどのような仕組みを構築していくべきかを考えてみたい。なお，紙幅の関係から，NPOやボランティアの活動については触れない。

● 日本の災害をめぐる法制度 ●

　まず日本の災害に関わる法制度についてまとめておきたい。日本の災害対策の根拠となっているのは，1959年の伊勢湾台風を契機として，1962年に制定された災害対策基本法（以下「災対法」）である。この法律の目的は，災害対策全体を体系化すること，総合的かつ計画的な防災行政の整備・推進を図ること（1条）にあったが，これに加え，これまで災害ごとに個別に対応してきた150を超える災害関連法規を統一することにもあった[2]。ここ数年は改正を重ね，

---

(1)　インパクトの大きな自然災害は多いものの，平成だから突出して自然災害が多いというわけではない（牛山素行「日本の風水害人的被害の経年変化に関する基礎的研究」土木学会論文集B1（水工学）73巻4号（2017年）I_1369-1374頁。
(2)　宮入興一「わが国における災害対策行財政制度の特徴と改革の課題」松山大学論集29巻4号（2017年）45頁。

近年の大きな改正は 2021 年の改正である。この 2021 年の改正では，次の項で述べる避難勧告・避難指示の一本化や，市町村に対して，避難行動要支援者（高齢者，障害者）ごとの避難計画作成を努力義務化することなどである。

　災対法は，あくまでも基本法であるので，防災・災害対策の基本方針を示したに過ぎない。したがって，実際には予防，応急，復旧・復興の際には，個別の法律に頼らざるを得ない。例えば，応急という観点からは，災害救助法や消防法，警察法，自衛隊法である。復旧・復興という観点からは，激甚災害法のほか，被災者への救済援助措置として中小企業信用保険法や災害弔慰金法，雇用保険法，災害復旧事業として災害負担法，被災市街地復興特別措置法など，保険共済制度として地震保険法など，災害税制関係として災害減免法のほか，特定非常災害特別措置法などである。これらの法律については，次の項で必要な限りにおいて言及する。

●災害発生から復旧・復興過程における問題とニーズ●

①　避難前：自然災害の予測と情報

　自然災害が発生する前に，その発生が予測可能な場合には，気象庁から気象注意報や警報が出される。例えば，大雨であれば，大雨注意報や大雨警報，大雪であれば，大雪注意報や大雪警報といったものである。一方，地震のように発生の予測が難しい災害の場合，気象庁から気象業務法 13 条に基づき，震度 5 弱以上が予想される場合には警報，震度 6 弱以上が予想される場合には特別警報が緊急地震速報として発表される。

　こうした注意報・警報が発表されると，市町村は災対法に基づいて策定された「避難情報に関するガイドライン（令和 3 年 5 月公表）」によって，下図表のような避難に関わる情報を発令する（災対法 50 条，56 条）。

　2018 年 7 月豪雨（西日本豪雨災害）では，住民や地区の消防団が溜め池や崖など見廻り，危険な状況にあることを把握した上で，市町村に対して避難指示を要請した事例なども報告されている。このように現場の状況に応じて避難情報が発令されることもある[3]。

---

(3)　矢守克也「能動的・受動的・中動的に逃げる」災害と共生 3 巻 1 号（2019 年）4 頁。

図表　警戒レベルの一覧表

警戒レベル	状況	住民がとるべき行動	行動を促す情報
5	災害発生又は切迫	命の危険　直ちに安全確保！	緊急安全確保※1
＜警戒レベル4までに必ず避難！＞			
4	災害のおそれ高い	危険な場所から全員避難	避難指示（注）
3	災害のおそれあり	危険な場所から高齢者等は避難※2	高齢者等避難
2	気象状況悪化	自らの避難行動を確認	大雨・洪水・高潮注意報（気象庁）
1	今後気象状況悪化のおそれ	災害への心構えを高める	早期注意情報（気象庁）

※1 市町村が災害の状況を確実に把握できるものではない等の理由から、警戒レベル5は必ず発令されるものではない
※2 警戒レベル3は、高齢者等以外の人も必要に応じ、普段の行動を見合わせ始めたり危険を感じたら自主的に避難するタイミングである
（注）避難指示は、令和3年の災対法改正以前の避難勧告のタイミングで発令する

出典：内閣府防災情報のページ「警戒レベルの一覧表（周知・普及啓発用）」（http://www.bousai.go.jp/oukyu/hinanjouhou/r3_hinanjouhou_guideline/）

　こうした発令・発表された避難情報をいち早く知ることが必要である。従来の防災無線のほか，情報が自動的に配信される「PUSH型」（緊急速報メールやコミュニティFMなど）と情報を取りに行く「PULL型」（市町村HPやSNS，テレビ・ラジオなど）の双方を組み合わせて活用することが求められる。さらに，市町村HPによる情報発信においても，Webサイトの軽量化やミラーサイトの準備などの，非常時に合わせた運用も必要であろう。

　このような多重・多様な情報を提供してもなお，情報から置き去りとなり，避難情報や現在の状況について情報を得られない，いわゆる情報弱者の問題もある。速報性の強い情報だけに，それに耐えうる環境（Wi-Fi環境やスマートフォンなどのデバイス，ラジオなど）も必要であるが，環境を整えられない高齢者や生活困窮家庭，障害者への配慮をどのように図っていくかが課題である。また，情報発信にあたり，視覚障害・聴覚障害などの障害や日本に滞留する外国人向けの発信も考慮に入れられなければならないだろう。

② 避難時：避難が困難な人と逃げ方
避難時のポイントは，自ら避難をすることが可能かどうかということである。

256

自ら身動きできない高齢者や障害者，妊産婦や乳幼児などについては，いわゆる「避難行動要支援者」として，地域の民生委員や児童委員，地域の消防団や自主防災組織（地域の住民による自発的な防災活動に関する組織），町内会・近所の人などの声かけ，手助けが必要となる。こうした要支援者については，市町村による名簿作成が定められており（災対法49条の10），各市町村の個人情報保護条例にしたがうところにより，地域に提供される[4]。

　避難にあたっては，日頃から確認している（はずの）防災情報や防災訓練，避難情報などに基づいて避難する[5]。避難訓練をしたからといって，必ずしも訓練どおり避難できるわけではないし，その逆もまたしかりである。そこで近年では，避難の能動・受動を超えた「中動態」の避難の研究が進んでいる。「中動態」の考え方を避難に用いると，東北の三陸地方に伝わる「津波てんでんこ[6]」のように，てんでばらばらに逃げることと，親子による再会の約束という，能動性と受動性がお互いに作用することによって，行為を導いた意志や責任を帰属できないような形＝中動的な形で，全員が生存するという，まさに責任を問う必要のない事態を生むことを目指しうる[7]。この中動態の考え方は，

(4)　井上禎男＝西澤雅道＝筒井智士「東日本大震災後の『共助』をめぐる法制度設計の意義——改正災害対策基本法と地区防災計画制度を中心として」福岡大學法學論叢59巻1号（2014年）30頁。
(5)　もちろん避難訓練は大切であり，日頃から避難経路の確認やその安全性の確認などは随時なされるべきと考えている。石巻市立大川小学校のように児童74名，教職員10名が犠牲になった悲劇もある。仙台高判平成30年4月30日（最高裁上告棄却／控訴審判決が確定）では，石巻市および大川小学校が避難ルートや避難方法を決めておかなかったことを組織的過失として認め，市と県に約14億3,600万円の支払いを命じている。
(6)　津波のときには，家族も恋人もない，みながてんでんばらばらに高地に迅速に避難すべし，それだけが身を守る方法だというもので，親が，『お父さん，お母さんも，自宅や職場の方で，てんでんこに逃げるから，あなたも，学校で，てんでんこに逃げて』と子どもに約束し，親はその約束をたしかに実現してくれると子の側が信じることができるから，ボク，ワタシも逃げることができるという構造であることが指摘されている（矢守・前掲注(3)2，3頁）。
(7)　矢守・前掲注(3)6，9頁。中動態とは文法的には，「受動でも能動でもないもう一つの態」（37頁）であり，「彼らは思うように行為できない。だが，彼らの実際の行為はそれ以外ではあり得なかったと言い切れるものでおない。そこでは意志など，無論，問題にはならない。だが，意志などもはや問題にならないからといって，彼らが何かに完全に操られていたということでもない」（292頁）状態と言うことができる（國分功一郎『中動態の世界——意志と責任の考古学』（医学書院，2017年））。

今後の避難のあり方に一石を投じるかもしれない。

③　避難後：避難所・福祉避難所への避難

【避難所】

　避難する場合，市町村が設置する避難所（災害救助法4条1号）へ行くことが多い。避難所では，災害救助法に基づき，炊き出しその他による食品の給与及び飲料水の供給（同条2号），被服，寝具その他生活必需品の給与又は貸与（同条3号）等が行われる[8]。また，避難所の運営にあたっては，内閣府（防災担当）より「避難所運営ガイドライン」が出され，避難所における運営サイクルをどう確立すべきか，また情報の収集や提供，応援物資の管理をいかに行うかなどが示されている[9]。加えて，女性，子どもへの配慮，例えば，生理用品の配布や更衣スペースの確保，授乳室の確保などの配慮や，女性・子どもに対する虐待・暴力の防止についても触れられている（52頁以下）。避難所におけるジェンダー視点の欠如，例えば，避難所におけるトイレ・着替えの女性への配慮の欠如や生理用品や下着の配付における配慮の欠如，性的嫌がらせやレイプ被害，避難所での役割の固定化（食事の支度や掃除はすべて女性）などは，震災後の相談業務を実施したり，聞き取り調査を行った「ウィメンズネット・こうべ」や「東日本大震災女性支援ネットワーク」の報告でも明らかになっている[10]。

【福祉避難所】

　一般の避難所でも配慮が必要であるが，さらなる配慮が必要な高齢者や障害者，妊産婦，乳幼児，医療的ケア児などについては，福祉避難所という選択肢もある。福祉避難所は，要配慮者が相談，助言，支援を受けることができる避

---

(8)　こうした救助に要した費用は，基本的には都道府県が負うこととなっているが（災害救助法18条1項），一定額を超えた場合には国庫負担がある（同法21条）。都道府県は，こうした災害に備えて，災害救助基金を積み立てておかねばならない（同法22条）。

(9)　内閣府（防災担当）（http://www.bousai.go.jp/taisaku/hinanjo/pdf/1604hinanjo_guideline.pdf）。

(10)　竹信三恵子「震災とジェンダー――『女性支援』という概念不在の日本社会とそれがもたらすもの」ジェンダー研究15号（2012年）87-98頁，池田恵子「女性の視点による被災者ニーズの把握――東日本大震災における活動経験の聴き取り調査から」国際ジェンダー学会誌10号（2012年）9-32頁などがある。

難所であり，市町村が一定の基準に基づいて指定する（災対法施行令 20 条の 6 第 5 号）。内閣府（防災担当）が示している「福祉避難所の確保・運営ガイドライン（令和 3 年 5 月改定）」では[11]，福祉避難所の指定基準として，高齢者福祉施設，障害者福祉施設や保健センターなど，建物・場所の安全性が保たれ，かつバリアフリーであること，障害者用トイレが設置されていることを挙げている（同 15 頁）。また，生活相談員や福祉関係職員の配置のほか，筆談対応，ラジオ・テレビのほかファクシミリなどの情報機器の設置や介護用品，車椅子やストーマ用装具，酸素ボンベなどの配備（同 24-27 頁）を想定している。

　　東日本大震災における福祉避難所は，以下 3 つの課題があったとされる[12]。1 つは，指定していた福祉避難所の多くが被災した点である。仙台市では 2010 年 4 月時点での避難所は 52 施設であったが，実際に使用されたのは 26 施設だった。2 つめは，誰を避難所に入所させるかという，いわゆるスクリーニングの問題である。被災規模が大きかったために，誰を一般避難所にとどめ，誰を福祉避難所に振り分けるか，行政が決められなかったことが報告されている。3 つめは，一般避難所から福祉避難所の（市町村をまたぐ）移送の問題である。

　　さらに，支援に関し，こうした支援を行う福祉専門職もまた被災者であり，ケアする人のケアの問題も筆者らが 2011 年 6 月に岩手県大船渡市で行ったヒアリングでよく聴かれた問題であった。

④　災害後から数年を経て：孤独・孤立，生活再建，震災関連死
【災害後の住まいと失われる "つながり"】

　　避難所として使用する施設は，公共施設や学校，福祉センターなどが指定されることが多いため，長期間滞在することは想定されていない[13]。そこで，避

---

(11)　内閣府（防災担当）（http://www.bousai.go.jp/taisaku/hinanjo/pdf/r3_hinanjo_guideline.pdf）3 頁。

(12)　大門大朗「近年の福祉避難所に関する動向について：阪神・淡路大震災から西日本豪雨にかけて」災害と共生 3 巻 2 号（2020 年）31-32 頁。なお，熊本地震では，想定されていた福祉避難所の約 4 分の 3 が利用できなかったことが報告されている（同 32-33 頁）。

(13)　内閣府の資料によると，災害発生の日から 7 日以内となっている（内閣府政策統括官（防災担当）避難生活担当，被災者生活再建担当「災害救助法の概要（令和 2 年度）」（http://www.bousai.go.jp/taisaku/kyuujo/pdf/siryo1-1.pdf）24 頁。また，熊本地震の際には避難所に行かず，壊れた住居や車中泊の人が多く，支援漏れが出たこともあった（大脇成昭＝岡田行雄＝大日向信春＝倉田賀世＝鈴木桂樹＝濵田絵美「熊本地震と法

難所から応急仮設住宅（災害救助法4条）へ移ることとなる。応急仮設住宅には，災害発生日から20日以内に着工され，完成から最長2年入居できる「建設型応急住宅」と一般の賃貸住宅を借り上げ，最長2年入居できる「賃貸型応急住宅（みなし仮設）」がある⁽¹⁴⁾。

　応急仮設住宅をめぐっては主に3つの問題を指摘できる。第1に，応急仮設住宅を2年で退去できない人の存在である。陸前高田市において研究を続けているプロジェクトの報告によれば⁽¹⁵⁾，2019年8月時点での仮設住宅の居住戸数は106戸（自治会長の把握による）であった。陸前高田市では，一部の仮設住宅を撤去し，仮設住宅から仮設住宅への転居，集約を進めているが⁽¹⁶⁾，建設業者に住宅の建設が集中して順番待ちをしている世帯や市が設置する災害公営住宅についても，土地のかさ上げや高台への移転などが進まず，工事自体も計画通りに進んでいない事態が生じている⁽¹⁷⁾。退去したくても退去先がないのである。第2に，生活環境がめまぐるしく変化した高齢者の震災（災害）関連死のリスクである。震災（災害）関連死とは，災害弔慰金法に基づき災害が原因で死亡したものとされ，おおむね震災（災害）から1年以内に死亡し，病院の機能停止による初期治療の遅れ・既往の増悪，避難所等生活の疲労，震災のショック，精神的疾患による自殺などが含まれる（平成23年4月30日厚労省社会・援護局災害救助・救援対策室事務連絡「災害関連死に対する災害弔慰金等の対応（情報提供）」）。現に，平成24年8月21日に震災関連死に関する検討会（復興庁）の「東日本大震災における震災関連死に関する報告」によると，震災（災害）関連死したと見られる者は，平成24年3月31日現在で1,632人，そ

律学の役割」法セミ755号（2017年）58頁・岡田の発言）。

(14)　入居は2年とされている（建基法85条）。あくまでも非常用の住宅であるから，建築基準法を適用しないという規定である。

(15)　宮城孝＝藤賀雅人＝崎坂香屋子＝神谷秀美＝松元一明＝山本俊哉＝原田拓海「居住9年目を迎えた岩手県陸前高田市仮設住宅における被災者の暮らし──被災住民のエンパワメント形成支援による地域再生の可能性と課題Ⅸ」現代福祉研究20巻（2020年）77頁。

(16)　陸前高田市ウェブサイト「応急仮設住宅の撤去・集約化の基本方針（改訂版）平成28年3月策定平成29年6月改訂」（https://www.city.rikuzentakata.iwate.jp/material/files/group/22/houshin-20170724.pdf）。

(17)　宮城孝ほか・前掲注(15)76，78，83-84頁。

め，問題解決はさらに困難となる。このようなゴミ屋敷の問題について，各自治体が生活環境の保全や公衆衛生を害する状況に対応するため，条例を制定するなどしているケースも出てきている。こうした各市区町村における対応事例等の把握を目的として，全国1741市区町村を対象に，各都道府県においてアンケート調査が実施された（回答市区町村1739）。その調査結果は，環境省環境再生・資源循環局廃棄物適正処理推進課「平成29年度「ごみ屋敷」に関する調査報告書」（2018年3月）として公表されている。

　その調査結果によれば，ゴミ屋敷の事案を認知している市区町村は594（34.2％）あり，ゴミ屋敷への対応は（複数回答）原因者への指導（33.8％），原因者への包括的サポート（20.4％）が多く，パトロール（16.5％），住民・警察との連携（13.8％），ゴミの撤去（8.3％），その他（7.2％）であった。もっとも，ゴミ屋敷に対応することを目的とした条例等を制定している市区町村は82（4.7％）だけであり，条例等に規定された行政機関による措置内容は（複数回答），助言・指導（19.6％）が最も多く，勧告（18.2％），調査（17.2％），命令（14.3％），公表（11.2％），代執行（8.6％），支援（5.6％），その他（5.3％）となっている。また，条例等を制定している82市区町村のうち，条例等に罰則規定を設けているのは17市区町村（20.7％）だけであり，実際に行政機関による措置や罰則を適用した事例があるのは19市区町村だけであった。なお，条例等の施行による課題があるとした48市区町村が挙げた課題の内容（複数回答）として最も多かったのは「原因者への指導方法」（30.8％）であり，ついで「原因者への包括的サポート」（26.5％）であった。

● マンションにおけるゴミ屋敷問題と管理組合の対応 ●

　バルコニー等にゴミが山積みになっている場合，バルコニー等は共用部分であるから，通常は，管理規約や使用細則で規定された用法に違反することになる。また，バルコニーは下階や隣戸への避難経路としての効用があり，それを阻害したり，バルコニーからゴミが落下したりする危険があるなどの場合には，通常は，「共同の利益に反する行為」（区分所有法6条1項）に該当することになる。このような場合，管理組合は，①理事会の決議に基づき，必要な勧告・指示・警告を行うなどして任意の対応を促し，②これによっても改善がみられない場合には，ゴミの撤去等を求める訴訟を提起し，③管理組合側の勝訴が確

定しても，これに従わない場合には，ゴミ撤去等の強制執行を行うことになる。これに対し，専有部分内は，原則として管理組合が関与することはできない。しかし，異臭が専有部分外に漏れ伝わるとか，専有部分内の法定点検を拒否するなどの事情があれば，共用部分の場合と同様に，例外的に管理組合が関与することが可能となる。

　原因者が単身高齢者の場合には，認知症等の罹患による問題である可能性があるため，組合員名簿の緊急連絡先などから親族と協力して対象者を必要な治療や福祉へとつなげていくことが重要となる。もっとも，親族から協力を拒否された場合には，行政による権利擁護事業や福祉サービスにつなげたり，行政が家庭裁判所に後見人の選任を申し立てたりすることが必要となる[2]。

● 高齢者ごみ出し支援制度の導入 ●

　環境省は，全国の地方公共団体における高齢者のゴミ出し支援の実体を把握するために，「高齢者を対象としたごみ出し支援制度の実態調査」を2018年度にアンケート調査方式で実施した。この「高齢者のごみ出し支援制度」は，地方公共団体がごみ出し困難な高齢者世帯から個別にごみを回収したり，あるいはごみ出しが困難な高齢者に代わってごみ出し支援を行う自治会・NPO等の支援団体に対して，地方公共団体が補助金等を支給し，活動を支援したりする制度など，高齢者のごみ出し支援に特化した制度を意味する。さらに，地方公共団体による高齢者の見守り支援ネットワークや，高齢者世帯を対象とした生活支援事業の一環としてごみ出し支援を行っている場合など，地方公共団体が運営・関与する高齢者世帯を対象とした在宅生活支援の仕組みの中で行われているごみ出し支援も対象となる[3]。

　アンケート結果から，全国の地方公共団体における高齢者のごみ出し支援制度の導入状況を見ると，2018年度には387（23.5％）の地方自治体，2020年度の追加アンケートの結果では，2021年1月時点で417（34.8％）の地方自治体で支援制度が導入されている。また，現在制度を導入していない地方自治体に

---

(2)　後見制度の利用により，訴訟等の法的措置が不要となったケースもある（大規模修繕工事新聞129号（2020年9月28日）参照）。
(3)　環境省環境再生・資源循環局廃棄物適正処理推進課「高齢者のゴミ出し支援制度導入の手引き（令和3年3月）」19頁。

おいても，導入を検討し将来的に導入するとした地方自治体が24.5％あり，今後も高齢者のごみ出し支援制度を導入する地方公共団体が増えると予想されている。ごみ出し支援制度の導入のきっかけは，住民からの要望（53.2％）が最も多く，その他を除けば，福祉部門との連携（31.8％）が続いている[(4)]。

地方公共団体内において，高齢者に対応したごみ出し支援を担当する主な部局は，廃棄物部局が最も多く（73.0％），福祉部局が続いている（21.5％）。これは，介護保険制度を利用したサービスにおいても，ごみ出し支援を受けられるからである。すなわち，要介護認定者は，介護給付である訪問介護の生活援助として，ごみ出し支援を受けることができ，要支援認定者等は，介護予防・日常生活支援総合事業である訪問型サービスとして支援を受けることができる

図表1　地方公共団体が備えている役割・機能等（複数回答）

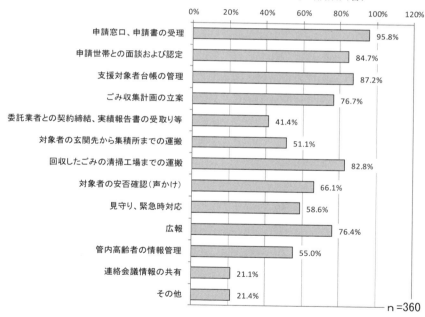

【出所】アンケート結果

出典：環境省「高齢者のごみ出し支援制度導入の手引き（案）」72頁

---

(4)　環境省・前掲注(3)20-21頁。

のである。なお，高齢者のごみ出し支援制度を運用する際，これら地方公共団体が備えている役割・機能等は，「申請窓口，申請書の受理」「支援対象者台帳の管理」「申請世帯との面談及び認定」「回収したごみの清掃工場までの運搬」の回答率が80％超で比較的高くなっている（図表1）⁽⁵⁾。

●地域共生社会の実現とゴミ屋敷問題●

　2018年4月に，地域包括ケアシステムの強化を目指した改正社会福祉法が施行された。これに先立ち，2017年12月には，「社会福祉法に基づく市町村における包括的な支援体制の整備に関する指針」が策定・公表され，関連通知が発出された。そして，2019年5月に設置された地域共生社会推進検討会が，同12月に最終報告書「地域共生社会の実現に向けたモデル事業の取組と生活困窮者自立支援制度について」を公表している。モデル事業（2018年4月～12月）では，多機関の協働による包括的支援体制構築事業における課題として，障害や経済的困窮，ひきこもり・孤立・ニートなどが多くを占める中，ゴミ屋敷や近隣トラブルも挙げられている（図表2）。

　そして，地域共生社会の実現を図るため，地域住民の複雑化・複合化した支援ニーズに対応する包括的な福祉サービス提供体制を整備する観点から，市町

図表2　支援対象者の課題の内容（複数回答）

経済的困窮等	1,786	37.8%
障害（疑い含む）	1,627	34.4%
家族関係（DV等）	1,179	25.0%
就労不安定・無職等	1,043	22.1%
病気・けが	954	20.2%
ひきこもり・孤立・ニート	866	18.3%
認知症・介護	694	14.7%
ゴミ屋敷・近隣トラブル	557	11.8%
住まい不安定	367	7.8%
養育困難等	281	5.9%
その他	260	5.5%

出典：厚労省「資料1　包括的な支援について①」5頁

---

(5)　環境省・前掲注(3)72頁。

270

村の包括的な支援体制の構築の支援等の措置を講じるとして，「地域共生社会の実現のための社会福祉法等の一部を改正する法律」が制定され，2021年4月1日に施行されている。この地域住民の複雑化・複合化した支援ニーズにはゴミ屋敷や近隣トラブルの問題も含まれており，市町村の包括的な支援体制構築のため，①相談支援，②参加支援，③地域づくりに向けた支援を包括的に実施することが，社会福祉法に基づく新たな事業（図表3）として創設されることになった。そして，同法の施行される2021年4月1日には，厚生労働省によって専用の「地域共生社会のポータルサイト」が開設され，各自治体のモデル事業が紹介されるなどしている。

　ゴミ屋敷問題と言っても，その原因者の状態は様々と言える。単身高齢者で孤立状態にある場合もあれば，老々介護でありながら介護保険サービスの利用を拒否している場合もある。子どもが同一家屋や同一敷地内で生活している場合もあれば，近居している場合もある。また，原因者自身が認知症や精神疾患等で，認知力・判断力が低下している場合もあれば，自分のしていることが分かっていて行っている場合もあり，単に日常生活において行うべき行為を行わないセルフ・ネグレクトの場合もある。それゆえ，ゴミ屋敷条例を定めている自治体も，原因者への指導方法や包括的サポートを課題として挙げていると言

図表3　新たな事業の全体像

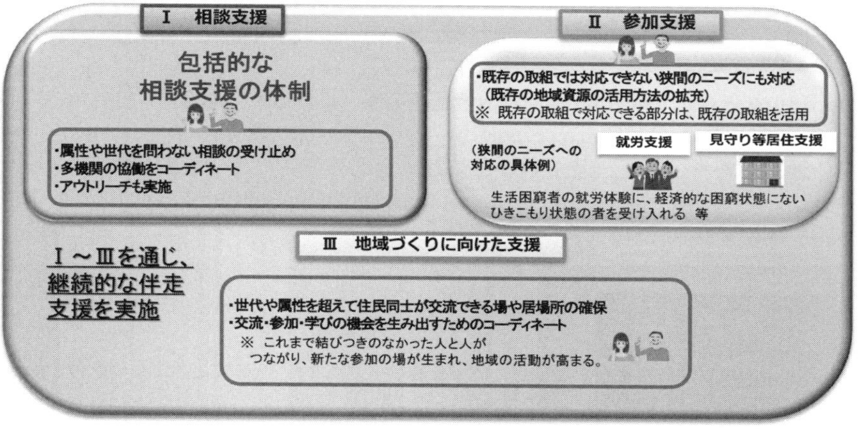

出典：厚労省「地域共生社会実現のための社会福祉法等の一部を改正する法律の概要」2頁

271

える。まずは民生委員等が継続的に訪問を実施し[6]，信頼関係を構築することから始め，保健福祉部門や環境部門，町内会・自治会等と連携しながら，本人の自己決定を尊重して「その人らしい生活」へと導いていく包括的な支援が必要ということになる。例えば，生命や健康に悪影響を及ぼしているセルフ・ネグレクト事例に介入できるようにするために，セルフ・ネグレクトを高齢者虐待防止法に含めるなど，法的整備を早急に進める必要があるとの指摘もある[7]。

■ 参考文献 ■

環境省環境再生・資源循環局廃棄物適正処理推進課「平成 29 年度「ごみ屋敷」に関する調査報告書」（2018 年 3 月）：www.env.go.jp/recycle/report/h30-18.pdf

環境省環境再生・資源循環局廃棄物適正処理推進課「高齢者のゴミ出し支援制度導入の手引き（案）」（2021 年 3 月）：www.env.go.jp/recycle/kourei_tebiki_p.pdf

岸恵美子「いわゆる「ゴミ屋敷」の問題の所在～セルフ・ネグレクトの視点から」https://www.city.yokohama.lg.jp/city-info/seisaku/torikumi/shien/tyosakihou/185.files/0146_20200330.txt

厚生労働省第 3 回地域共生社会推進検討会（令和元年 6 月 13 日）「資料 1　包括的な支援について①」：https://www.mhlw.go.jp/content/12602000/000519718.pdf

厚生労働省「地域共生社会実現のための社会福祉法等の一部を改正する法律（令和 2 年法律第 52 号）の概要」：https://www.mhlw.go.jp/content/000640392.pdf

厚生労働省「地域共生社会のポータルサイト」（2021 年 4 月 1 日開設）：https://www.mhlw.go.jp/kyouseisyakaiportal/

国土交通省「令和元年空き家所有者実態調査　集計結果」（2020 年 12 月 16 日）：https://www.mlit.go.jp/report/press/content/001378475.pdf

国土交通省「空家法基本指針及び特定空家等ガイドライン」（2021 年 6 月 30 日）：https://www.mlit.go.jp/jutakukentiku/house/jutakukentiku_house_tk3_000035.html

（本澤巳代子）

---

(6)　全国民生委員児童委員連合会「事例を通して支えあう──仲間と学ぶ事例学習」（2019 年 3 月）の事例 4 がゴミ屋敷を扱っている（26 頁，30 頁）。

(7)　岸恵美子「いわゆる「ゴミ屋敷」の問題の所在～セルフ・ネグレクトの視点から」参照。

が増えている原因といえるだろう。

●出所後の社会的支援●

　下関駅放火事件が大きなきっかけとなり，国も動くこととなった。

　2007年から刑務所で社会福祉士の採用が始まり，さらに2009年度には法務省と厚生労働省との連携事業として，法務省矯正局長，同省保護局長及び厚生労働省社会援護局長の3者による通達「刑事施設，少年院及び保護観察所と地方公共団体，公共の衛生福祉に関する機関等との連携の確保について」（平21・4・1法務省保観206号・社援発0401019号），「地域生活定着支援センターの事業及び運営に関する指針」（平21・5・27社援総発第0527001号別添）および「地域生活定着促進事業実施要領」にもとづき，「地域生活定着促進事業」（当初は「地域生活定着支援事業」とされた）が開始された。この事業は，刑務所等の矯正施設の出所後行き場がなく，出所後ただちに福祉サービスを受ける必要がある高齢者・障害者を対象としたものである。前記実施要領によれば，矯正施設等と連携・協働しつつ，入所中から退所後まで一貫した相談支援を行うことにより，彼らの社会復帰や地域生活への定着を支援し，再犯防止対策に資することが目的とされている。

　この事業は，各都道府県に設置され，社会福祉士や精神保健福祉士等が配置される「地域生活定着支援センター」において，矯正施設や保護観察所（仮釈放となった者等に対して保護観察を行う機関）等と連携して行われている。具体的には，①コーディネート業務（保護観察所からの依頼にもとづき，福祉サービスに係るニーズの内容の確認等を行い，受入れ先施設等のあっせんまたは福祉サービスに係る申請支援等を行う），②フォローアップ業務（コーディネート業務を経て矯正施設から退所した後，社会福祉施設等を利用している人に関して，本人を受け入れた施設等に対して必要な助言等を行う），③相談支援業務（懲役もしくは禁錮の刑の執行を受け，または保護処分を受けた後，矯正施設から退所した人の福祉サービスの利用に関して，本人またはその関係者からの相談に応じて，助言その他必要な支援を行う）という3つの業務を行っている[1]。

---

(1)　厚生労働省HP「矯正施設退所者の地域生活定着支援（地域生活定着促進事業）」（http://www.mhlw.go.jp/stf/seisakunitsuite/bunya/hukushi_kaigo/seikatsuhogo/kyouseishisetsu/index.html）。

VI 地域が変わる

地域生活定着促進事業が始まり 10 年以上経過したが，一般社団法人全国地域生活定着支援センター協議会による「平成 26 年度『都道府県地域生活定着支援センターの支援に関わる矯正施設再入所追跡調査』報告書」によれば，2009 年 7 月から 2014 年 3 月までで支援対象者 4,493 名のうち，再逮捕や矯正施設への再入所がなかった者は 4,120 名，支援対象者全体の 91.7% となっており，出所後継続して地域で生活することができている。このように，この事業は着実に成果を上げているといえよう。

また，2016 年 12 月には再犯の防止等の推進に関する法律が成立し，即日施行された。同法は，7 条で国に対し，再犯防止推進計画の策定を義務付け，17 条で高齢者，障害者等について，「医療，保健，福祉等に関する業務を行う関係機関における体制の整備及び充実を図るために必要な施策を講ずるとともに，当該関係機関と矯正施設，保護観察所及び民間の団体との連携の強化に必要な施策を講ずるものとする」と定めている。同法 7 条を受け，2017 年 12 月 15 日の閣議で，刑務所出所者らの「再犯防止推進計画」が決定された。同計画では，「地方公共団体や社会福祉施設等の取組状況等に差があり，必要な協力が得られない場合があること，刑事司法手続の各段階を通じた高齢又は障害の状況の把握とそれを踏まえたきめ細かな支援を実施するための体制が不十分であることなどの課題」があるとの認識を示した上で，①関係機関における福祉的支援の実施体制等の充実，②保健医療・福祉サービスの利用に関する地方公共団体等との連携の強化，③高齢者または障害のある者等への効果的な入口支援（検察庁での知的障害のある被疑者や高齢の被疑者等福祉的支援を必要とする者に対し，弁護士や福祉専門職，保護観察所等関係機関・団体等と連携し，身柄釈放時等に福祉サービスに橋渡しするなどの取組み）の実施の 3 つを具体的な施策として挙げている[2]。とりわけ，②において，地域福祉計画・地域医療計画における位置付けや社会福祉施設等の協力の促進に言及しており，地域福祉の観点から出所した高齢者・障害を位置づけたことに大きな意義が認められよう。

くわえて，同法 8 条 1 項に基づき，都道府県及び市町村には「地方再犯防止推進計画」を定める努力義務が課されたことから，神奈川県のように，策定する地方公共団体も出てきた。

---

(2) 法務省 HP「再犯防止推進計画」(http://www.moj.go.jp/content/001242753.pdf) 16-18 頁。

●社会的支援のあり方●

　前節で述べた地域生活定着促進事業のように，出所者に対する支援はすこし
ずつ成果を上げてきている。そうした中で日本弁護士連合会は，出所後の支援
の重要性を認めた上で，もっと前の段階，つまり入所中の支援の重要性を訴え
ている。すなわち，刑務所への入所自体が，彼らと社会との縁を希薄化し，さ
らに，偏見により，出所後に社会復帰をする上での大きな足かせとなる。その
上で，弁護士と社会福祉士や精神保健福祉士等の福祉専門職との連携は，被疑
者・被告人にとって真に必要な防御活動を行う前提として重要な意義を持つと
述べている。例えば，被疑者・被告人との面会やアセスメント，被疑者・被告
人との面会や更生支援計画書（社会福祉士や精神保健福祉士等の福祉専門職によ
り作成された被疑者・被告人の更生へ向けたもの）の作成といったことがらである。

　くわえて，近時，検察庁，日本弁護士連合会，日本社会福祉士会の3者の連
携による取り組みもなされている。これらの取組みが始まったことは評価すべ
きであるが，問題も生じている。検察・弁護士は判決が出た時点で基本的にそ
の役割が終わることから，容疑者・被告人との関係は期限があらかじめわかっ
ている一方，社会福祉士は，判決が出た後もその者の支援を行う必要があり，
その支援がいつまで続くか分わらず，むしろ判決後の支援のほうが重要だとい
える。社会福祉士は，検察・弁護士とは異なる立場にあることが，彼らにあま
り理解されず，さらに，社会福祉士は検察・弁護士の下請けをやらされている
という不満があるという。

　先に述べたように，高齢者の犯罪の増加の背景には，誰ともかかわりを持た
ず暮らす人が増えている「孤立社会」の存在があることは見過ごすことができ
ない。繰り返し述べるように，出所後の行き場がない，出所してもどうしたら
いいかわからないといったことから，再犯する者がいる。もちろん，だからと
いって罪を犯すことが許されるわけではない。しかし，もっと早い段階で福祉
サービスを受ける，または就労支援を受けていたならば，再び刑務所に入らな
かったであろう者も相当数いるのは間違いない。

　さらに，社会福祉士等から支援を受けて，地域で暮らしはじめても，これま
での人生で人付き合いに慣れていなかったことから，なかなかなじめず，それ
なら刑務所に入ったほうが楽に暮らせると考え，再び刑務所への入所を望む者
がいる。こうした状況に対しては，本人の努力はもちろんのこと，福祉専門職

283

の支援，とりわけ地域での理解が欠かせないだろう。

　今後高齢化の進展により，誰ともつながりを持たない者の数はさらに増える見込みである。それゆえ，出所した高齢者・障害者に対して，福祉専門職，検察，弁護士，地域住民のほかに，彼らもまた地域住民の一員であることから，市町村も積極的にかかわっていくべきであろう。

■参考文献■

　文中に掲げたもののほか，

　独立行政法人福祉医療機構「社会福祉振興助成事業　地域生活定着支援センターの機能充実に向けた調査研究事業報告書」
　（https://www.jacsw.or.jp/01_csw/07_josei/2010/files/hokokusho/legalSW.pdf）

　日本社会福祉士会「平成 26 年度　セーフティネット支援対策等事業費補助金社会福祉推進事業　司法分野における社会福祉士の関与のあり方に関する連携スキーム検討事業報告書」
　（https://www.jacsw.or.jp/01_csw/07_josei/2014/files/shihobunya.pdf）

　日本弁護士連合会「罪に問われた障がい者等に対する司法と福祉の連携費用に関する意見書」
　（https://www.nichibenren.or.jp/library/ja/opinion/report/data/2017/opinion_170825.pdf）

　浦﨑寛泰「刑事弁護と更生支援——福祉専門職と連携したケース・セオリーの構築」法律時報 89 巻 4 号（2017 年）

（根岸　忠）

むすびにかえて

　我が国はすでに人口減少に入っており，また，OECD のいう超高齢社会に突入しているため，来るべき人口減少社会にどう対応するかの議論がなされている。それゆえ，人口減少社会・超高齢社会にかかわる問題を検討することは喫緊の課題といえよう。

　「ORIENTATION」でも述べているように，新型コロナウイルス感染症（COVID-19）の蔓延に伴い，我々の生活は一変したことから，「感染症で世界が変わる」を今回新たに加え，その他の点も必要な手直しを行った。とりわけ，「感染症で世界が変わる」の各トピックについては，十分な考察がなされていないとの読者の批判もあるかもしれない。しかし，現在進行形の問題であるからこそ，1 つの方向性を提示するのが本書の存在意義だと考えられよう。第 2 版同様本書を広く利用されれば，執筆者一同，これにまさる喜びはない。

　信山社の稲葉文子さんには，今回の改訂にあたっても大変お世話になった。深く感謝申し上げたい。

　　2021 年 9 月

編　　者

執筆者紹介 （掲載順，＊は編者）

（執筆分担）

＊三輪まどか	南山大学教授	Ⅰ[総論]，Ⅲ[総論・1]，Ⅳ[総論・3]，Ⅴ[3]，Ⅵ[2]，(補訂Ⅳ[2])
原田啓一郎	駒澤大学教授	Ⅰ[1]，Ⅲ[6]，Ⅳ[6]，Ⅴ[4]
橋爪幸代	日本大学教授	Ⅰ[2]，Ⅱ[5]，Ⅳ[1]
小西啓文	明治大学教授	Ⅰ[3]，Ⅲ[3・5]
脇野幸太郎	長崎国際大学教授	Ⅰ[4]，Ⅳ[5]，Ⅴ[6]
新田秀樹	中央大学教授	Ⅰ[5]，Ⅴ[2]，Ⅵ[4]
＊増田幸弘	日本女子大学教授	Ⅱ[総論・1]，Ⅴ[総論・1]，Ⅵ[総論・1]
髙橋大輔	茨城大学准教授	Ⅱ[2・3]
付月	茨城大学准教授	Ⅱ[4]
＊根岸忠	高知県立大学准教授	Ⅲ[2・4]，Ⅵ[5]
†田中秀一郎	元岩手県立大学准教授	Ⅳ[2]
本澤巳代子	筑波大学名誉教授　筑波大学客員教授	Ⅳ[4]，Ⅴ[5]，Ⅵ[3]

変わる 福祉社会の論点〔第3版〕

2018（平成30）年 6月10日　第1版第1刷発行
2019（令和元）年 9月20日　第2版第1刷発行
2021（令和3）年 9月20日　第3版第1刷発行

8723-3 P308　￥2600E：012-012-003

編　者　　増田幸弘
　　　　　三輪まどか
　　　　　根岸　忠
発 行 者　　今井貴 稲葉文子
発 行 所　　株式会社 信山社
〒113-0033　東京都文京区本郷 6-2-9-102
Tel 03-3818-1019　Fax 03-3818-0344
henshu@shinzansha.co.jp
笠間才木支店 〒309-1611 茨城県笠間市笠間 515-3
Tel 0296-71-9081　Fax 0296-71-9082
笠間来栖支店 〒309-1625 茨城県笠間市来栖 2345-1
Tel 0296-71-0215　Fax 0296-72-5410
出版契約 No.2019-8723-3-03011　Printed in Japan

法律学の森シリーズ
変化の激しい時代に向けた独創的体系書

新契約各論Ⅰ／潮見佳男

新契約各論Ⅱ／潮見佳男

新債権総論Ⅰ／潮見佳男

新債権総論Ⅱ／潮見佳男

債権総論／小野秀誠

不法行為法Ⅰ（第2版）／潮見佳男

不法行為法Ⅱ（第2版）／潮見佳男

フランス民法／大村敦志

憲法訴訟論（第2版）／新 正幸

イギリス憲法（第2版）／戒能通厚

会社法論／泉田栄一

新海商法／小林 登

刑法総論／町野 朔

韓国法（第2版）／高 翔龍

信山社

トピック社会保障法〔2021 第15版〕

本沢巳代子・新田秀樹 編著

【執筆者(掲載順)】
本沢巳代子・原田啓一郎・田中秀一郎・小西啓文・根岸忠・橘爪
幸代・増田幸弘・新田秀樹・三輪まどか・脇野幸太郎・付月

みんなの家族法入門

本澤巳代子・大杉麻美 編

【執筆者(掲載順)】
本澤巳代子・大杉麻美・石嶋舞・高橋大輔・生駒俊英・付月・冷
水登紀代・佐藤啓子・田巻帝子

契約者としての高齢者

三輪まどか 著

信山社